Fischer-Rizzi **Botschaft an den Himmel**

Susanne Fischer-Rizzi

Botschaft an den Himmel

Anwendung, Wirkung und Geschichten von duftendem Räucherwerk

Illustrationen von
Peter Ebenhoch

IRISIANA

INHALTSANGABE

VORWORT

VON DER STEINZEIT NACH FRANKFURT CITY

Wichtige Dinge verschwinden nicht. Sie schlummern scheinbar in der Tiefe. Doch wenn ihre Zeit wieder gekommen ist, erwachen sie und erscheinen wie neu. So ist es mit dem Räuchern. Jahrtausendelang war das Räuchern ein wichtiger Bestandteil des menschlichen Lebens. Unglaubliche Reichtümer wurden für Räucherwaren ausgegeben, Welthandelsstraßen errichtet, um sie zu befördern, und zu fast allen Zeiten war das Räuchern eine Zeremonie, so alltäglich und wichtig wie Zähneputzen. Erst in diesem Jahrhundert ist das Wissen um das Räuchern in unserem Kulturkreis wie eine Quelle versiegt. Lebendig lebt es jedoch weiter in anderen Kulturen, vor allem in denen des Ostens. Dort ist das Räuchern für Millionen von Menschen eine essentielle Zeremonie des Alltags.

Die Ursprünge des Räucherns, das heißt des Verbrennens oder Verglimmens von aromatischen Substanzen liegen in der frühesten Menschheitsepoche, irgendwo vor oder in der Steinzeit. Doch was hat dies mit unseren modernen Zeiten zu tun?
Vor vielen Jahren habe ich das Räuchern von den Indianern gelernt. Für die Medizinfrauen und -männer, die mir etwas über ihre Heilpflanzen vermittelten, war eine Räucherzeremonie ein Teil ihrer achtsamen Art, mit Himmel und Erde umzugehen. Auch in östlichen Ländern, die ich bereiste, entdeckte ich die Freude am Räuchern. So haben über lange Zeit Räucherungen als hilfreiche kleine Rituale mein Leben begleitet. Daß sich dafür einmal viele Menschen interessieren würden, kam mir nicht in den Sinn.

Ausgerechnet in Frankfurt City begriff ich, daß nun die Zeit gekommen war, in der das alte Wissen von der Kraft und dem Heilwert des Räucherns wieder aus der Tiefe auftauchen müßte. Ich leitete dort ein Seminar für Manager, bei dem wir Aroma-Massagen und Atemübungen zur schnellen Entspannung bei starkem Streß praktizierten. Zufällig hatte ich in meinem Gepäck meine Räucherutensilien dabei. Ein Seminarteilnehmer fragte mich, was dies denn sei? Ich erklärte ein bißchen und er überredete mich, mit der gesamten Gruppe eine Räucherung vorzunehmen. Ich war skeptisch. Was hatte das Räuchern auf einem Managerseminar zu suchen? Doch ich wollte keine Spielverderberin sein und packte meine besten Räuchersubstanzen aus.
Nach der Räucherung konnte ich es selbst sehen. Die Gesichter waren entspannt, in dem ungemütlich, sehr kühl eingerichteten Seminarraum war eine Atmosphäre der Weite, Wärme und

der meditativen Stimmung entstanden. Das war es, was Menschen, die unter starkem Leistungsdruck stehen, schnell entspannen kann! Wir räucherten an diesem Wochenende noch öfter und ich verteilte als Abschiedsgeschenk meine Weihrauch-Harzbrocken. Von da an nahm ich meine Räucherutensilien zu Konferenzen, Vorträgen und Seminaren mit. Ich spürte, das uralte Wissen um das Räuchern kann genau in unserer Zeit der Hektik und Streßbelastung hilfreich sein, kann uns unterstützen, manchmal innezuhalten.

Auch mein Interesse an der Geschichte des Räucherns war geweckt. Vom alten Räucherwissen ist nur wenig übriggeblieben. Was wußte man früher darüber? Ich begann eine Studienreise durch die Zeit, von den Ursprüngen des Räucherns durch viele Kulturen, suchte alte Quellen in Bibliotheken, bei Heilerinnen und Heilern, Medizinfrauen und -männern. Ich sammelte Pflanzen zum Räuchern und versuchte, alte Rezepturen zu rekonstruieren.

Ich freue mich, daß ich mit diesem Buch vielleicht etwas dazu beitragen kann, die wertvolle und hilfreiche Weisheit des Räucherns gerade in unserer Zeit wieder aufleben zu lassen. Es begann in der Steinzeit und fand seinen Weg bis in die moderne Großstadt. . .

Sulzberg, Ostern 1996

EINFÜHRUNG

VOM RÄUCHERN

WAS IST RÄUCHERN?

Für das Räuchern läßt man aromatische Substanzen, hauptsächlich aus dem Pflanzenreich, über einer Wärmequelle wie Räucherkohle oder Kerzen langsam verglühen. Der aufsteigende Rauch trägt die Duftstoffe nach oben und verteilt sie im Raum. Er enthält die psychoaktiven, körperlich und seelisch wirksamen Inhaltsstoffe des Räucherwerks, die über die Nase oder den Mund aufgenommen werden. In allen alten Kulturen wurde geräuchert, und es war ein reichhaltiges und differenziertes Wissen darüber vorhanden. Beim Räuchern sind unsere Sinne auf verschiedene Weise angesprochen: Die Nase riecht, nimmt auf, und mit den Augen können wir den feinen Rauch verfolgen und beobachten, wie er in unendlichen Formen Figuren, Spiralen, Bänder usw. bildet. Wir erleben die Wärme des Feuers beim Anzünden der Kerze und sehen, wenn die rote Glut langsam das Schwarz der Kohle verschwinden läßt. Sand, Tongefäß, Räucherwaren und Mörser sprechen den Tastsinn an.

Adlerholz

Das Räuchern ist eine unmittelbare Erfahrung. Es ist die Wurzel der heutigen Aromatherapie und Parfümerie. Das Wort Parfüm leitet sich ab vom lateinischen *per fumum*, durch den Rauch. Für unsere Vorfahren war das Räuchern aus dem Leben nicht wegzudenken und fehlte in keiner Kultur. Es diente sakralen Zwecken als Botschaft an den Himmel, um Gebete zu den Göttern zu tragen. Auch heute noch vertieft und unterstützt es Gebet und Meditation bei allen großen Religionen. Man desinfizierte mit Hilfe des Räucherns die Wohnräume, Krankenlager und Ställe, heilte Kranke, parfümierte Kleider und Gegenstände, beeinflußte das Träumen, erzeugte Visionen, verbesserte die Akustik in Kirchen und vieles mehr. In unserer Zeit wissen nur noch wenige Näheres über das Räuchern. Vielen kommt bei der Frage danach eine unangenehme Erinnerung aus ihrer Kindheit in den Sinn. Mit dem Weihrauchduft zum Beispiel sind Erinnerungen und Gefühle, wie erzwungene und unbequeme Kirchgänge in der Jugendzeit, verbunden.

Daß es viele verschiedene Räucherstoffe mit jeweils anderen Wirkungen gibt, ist nur noch wenigen bekannt. Die alte Kunst des Räucherns wäre beinahe verlorengegangen.

In unserer Zeit

Das Räuchern war in früheren Zeiten eine sakrale Botschaft an den Himmel. Angenehme Düfte stiegen wie eine Säule nach oben. Die Nasen der dabei anwesenden Irdischen wurden so nebenbei auch erfreut und eine allgemeine Wohl-Stimmung verbreitete sich. Wenn wir diesen Faden weiterspinnen bis in unsere Zeit und uns fragen, welche Wohl-Gerüche wir heute gen Himmel schicken, so stellen wir fest, daß sowohl die Nasen der Götter als auch die der Anwesenden arg strapaziert werden. Schornsteine, Autos, Industrieanlagen schleudern dem Himmel einen unangenehmen Gestank entgegen. Die Menschen der antiken Kulturen hätten dies als Frevel an den Göttern gesehen. Wir können dies nicht beurteilen, doch es ist ganz sicher, daß wir als Anwesende bei den Räucherungen unserer Industriegesellschaft gen Himmel nicht wohlgestimmt werden, sondern ganz im Gegenteil davon krank werden.

Auch im häuslichen Bereich sind wir von verfälschten Gerüchen betroffen, meist in Form von künstlichen Aromastoffen. Doch wir haben ganz instinktiv nach natürlichen Düften gesucht, mit denen wir uns umgeben können. In den letzten zehn Jahren hat die Aromatherapie ein stetig wachsendes Interesse gefunden. Die ätherischen Öle, die flüssigen und flüchtigen Inhaltsstoffe der Pflanzen, sind inzwischen in fast jedem Haushalt zu finden und erfreuen sich großer Beliebtheit. Unser lange vernachlässigter und von üblen Industriegerüchen mißhandelter Geruchssinn ist aus einem Dornröschenschlaf erwacht. Erst jetzt entdeckt die Wissenschaft, welche immense Bedeutung das Riechen auf das menschliche Leben hat. In vielen Menschen, die sich in den letzten Jahren mit den ätherischen Ölen beschäftigt haben, ist nun ein wachsendes Interesse an Räucherwerk entstanden. Sie sind interessiert, die Wurzeln der Aromatherapie kennenzulernen.

Cistrose

Die Rückbesinnung auf fast verlorengegangene, spirituelle Weisheit und religiöse Werte hat das Interesse am Räuchern ebenfalls geweckt. In den alten Hochkulturen wurde Räucherwerk zur Unterstützung von geistigen und seelischen Praktiken und Erfahrungen verwendet. In unserer extrem auf das Äußere ausgerichteten Kultur wächst das Verlangen nach Dingen, die uns jenseits von Leistung und Konsum mit inneren spirituellen Werten verbinden.

Wir suchen nach einer neuen Verbundenheit zur Natur. Unser eindimensionales Denken, das auf reine Ausbeutung der Natur ausgerichtet war, wird unseren Lebensraum zerstören. Das Räuchern wurde in alten Kulturen eingesetzt, um mit den feinstofflichen Kräften der uns umgebenden Natur in Verbindung zu treten, um Botschaften zu erhalten und Zusammenhänge zu begreifen. Beim Räuchern offenbart sich die Kraft und Seele einer Pflanze und sie teilt ihre Weisheit mit. So wußten es die Menschen früherer Zeiten. Wenn wir beim Räuchern aufmerksam den Duft wahrnehmen, können wir uns von ihm in das Reich der Natur, in die Geheimnisse der Pflanzen, in die Mysterien der feinstofflichen Pflanzenenergien einweihen lassen und erfahren eine seelische Bereicherung. Mit dem ursprünglichen Ritual des Räucherns erschließem wir uns die alte Weisheit von der Verbindung von Mensch und Pflanze neu.

Die Muse des Dufts

Zeit für sich selbst haben und der Hektik des Alltäglichen entfliehen, die Seele baumeln lassen in der köstlichen Zeitspanne von Versenkung und Genuß! Verweilen, unser Leben leben. Wer hat nicht Sehnsucht danach in unserer hektischen Leistungsgesellschaft, wo es immer weniger Möglichkeiten des seelischen Verweilens gibt? Fast sind wir unfähig geworden zur Muße in den Zeiten restloser Getriebenheit. Vielleicht ist deshalb das Räuchern gerade jetzt neu entdeckt worden. Das Räuchern braucht Zeit, wir müssen sie ihm geben und bekommen diese verstärkt zurück. Bei der Verwendung einer Duftlampe brauchen wir kaum innezuhalten in unseren Aktivitäten: Wir tröpfeln ätherisches Öl in das Wasser der Lampe und können uns entfernen. Nicht so beim Räuchern. Wir entzünden Kerze und Kohle, legen Räucherwerk auf, fächeln, bis die Kohle glüht, bleiben sitzen, versunken in das unmittelbare Erlebnis von Duft und Rauch, und schon entkommen wir unserer Hektik und machen eine Reise zu den Quellen unserer eigenen Kraft. Im Verbrennen des

Eine Priesterin des Bachus räuchert auf dem Altar des Jupiter

Räucherwerkes, im Aufsteigen des Rauches erkennen wir ein Symbol für die Vergänglichkeit des Materiellen. Gleichzeitig läßt der Rauch uns das Zeitlose spüren. Im nach oben steigenden Rauch der spirituellen Räucherungen sahen die Menschen früherer Zeiten ein Auflösen der Grenzen von Raum und Zeit. Dieser Frei-Raum bot Inspiration für ein Innehalten und eine Betrachtung des eigenen Seins. Das lateinische Wort *inspirare* leitet sich ab von *einatmen* und weist auf die feine Weise hin, wie Düfte uns über das Einatmen beeinflussen und inspirieren. Das Räuchern ist ein Zeitgeschenk an unsere Seele.

Geruchssinn und Räuchern

Der Geruchssinn ist entwicklungsgeschichtlich einer unserer ältesten Sinne. Aus dem ursprünglichen Riechhirn hat sich das Denkhirn, das heißt die Großhirnrinde entwickelt. Beim Räuchern werden die Duftmoleküle, die im Pflanzengewebe eingelagert sind, befreit und steigen mit dem Rauch in die Raumluft, wo sie sich verteilen. Über die Atemluft gelangen die Duftmoleküle in Berührung mit unserer Riechschleimhaut an der Nasenwurzel. Die Reize werden auf direktem Wege in das Zentrum des Gehirns weitergeleitet. Dort beeinflussen sie die Zentren unserer Gefühle, die Regulation der Hormone und das vegetative Nervensystem. Das Räuchern wirkt direkt auf unsere Wahrnehmung. So ist die starke Wirkung des duftenden Rauchs auf unsere Gefühle, Stimmungen und unser Befinden zu erklären, die Resonanz unserer Psyche beim Räuchern.

Wann und wozu räuchern?

Aus der Fülle der Gelegenheiten zum Räuchern möchte ich hier die wichtigsten anführen.

Zum atmosphärischen Reinigen

Das Räuchern kann energetisch auf die Umgebung einwirken. Es ist, als verbreite der duftende Rauch eine ganz eigene Schwingung, als schaffe er ein neues morphogenetisches Feld im Raum. Sicher kennen Sie das Phänomen der *dicken Luft* in Räumen. Stimmungen, Gedanken und Handlungen beeinflussen die Energie in einem Raum – sie bleiben in der Luft hängen. Man tritt ein und spürt: Hier ist *dicke Luft.* Der Geruch von Angst, Streit, Trauer usw. hängt in Räumen, aber auch die Schwingung solcher Gefühle.

Räucherschale aus Stein

Kaum etwas kann die Schwingung so neutralisieren und verändern wie das Räuchern. Aus diesem Grunde setzt man seit Jahrtausenden Räucherungen ein, um Plätze, wo viele Menschen zusammenkommen, atmosphärisch zu reinigen und neutral oder positiv aufzuladen. Deshalb wurde und wird noch immer besonders in Tempeln, Heiligtümern und Kirchen geräuchert.
Auch Gegenstände, die für Zeremonien oder zum Heilen verwendet werden, wie zum Beispiel Heilsteine, Statuen, Heiligenbilder, können im aufsteigenden Rauch energetisch gereinigt werden. Manchmal sind alte Schmuckstücke oder Antiquitäten mit Belastendem, Negativem beladen. Durch das Räuchern können sie neutralisiert werden. Die atmosphärisch reinigende Kraft des Räucherwerkes können Sie hilfreich einsetzen, für

- Räume, in denen viel gestritten oder getrauert wird,
- für ein Haus oder eine Wohnung, die Sie neu beziehen wollen,
- für Schulungsräume, Warteräume, Prüfungsräume, jede Art von öffenlichen Räumen,
- für Kranken- und Sterbezimmer.

So wird's gemacht:
Beim atmosphärischen Reinigen von Räumen sollten Sie die Fenster geschlossen halten. Gehen Sie mit der Räucherschale durch den Raum oder von Raum zu Raum und fächeln Sie den aufsteigenden Rauch in alle Richtungen. Verlassen Sie danach den Raum und schließen Sie die Tür. Falls Sie am Abend räuchern, sollte die Räucherschale im Raum verbleiben und erst am nächsten Morgen gut gelüftet werden. Ansonsten sollten die Räume etwa drei Stunden bei geschlossenen Fenstern und Türen nicht betreten werden. Danach wird gründlich gelüftet.

Besonders geeignete Räucherwaren zum atmosphärischen Reinigen von Räumen:
Weihrauch, Sandarak, Salbei, Wacholder, Wüstenbeifuß, Tanne

Fertige Mischungen:
Reinigung, Oraibi
Zwölf-Heilige-Nächte
Schutzgeister
Lawudo

Räucherungen zum Beruhigen, Entspannen, bei Nervosität, Streß und Angst

Düfte beeinflussen unser seelisch-geistiges Gestimmtsein. Sie können anregen, beruhigen, harmonisieren. Hierfür verwenden wir Räucherstoffe, die einen direkten, entspannenden Einfluß auf unsere Psyche haben. Zelebrieren können wir diese Räucherungen am Abend, eventuell mit etwas entspannender Hintergrundmusik und Kerzenschein. Lassen Sie Ihre Verspannungen und Sorgen mit dem duftenden Rauch davonfliegen. Sie können Räucherungen aber auch einfach nur zum Genießen vornehmen.

Besonders geeignete Räucherwaren zum Entspannen:
Zimt, Benzoe, Sandelholz, Goldcopal, Sandarak, Styrax, Anis, Kostus, Safran, Bernsteinkiefer, Galbanum, Propolis

Mischungen:
Gulistan, Atem der Seele, Blaue Libelle auf dem Lotosblatt, Nachmittag eines Faun, Harmonia, Lugal Banda, Busamé, Kyphi, Ägyptium, Griechischer Tempelweihrauch, Insel der Seligen

Räucherungen zum Vitalisieren, Anregen und Kraft finden

Manche Räucherwerke wirken anregend sowie revitalisierend und können uns helfen, zu unserem eigenen Kraftpotential zu finden, wenn wir kraftlos oder entmutigt sind und uns erschöpft fühlen. Besonders eignen sich hier die indianischen Kräuter und solche, die dem Element Feuer zugeordnet sind. Beim Räuchern können wir uns vorstellen, wie unsere innere Kraft mit dem aufsteigenden Rauch zunimmt.

Stärkende Räucherwaren
Wüstenbeifuß, Tanne, Himalaya-Rhododendron, Zeder, Wacholder, Ingwerlilie, Galgant, Drachenblut, Kalmus, Nelke, Kampfer, Kiefer

Mischungen
Lawudo, Kailash, Ayla, Maneton Kraft, Oraibi, Gilgamesch, Götterweihrauch, Avalon, Ischtar, Shiva

Räucherungen als Hilfe bei Schlafstörungen

Manche Räucherpflanzen wirken so ausgleichend und beruhigend, daß sie uns eine Hilfe bei Schlafstörungen sein können. Sie entspannen seelisch wie körperlich. Räuchern Sie damit am Abend vor dem Schlafengehen und spüren Sie dabei, wie der Rauch Ihren Körper entspannt und die Gedanken beruhigt.

Räucherpflanzen für einen guten Schlaf
Sandelholz, Bernsteinkiefer, Asant, Zimt, Safran, Narde, Aloe, Galbanum, Traumkraut, Adlerholz, Sumpfpforst

Mischungen
Kyphi, Busamé, Insel der Seligen, Nachtlaub, Jaguar der Nacht

Räucherungen für die Träume

Seit Jahrtausenden verwendeten die Menschen die Räucherungen für das Träumen. Sie konnten damit Wahr-Träume erzeugen. Traum-Räucherungen können auch heute noch eine Unterstützung von therapeutischer Traumarbeit sein oder helfen, damit wir uns Träume besser merken können. Wie erst in den letzten Jahren in wissenschaftlichen Traumlabors festgestellt wurde, haben Düfte eine starke Wirkung auf unsere Traumtätigkeit. Weiteres zur Anwendung in den jeweiligen Kapiteln.

Traum-Räucherkräuter
Traumkraut, Wahrsagesalbei, Lorbeer, Mastix, Hopfendrüsen, Mistel, Beifuß, Elemi, Labdanum, weißer Copal, Holundermark, Eisenkraut.

Mischungen
Traumkolibri, Phytia, Naturgeister, Der Blaue Vogel, Elfenspiel, Mondgöttin

Räuchern zu Gebet, Meditation und Innenschau

Vom Anbeginn der Räucherkultur haben die Menschen festgestellt, daß das Räuchern mit seinen speziellen Düften die Kraft hat, spirituelle Energien zu verstärken. Räucherungen können uns für subtile Ebenen jenseits unserer Alltagswelt öffnen.

Räuchern während eines Rituals

Das Räuchern verbindet den menschlichen Geist mit kosmischer Energie. Gebete sind viel wirkungsvoller, wenn sie von Räucherungen begleitet sind. Das Rauchern ist ein tiefes Symbol für die Wandlung, für den alchemistischen Prozeß der Transformation. Das Verbrennen von Räucherwerk hat die Menschen schon immer inspiriert, über die Transformation des Irdischen in das Göttliche zu kontemplieren. Der duftende Rauch schafft eine Atmosphäre der Andacht, Würde und Besinnung, die unsere Gebete oder Meditationen unterstützt. Der aufsteigende Rauch ist ein Symbol für unsere Seele, die ihre Verbindung zum Göttlichen sucht. Religiöse Handlungen sind deshalb fast immer mit dem Räuchern verbunden. Räuchern Sie zu Beginn einer Meditation, begleiten Sie Ihre Gebete mit duftendem Rauch oder lassen Sie sich von ihm zur Innenschau inspirieren. Stellen Sie sich dabei vor, wie sich Ihre Gedanken und Gebete durch den Rauch mit der göttlichen Energie verbinden.

Räucherstoffe zum Beten und Meditieren
Weihrauch, Balsam, Mastix, Sandarak, Dammar, Guggul, Zeder, Myrte, Elemi, Kampfer.

Mischungen
Schutzengel, Reich der Engel, Oraibi, Kraft, Isis und Osiris, Kailash, Shangri-La, Meditation am Morgen, Rosa mystica, Flug der Seele, Griechischer Tempelweihrauch, Der Unwissenheit entfliehen, Götterweihrauch, Erste Schneeflocken im Kiefernhain.

Räuchern zu jahreszeitlichen Festen

Die Jahreszeiten sind die Stimmungen der Natur. Wenn wir diese bewußt wahrnehmen, uns einschwingen, trägt dies zu unserem eigenen Wohlbefinden bei und stellt für uns eine innere Bereicherung dar. Feste und Räucherungen können uns in Einklang mit den Jahreszeiten bringen, unser Erleben und Erfahren verstärken. Die Zeiten der Mondrhythmen wurden mit Festen, Ritualen und Räucherungen begleitet und bewußt mitempfunden. Vollmond- und Neumondphasen wurden in früheren Zeiten mit Ritualen besonders hervorgehoben. So konnten die Impulse dieser wichtigen Zeiten bewußt aufgenommen werden. Begleiten Sie einmal ein Jahreszeitenfest wie Weihnachten, Ostern oder die Sommersonnenwende ganz bewußt mit einer entsprechenden Räucherung.

Räuchern am offenen Feuer

Räuchermischungen für Jahreszeiten-Feste
Zwölf-Heilige-Nächte, Avalon, Duir, Druid, Lugal Banda, Rosa mystica, Ischtar, Weihrauch,
Vollmond: Elemi, Kampfer, Mastix, Myrte, Kostus, Guggul
Neumond: Labdanum, Adlerholz, Narde, Myrrhe, Copal schwarz

Räucherungen für die Liebe

Wie wissenschaftliche Untersuchungen zeigten, ähneln die Düfte der klassischen Räucherstoffe den menschlichen Pheromonen, d.h. jenen Duftbotschaften, die einen starken Einfluß auf die menschliche Sexualität haben. Daß Räucherungen die Liebesfähigkeit anregen, die Erotik stimulieren können, haben die Menschen schon lange gewußt. Lassen Sie sich von sinnlich duftendem Rauch verführen; genießen Sie eine Räucherung zu zweit.

Räucherstoffe, die sinnlich stimulierend wirken
Sandelholz, Vetiver, Benzoe, Adlerholz, Labdanum, Patchouli, Rose.

Mischungen
König Davids Verführung, Lugal Banda, Der Geheime Garten, Shakti, Nachmittag eines Faun.

Räucherungen für die Kreativität

Viele Künstler und Künstlerinnen haben sich von Düften inspirieren lassen oder mit dem duftenden Rauch ihre Phantasie und kreative Arbeit unterstützt. Lassen Sie sich von einer Räucherung zum Musizieren, Malen, Schreiben oder zu kreativer Arbeit inspirieren. Beginnen Sie den Tag im Atelier mit einer Räucherung, räuchern Sie vor einem Konzert oder einfach beim Musizieren.

Räucherstoffe, die unsere Kreativität anregen
Zimtblüte, Weihrauch, Benzoe, Tolu, Tonka, Sternanis, Labdanum, Traumkraut, Hopfendrüsen

Mischungen
Atem der Seele, Blaue Libelle auf dem Lotosblatt, Gulistan, Ägyptium, Vergnügung des Herzens, Shakti

Räuchern in Räumen

Räucherheilkunde

Die therapeutische Räucherung hat ihren Ursprung in archaischer Zeit und hat sich über Jahrtausende erhalten. Bis ins Mittelalter waren bei uns Räucherungen Bestandteil der täglichen Raum- und Körperpflege. Noch in den siebziger Jahren unseres Jahrhunderts finden sich in der Roten Liste, einer Auflistung gängiger Arzneimittel, mehrere Räucherpulver, die hauptsächlich bei asthmatischen Beschwerden eingesetzt werden. Beim Räuchern können die frei werdenden, duftenden Substanzen pharmakologisch wirksam werden. Heilende Räucherungen werden eingesetzt zur Behandlung von Atemwegserkrankungen, Muskelverspannungen, Rheuma, in der Geburtshilfe, bei Schlafstörungen, bei Schmerzen, zur Desinfektion und für vieles mehr. Räucherungen können heute sehr unterstützend wirken als Vorbereitung, Begleitung oder Ausklang von Heilanwendungen wie Reiki, Massagen, Farblichtbehandlungen und jeglicher feinstofflicher oder psychotherapeutischer Therapie.

Räuchern und Ritual

Seit Beginn der Räucherkultur in archaischer Zeit ist das Räuchern mit Ritualen verbunden. Es verstärkt diese und verleiht ihnen eine weitere Dimension. Ein Ritual wirkt wie ein Brennglas, das Energie bündelt und verstärkt. Rituale dienen religiösen wie sozialen Zwecken. Wir moderne Menschen fühlen keine Notwendigkeit mehr für Rituale. Und doch praktizieren wir noch immer in unserem täglichen Leben unzählige kleine Rituale. Unser tiefes, doch meist unbewußtes Bedürfnis nach Ritualen wird in unserer Zeit vom Konsumverhalten und der Werbung mißbraucht. Rituale sind ein zeitloser Weg, die innere Entwicklung zu unterstützen und bewußt zu erleben. Sie sind kraftvoll und können uns helfen, das Leben besser zu meistern, Lebenskrisen zu bewältigen, Weisheit zu erlangen und die eigene seelische Welt zu erweitern. Räucherungen können geistige Erfahrungen unterstützen und spirituelles Wachstum beschleunigen. Wir sollten wieder zu den Ritualen zurückfinden. Das Räuchern kann dabei eine große Hilfe sein. Rituale können einzeln, aber auch in der Gruppe durchgeführt werden. Sie werden besonders dann praktiziert, wenn einschneidende Ereignisse des Lebenswegs bewußt begleitet werden sollten, wie Geburt, Initiation, Heirat und Tod. Diese Rituale, *rites des passages*, Übergangsriten, sollten den Menschen helfen, heil und bewußt von einer Lebensphase in die nächste zu treten. Sie unterstützen, um sich in Frieden von Altem zu trennen und sich dem Neuen positiv zuzuwenden. Rituale helfen uns, etwas bewußt abzuschließen. Weiterhin begleiten Rituale schmerzvolle Situationen in Lebenskrisen. Sie dienen auch dazu, mit der Energie der Erde, den Engeln oder anderen feinstofflichen Wesen in Verbindung zu treten. Räucherungen können Rituale wie das Befragen von I Ging, Tarot, Engelskarten usw. hilfreich begleiten. Auch indianische Rituale wie Medizinrad, Visionssuche und Schwitzhütte, die bei uns im Westen immer mehr praktiziert werden, können durch gezielte Räucherungen unterstützt und bereichert werden.

Wenn Sie das Räuchern als Ritual begehen möchten, sollten Sie achtsam vorgehen. Legen Sie vorher fest, welchem Zweck die Räucherung dienen soll und wie genau Sie dies erreichen möchten. Ein kleiner Altar, schöne Tücher, Kerzen, Statuen, Bilder können die Wirkung unterstützen. Konzentrieren Sie sich ganz auf Ihre Handlungen und auf deren Zweck.

Im folgenden möchte ich Ihnen einige Beispiele geben, wie das Räuchern in einfachen Ritualen im Alltag verwendet werden kann.

Problemlösungen

Setzen Sie sich vor die Räucherschale und konzentrieren Sie sich auf das anstehende Problem. Stellen Sie sich vor, daß der duftende, aufsteigende Rauch das Problem in die Sphäre des Göttlichen trägt. Im Betrachten des aufsteigenden Rauches spüren Sie, wie das Problem sich von Ihnen löst. Dort oben wird es sich mit einer Lösung verbinden und neutralisiert zu Ihnen zurückkehren. Öffnen Sie Ihre Seele dafür, und in den nächsten Tagen oder im Traum wird sich eine neue Lösungsmöglichkeit einfinden.

Räucherwaren, die sich hierfür besonders eignen:

Weihrauch, Mastix, Sandarak, Wüstenbeifuß, Weißer Salbei

Neujahrsritual

Das alte Jahr liegt hinter uns. Um die Räucherschale sitzend überdenken wir den Verlauf des vergangenen Jahres. Es gibt Dinge an uns, die wir ablegen wollen, Eigenschaften, die uns nicht länger im neuen Jahr behindern sollen. Wir schreiben sie einzeln auf kleine Papierstückchen, rollen diese ein und legen sie auf die glühende Kohle zum Räucherwerk. Wir stellen uns dabei vor, daß diese negativen Eigenschaften sich beim Verbrennen des Papiers auch in Wirklichkeit auflösen, und daß sie in uns, durch den aufsteigenden Rauch gereinigt, in Positives verwandelt werden.

Abendstern-Meditation

Jeden Abend für eine bestimmte Zeitspanne von drei, neun oder zwölf Abenden, sobald der Abendstern aufgegangen ist, entzünden wir Räucherwerk. Vielleicht sitzen wir im Meditationssitz vor einem kleinen Altar oder, falls das nicht möglich ist, auf einem Stuhl. Verbrennen Sie jeden Abend ein anderes Räucherwerk, das mit seinem jeweiligen Duft stets eine andere Schwingung erzeugt. Schließen Sie dabei die Augen und öffnen Sie Ihre Wahrnehmung für die Weisheit dieses besonderen Dufts. Bereichern und öffnen Sie damit Ihre Seele. Beschließen Sie in Dankbarkeit dieses Ritual, notieren und überdenken Sie das Erlebte.

PRAKTISCHE ANWENDUNG VON RÄUCHERWERK

NOTWENDIGES ZUM RÄUCHERN

Zum Räuchern benötigt man
- ein Räuchergefäß
- Räucherwerk
- Räucherkohle, Räuchertabletten
- eine Kerze oder Teelicht für Räucherstövchen
- eine Feder oder ein Stück festes Papier zum Fächeln
- Streichhölzer oder Feuerzeug
- Sand
- eine Pinzette
- einen Mörser

Räuchergefäß

Für den Anfang reicht eine einfache Räucherschale, die Sie dort, wo es Räucherwaren zu kaufen gibt, finden können. Die Räucherschalen sind meistens aus Ton und stehen auf einem dicken Fuß oder auf mehreren Füßchen. Dies verhindert, daß beim Räuchern die Hitze der Kohle die Unterlage versengt. Es gibt auch Räucherpokale auf hohem Fuß. Traditionellerweise hat ein Räuchergefäß drei Beine, welche die heilige Zahl Drei und die Dreiheit von Körper, Seele und Geist symbolisieren. Räucherschalen sollten mindestens einen Durchmesser von circa neun bis zehn Zentimeter haben; er kann jedoch auch bedeutend größer sein. Für Gruppen oder bei Räucherungen in Seminaren eignet sich eine große Räucherschale. Ich besitze die Kopie einer minoischen Räucherschale aus Ton, die auf drei Beinen steht und einen Durchmesser von 35 Zentimetern hat. Bei Seminaren können sich viele um diese Räucherschale setzen, um so gemeinsam das Räucherwerk zu genießen.

Sie können aber auch jede Schale aus Ton, Porzellan, Stein oder Metall verwenden, die Sie auf eine feuerfeste Unterlage stellen. Räucherschalen gibt es in allen Preisklassen und Ausführungen. Aus arabischen Ländern kommen metallene Schalen, die fein ziseliert sind, aus Japan Schalen mit wunderschönem Raku-Farbbrand, aus Somalia Räuchergefäße aus Meerschaum geschnitzt. Für indianische Räucherungen kann man eine große Abalone-Muschelschale verwenden.

Minoische Räucherschale

Vielleicht haben Sie Lust, sich Ihre Räucherschale selbst zu töpfern oder nach Ihren Vorstellungen bei einer Töpferin oder einem Töpfer eine besondere Schale anfertigen zu lassen. Die Räucherschalen, mit Sand oder Holzasche gefüllt, können auch zum Verglimmen von Räucherstäbchen verwendet werden, welche man am oberen Ende entzündet und mit dem unteren Ende in den Sand steckt.

Falls Sie nicht mit Kohle räuchern möchten, können Sie ein Räucherstövchen verwenden. Dabei verglimmen die Räuchersubstanzen langsamer und feiner als auf der Kohle und es entsteht wenig Rauch. Besonders edle und teure Substanzen können so langsam ihren Duft ausströmen. Das Räucherstövchen besteht aus einem Fuß aus Metall oder Steingut, in dem ein brennendes Teelicht Platz hat. Es handelt sich dabei um die gleiche Konstruktion wie bei einem Stövchen, mit dem man eine Teekanne warm halten kann. Oben liegt eine Schale aus Kupfer auf, die die Wärme besonders gut leitet. Das Stövchen sollte etwa zehn Zentimeter hoch sein. In die Schale werden die Räuchersubstanzen gelegt, die durch das brennende Teelicht im Stövchen erwärmt werden. Nach dem Räuchern wird die Schale eventuell mit hochprozentigem Alkohol gereinigt.

Bei einer anderen Art von Räucherstövchen liegt in der Öffnung über der Kerze ein feines Metallsieb. Darauf können die Räuchersubstanzen zum Verglimmen gelegt werden. Falls Sie wachsartiges oder feuchtes Räucherwerk verräuchern wollen, müssen Sie dieses auf ein Aluminiumpapier geben und dann auf das Metallnetz legen, da sonst die sich verflüssigenden Substanzen das

Räucherstövchen

Kinder räuchern gerne

Metallsieb des Stövchens verkleben.
Für *Naturräucherungen* im Freien geben Sie die Räuchersubstanzen am besten auf flache, heiße Steine an der Feuerstelle. Wenn die Räucherwaren direkt in die Flammen geworfen werden, verbrennen sie zu schnell, ohne viel Duft zu erzeugen.
Für eine Räucherung am offenen Kamin können Sie die Substanzen auf ein glühendes Holzscheit legen oder einen flachen Stein an oder in das Feuer legen, um darauf die Räuchersubstanzen zu verglimmen.
Vielleicht haben Sie kein Räuchergefäß und keine Kohle zur Hand und möchten trotzdem gerne etwas verräuchern. Für solch ein spontanes Räuchern genügt ein einfaches Metall-Teesieb, das die Räucherwaren aufnimmt. Halten Sie dies nun über eine Kerze. Auch aus Alufolie läßt sich ein Räuchergefäß formen. Falten Sie ein längeres Stück Folie dreifach. Am oberen Ende wird nun eine Räucherschale geformt, am unteren Ende eine Schale, in die ein Teelicht hineinpaßt.

Räucherkohle

Im Handel werden Räucherkohlen in Form von Kohletabletten angeboten. Sie werden in Rollen, meist zu jeweils zehn Stück verkauft. Die Größe variiert im Durchmesser von drei bis fünf Zentimeter. Wenn Sie eine kurze Räucherung vornehmen wollen, sollten Sie eine kleinere Größe verwenden. Die selbstzündenden Kohlen sind mit Magnesiumsulfat oder Salpeter getränkt. Dadurch entzünden sie sich schnell und glühen bald. Sie verströmen jedoch zuerst einen leichten Eigengeruch.
Halten Sie die Kohlen in Stanniolpapier gut verschlossen oder bewahren Sie sie in einem luftdicht schließenden Gefäß auf. Falls die Kohle nicht gut anbrennt, kann dies daran liegen, daß sie feucht geworden ist. Auf der Heizung oder im Backofen können Sie die Kohle trocknen. Geruchsneutral und sehr viel feiner sind die Räucherkohlen aus Japan, die Sie über den Fachhandel (siehe Bezugsquellenliste) beziehen können. Im Preis liegen sie allerdings höher.
Die Räucherkohlen werden immer in ein Sandbett gelegt, da sie so länger glimmen und das Räuchergefäß durch die starke Hitze nicht springen kann. Die Kohle sollte auf Sand, der mindestens zwei bis drei Zentimeter Höhe hat, liegen.

Feder

Die Feder dient traditionell zum Fächeln der eben angezündeten Kohle. So wird die Glut gleichmäßig entfacht. Besorgen Sie sich dazu eine schöne große Feder. Man bekommt sie in Falknereien. Bei einem Spaziergang im Wald finden sich manchmal Habichtfedern, am See lange Schwanenfedern. Statt der Feder können Sie zum Anfang auch ein Stück festes Papier, zum Beispiel eine Postkarte verwenden. Durch das Fächeln wird der Kohle Sauerstoff zugeführt, damit sie gut anbrennt und die Glut sich schnell ausbreitet.

Adlerfedern

Sand

Der Sand wird in die Räucherschale gefüllt. (Für die Räucherstövchen benötigt man keinen Sand.) Für eine normal große Räucherschale brauchen Sie etwa eine Tasse Sand. Sie können diesen in kleinen Mengen als Vogelsand im Zoo- oder Gartengeschäft beziehen. In Säcken gibt es Quarzsand bei Baumärkten erheblich billiger. Sie können aber auch Sandkastensand oder ein Sand-Mitbringsel von einer Reise ans Meer verwenden.
Statt Sand kann man auch, wie in Japan, feingesiebte Asche in die Schale legen. Die Kohle verglüht dadurch noch gleichmäßiger. Allerdings kann beim Fächeln oder Atmen über dem Räuchergefäß die Asche aufwirbeln. Feine Reisstrohasche zum Räuchern gibt es bei japanischen Räucherwarenherstellern, die auch in Deutschland ausliefern.
Für das Räuchern in einem japanischen Räucherstövchen aus Porzellan liegt die Kohle in einem kleinen Schamotteinsatz. Sand oder Asche werden nicht gebraucht.
Das Element des Feuers spielt eine große Rolle beim Vorgang des Räucherns. Deshalb sollten Sie keine elektrisch betriebenen Räucherstövchen verwenden, welche das Element Feuer beim Räuchern aussparen.

Pinzette

Mit der Pinzette oder einer kleinen Feuerzange halten Sie die Räucherkohle über die Flamme der Kerze, bis sie sich entzündet hat, und legen sie dann in die Schale. Verwenden Sie dazu eine besonders lange Pinzette, die Sie im Sanitätshaus oder Laborbedarfhandel finden. Im edlen Besteckset zum japanischen Räuchern finden sich Metallstäbchen und Pinzette zum Halten der Kohle. Nach dem Räuchern kann die Kohle

Räucherkohle, Pinzette und Räucherwerk

mit der Pinzette aus der Schale entnommen werden, um sie im Wasser zu löschen.

Mörser

Mit den Räuchersubstanzen ist es wie mit dem Kaffee. Frisch gemahlen sind sie am besten. Feines Pulver verliert früher Duft und Aroma. Wenn Sie Räucherstoffe, zum Beispiel Harze, Holzstücke, Samen usw. im Stück kaufen und im Mörser selbst zermahlen, entfalten diese ihr volles Aroma. Sie können außerdem sicher sein, daß im Räucherpulver keine Streckmittel sind. Mörser gibt es aus Porzellan, Apothekermörser genannt. Sie werden in vielen verschiedenen Größen angeboten. Noch besser ist ein Mörser aus Granit oder anderem Stein, worin

Granit-Mörser

Holzstücke, Harze, Samen problemlos zu Pulver zerstampft werden können.

Räucherwerk

Wenn Sie mit Ihrer Entdeckungsreise ins Reich des Räucherns beginnen und vom Lesen ins Erleben treten möchten, besorgen Sie sich für den Anfang einige Räucherstoffe, die einen harmonischen Duft verströmen und sich leicht miteinander mi-

Räucherstoffe. . .auch schön fürs Auge

schen lassen. Alle Räucherwaren wie Harze, Blätter, Rinde usw. werden immer in gut getrocknetem Zustand verwendet.

Für ein Anfängerset eignen sich:

Weihrauch-Harz
Myrrhe-Harz
Sandelholz
Zimt
Zedernspitzen (indianische Wacholderspitzen)
Mastix-Harz
Weißer Salbei.

Manche Räuchersubstanzen sind von fester Konsistenz wie Harze, Samen und Nadeln, andere Räucherstoffe sind wachsartig, zäh oder dickflüssig und müssen dann dem Gefäß mit einem Löffel oder Spatel entnommen werden. Die fertigen Mischungen sind oft als feines oder grobes Pulver zu verwenden. Es gibt auch Räucherkugeln, die erbsengroß und von wachsartiger Konsistenz sind und einzeln verräuchert werden.

Falls Sie die kleinen Räucherkegel, die man zur Weihnachtszeit verwendet und in Räuchermännchen stellt, gerne mögen, können Sie sich diese leicht mit den Rezepturen im Buch selbst herstellen. Die gekauften Räucherkegel enthalten oft Farbstoffe oder synthetische Duftstoffe. Vermörsern Sie die Zutaten einer Mischung zu feinem Pulver. Lösen Sie Gummi arabicum (Akazien-Harzpulver) aus der Apotheke fein pulverisiert in der doppelten Menge Wasser auf und lassen Sie es drei Stunden einweichen. Diese zähe Flüssigkeit wird nun mit dem Räucherpulver vermischt, so daß diese knetbar wird. Formen Sie kleine Duftkegel und trocknen Sie diese gut an einem warmen Ort.

Lassen Sie die Räucherstoffe einzeln verglimmen und schnuppern, erfahren, genießen Sie die Düfte. Dann erst sollten Sie beginnen, die einzelnen Zutaten zu mischen und mit ihnen zu experimentieren. Wählen Sie sich eines der im Buch angegebenen Rezepte aus und beginnen Sie Ihre eigenen Räuchermischungen herzustellen. Nach und nach werden Sie neugierig auf neue Erfahrungen, und vielleicht gehören Sie bald zu den Kennern, die sich eine Räuchersammlung anlegen, um wie bei einer Bibliothek mal dieses oder jenes kostbare Buch aufzuschlagen, zu genießen und in eine neue Welt einzutauchen.

Wissenswertes für den Einkauf von Räucherwaren

Räucherwaren sind in Duftläden, Apotheken, Naturkostläden, Kräuterhäusern, Läden für Devotionalien und im Spezial-Versandhandel erhältlich. Eine Bezugsquellenliste finden Sie am Ende des Buches. In den einzelnen Kapiteln sind die Räucherstoffe von Aussehen, Konsistenz und Geruch beschrieben. Dies kann Ihnen zur Feststellung der Qualität des Räucherstoffes dienen.

Wenn Sie die Räuchermischungen selbst herstellen, können Sie sicher sein, daß die Mischung nur reine Zutaten enthält. Beim Kauf von Fertigmischungen sollten Sie auf Qualität achten. Es gibt Räuchermischungen, die Füllstoffe enthalten, die teilweise beim Verbrennen gesundheitsschädlich sind. In einer gekauften Räuchermischung habe ich Glas- und Pappestücke und sogar Plastik entdeckt.

Oft werden einer Mischung zur Intensivierung des Duftes noch Duftstoffe zugefügt wie ätherische Öle oder synthetische Duftöle. In der traditionellen Kunst des Zubereitens von Räuchermischungen gilt dies als Qualitätsminderung. Die Mischung soll so gute Räucherstoffe enthalten, daß sie selbst ihren Duft entfaltet. Das Verbrennen von synthetischen Duftstoffen verursacht

So wird's gemacht

1. *Räucherutensilien vorbereiten*

2. *Räucherkohle mit Pinzette über Kerzenflamme anzünden*

3. *Kohle glühend fächeln; Räucherwerk auf Kohle legen*

Kopfschmerzen, Augenbrennen und Husten und ist sicher gesundheitsschädlich.

WIE MAN RÄUCHERT

Nehmen Sie sich etwas Zeit und schaffen Sie so Raum, damit Sie das Räuchern wie ein kleines Ritual genießen können. Bereiten Sie Räucherschale, Kerze, Feder, Räucherkohle und Streichhölzer vor. Vielleicht haben Sie Lust, dabei einer passenden Hintergrundmusik zu lauschen. Entzünden Sie zuerst die Räucherkohle mit einer Kerze oder einem Feuerzeug an einer Seite. Sie beginnt zu knistern und an einem Ende zu glühen. Legen Sie die Kohle mit der Pinzette oder einer Metallzange auf das Sandbett, pusten Sie leicht darauf oder fächeln Sie Luft zu. Erst wenn die Kohle ganz glüht und nicht mehr knistert, wird das Räucherwerk in die Vertiefung der Kohletablette gelegt. Meist reicht es, von einem Räucherpulver messerspitzenweise etwas auf die Kohle zu geben. Dies kann wiederholt werden. Wenn zuviel Räucherwerk aufgelegt wird, kann die Glut ersticken.

Beim Räuchern sollten Sie immer darauf achten, daß sich keine leicht entzündbaren Gegenstände, wie flatternde Vorhänge, Tücher, Zeitungen usw., in der Nähe befinden. Beim Pusten auf die Kohle können Funken sprühen. Stellen Sie die Räucherschale eventuell auf ein Metalltablett. Kinder haben großen Spaß am Räuchern. Achten Sie dabei jedoch besonders auf die Feuergefahr. Die Kohlen können bis zu zwei Stunden glühen. Werfen Sie diese deshalb nicht einfach in den Abfall. Lassen Sie die Kohlen unter Aufsicht ganz verglühen oder heben Sie sie mit einer Pinzette aus der Räucherschale und löschen Sie die noch glühende Kohle unter Wasser. Vorsicht, die Kohle nicht in einer Keramikschale mit Wasser löschen. Die Schale kann dabei springen.

„. . . wird es zu kalt, zünde ich ein Feuer an, denn ich habe eine Feuerstelle; der Mensch braucht das Feuer. Die Menschen in Europa sehen nur dann ein Feuer, wenn ihr Haus brennt. Ihre Seelen verkümmern, weil sie kein Feuer sehen. Wie oft brennt schon ein Haus, und wer nimmt sich dann die Zeit, friedlich in die Flammen zu schauen?"

Janosch,
aus Merian >>Kanarische Inseln<<

1 AM FEUER SITZEN

WIE ALLES BEGANN

Das Fell am Höhleneingang bebte vom Schneesturm, der draußen durch die Bäume fegte. Wir rückten näher um die Feuerstelle, spürten die wohltuende Wärme. Unsere Nasen wurden warm, doch noch lange spürten wir die Kälte am Rücken. Wir waren durch die Nacht geirrt. Die Alten und Kinder unseres Clans hätten nicht mehr lange durchgehalten. Urak, unsere Heilerin, hatte ihren Medizinbeutel geholt. Er enthielt die duftenden Kräuter, Harze und Samen, die sie im Sommer sorgfältig gesammelt hatte. Sie murmelte Gebete für die Ahnen und die Geister dieser Höhle. Dann warf sie eine Handvoll der Mischung auf die heißen Steine am Feuer. Der Rauch stieg auf und erfüllte die Höhle mit geheimnisvollem Duft. Er breitete sich aus und wir spürten alle, daß wir froh waren, hier zu sein. Die Anspannung wich einem wohligen Gefühl. Mit dem duftenden Rauch waren wir angekommen. Jetzt wurde die Höhle unser Besitz, die Geister waren gnädig gestimmt worden. Urak war zufrieden.

VOM GERUCH AM FEUER

Die Geschichte des Räucherns beginnt mit der Geschichte des Feuers. Schon vor Millionen von Jahren saßen die Menschen am Feuer. Es wärmte, schützte und spendete Licht. In der Höhle, im Zelt oder in der Hütte schenkte es Ruhe und Wärme nach anstrengenden Tagen in oft gefährlichen Zeiten. Zahllose Geschichten wurden am Feuer erzählt, unzählige Lieder gesungen und Tänze getanzt. Das Feuer brachte den Menschen Nähe, da es sie miteinander verband. Wenn ein harzreiches Rindenstück oder eine aromatische Pflanze aufs Feuer geworfen wurde, veränderte sich die Stimmung: Die Menschen bemerkten, daß der duftende Rauch wohltuend war. Er diente auch der Begleitung von Ritualen. Die Bitte für erfolgreiche Jagd, gefälliges Wetter und Gesundheit trug der duftende Rauch als Botschafter zu den Wesen der anderen Welt.

Schon die afrikanischen Frühmenschen scheinen das Feuer für sich entdeckt zu haben. Funde in einer Höhle in der Nähe von Johannesburg zeigen, daß vor ein bis eineinhalb Millionen Jahren der Homo erectus das Feuer für sich nutzte. Damals konnten es die Menschen jedoch noch nicht selbst entfachen und beherrschen. Erst vor etwa 400 000 Jahren lernten sie, mit Steinen Funken zu schlagen oder durch das Reiben von Hölzern ein Feuer zu entfachen. Vielleicht war dies die größte Entdeckung, die wir Menschen je machen sollten. Sie war eng verbunden mit unserer uralten Liebe für das Räuchern.

Auf den Spuren des Beginns der Räucherkultur werden wir an diese alten Feuerstellen der Urzeit der Menschheit geführt. Dort liegen unsere ersten bewußten Dufterfahrungen. Die Nasen waren damals noch sensibler, denn vom Geruchssinn hing das Überleben ab. Man kannte den Geruch vom Wetterwechsel, vom Herannahen wilder Tiere, von Gefahr und Sicherheit, von guten und giftigen Nahrungsmitteln. Mit der sensiblen Nase der Frühmenschen, mit deren Hilfe überlebenswichtige Entscheidungen getroffen werden konnten, sogen sie den Duft am Feuer ein. Sie speicherten ihn in ihrem Erfahrungsschatz, so daß er bis heute auch in uns mit archetypischem Erleben verbunden ist.

Die Menschen begannen, Pflanzen nach ihren Düften zu sammeln. Irgendwann hatten sie entdeckt, daß bestimmte Pflanzenteile ganz eigene Düfte verströmen, der Duft von verbrennenden Wacholderästen eine angenehme Atmosphäre schafft, Tannen-Harz die Luft reinigt, Samen von Datura Visionen auslösen. Vielleicht hatten die damaligen Menschen dies durch Zufall entdeckt. Oder haben die Pflanzen damals noch zu den Menschen gesprochen und ihnen ihre inneren Kräften mitgeteilt? Ob vielleicht in dem damals größeren Gehirn der Neandertaler, die in der Zeit zwischen 90 000 und 35 000 v. Chr. lebten, mehr Bereiche für Dufterfahrungen vorgesehen waren? Wie paläonthologische Forschungen zeigten, kannten die Neandertaler bereits rituelle Handlungen, die in Verbindung mit Pflanzen standen. Im heutigen Irak, in Skanidar, wurden Ausgrabungen in Wohnhöhlen aus der Neandertalerzeit gemacht, die etwa 60 000 Jahre vor unserer Zeit bewohnt wurden. Die Gräber im Höhlenboden waren mit vielen verschiedenen Pflanzen ausgelegt, die den Toten wahrscheinlich auf ihrer Seelenreise helfen sollten. Einige dieser Pflanzenarten werden noch heute zum Räuchern verwendet.

Schamanenwissen

Damals, als die Menschen noch in steinzeitlichen Höhlen oder Zelten an Feuern lebten, entstand die schamanistische Kultur. Die Medizinfrauen und -männer haben die Dufterfahrungen mit aromatischen Räucherpflanzen gesammelt und sie genau spezifiziert. Ein uraltes Wissen entstand und verbreitete sich. Zum ersten Mal wurde eine ganz eigene Lebenskultur entwickelt. Man konnte den Geruch der Höhle, eines Zelts, auch den eigenen ganz bewußt bestimmen und verändern. Das Feuer wurde als ein Geschenk der Götter betrachtet. Sein Rauch stieg sichtbar in himmlische Bereiche und wurde dazu benutzt, um den Göttern Botschaften zu überbringen, ihnen Dankbarkeit zu erweisen, Gebete und Bitten an sie zu richten. Das Unfaßbare wurde mit Rauch und Duft verehrt. Schamaninnen und Schamanen hüteten ihr Wissen darüber, welches Räucherwerk für welche göttlichen Wesen bestimmt sei. Rituelle Handlungen sollten helfen, die Gebete mit dem Rauch hinauf in den Himmel zu den Göttern steigen zu lassen. Die Menschen hatten gelernt, mit verschiedenen Harzen und Pflanzenteilen Duftmischungen zu komponieren und verbanden Räucherungen mit Ritualen als Botschaft an den Himmel. Von Generation zu Generation wurden die Räucherweisheiten weitergegeben bis zu den Zeiten, von denen wir eindeutigere Funde besitzen.

Einer der ältesten Funde, der auf eine noch differenziertere Räucherkultur hinweist, läßt sich auf die Zeit 7200 v. Chr. datieren. In Dänemark und Südschweden wurden Räucherkuchen entdeckt, die beim Verbrennen an den Duft von Weihrauch und Myrrhe erinnern.

In den Händen der Wissenden der früheren Zeit lag auch das Geheimnis der Pflanzen, die den Menschen die Pforten des Bewußtseins öffnen können und die Wahrnehmung für andere Welten schärfen. In frühzeitlicher, schamanistischer Zeit wurde die Kraft halluzinogener Pflanzen entdeckt, die man als Geschenke der Götter verehrte. Sie dienten für Reisen in andere Wirklichkeiten und als Brücke in einen mystischen Raum jenseits der Zeit. Die Schamaninnen und Schamanen gebrauchten den aufsteigenden Rauch bestimmter Pflanzen wie Stechapfel (Datura), Alraune, Bilsenkraut, Mohn usw., um sich in Trance zu versetzen und so die Götter in Visionen durch sich sprechen zu lassen oder Heilzeremonien auszuführen. Wahrscheinlich fanden die ersten gemeinsamen Gottesdienste der Menschen um den aufsteigenden Rauch heiliger, magischer Pflanzen statt. Mit dem Räuchern verbindet sich ein Urwissen der Menschen, das in jedem von uns schlummert.

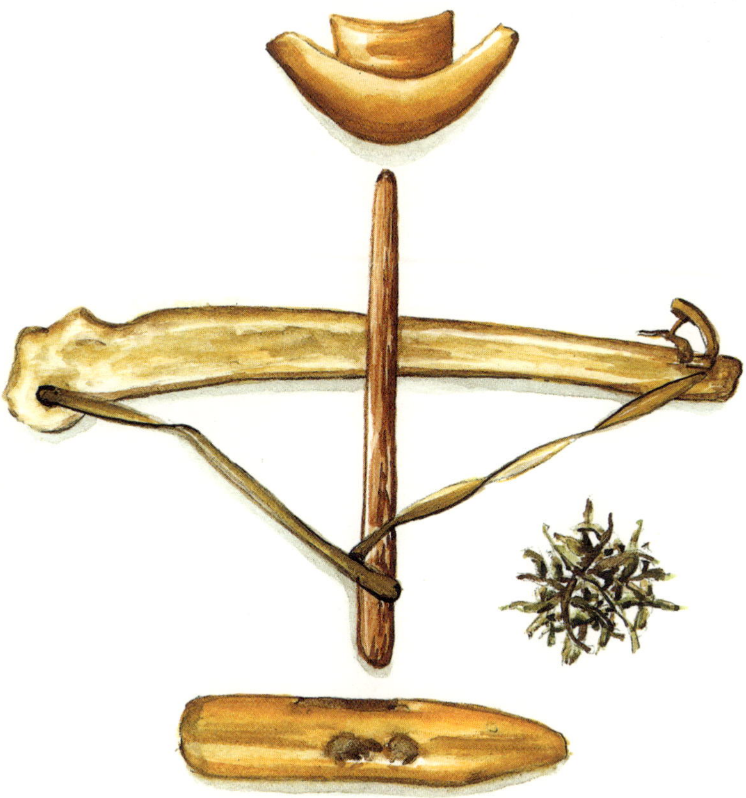

Feuerholzbogen zum Entfachen von Feuer

Eng mit dem Räuchern verbunden entwickelten sich Heilungszeremonien. Sicher haben schon die frühesten Menschen ein schmerzendes rheumatisches Glied über heilsamen Rauch gehalten oder eine Erkältung mit Harzräucherungen gelindert. Mit ziemlicher Wahrscheinlichkeit wurden dazu Harze der Nadelbäume, wie auch Zweige von Wacholder, Zeder oder Thymian verwendet.

VOM RHYTHMUS DER NATUR

Auch heute, nach Tausenden von Jahren, fasziniert uns das Feuer. Noch immer ist damit das Wahrnehmen von Gerüchen verbunden. Kein Sinn berührt uns so tief wie das Riechen. Es könnte stimmen, was Janosch uns über die Feuerstelle sagt: Unsere Seelen verkümmern ohne das Erleben der Elemente.

Wir sitzen auch heute noch nach getaner Arbeit vor einer Lichtquelle. Doch es ist kein prasselndes, duftendes Feuer mehr, sondern das fahle, elektronische, geruchlose Licht des Fernsehers. Die heilsame Verbindung zum Feuer, zu der uns umgebenden Natur, ist abgebrochen.

Räucherungen mit dem Harz der Bäume, mit getrockneten aromatischen Pflanzen, so, wie es unsere ersten Vorfahren machten, können uns mit den Schwingungen der uns umgebenden Natur wieder verbinden. Es ermöglicht uns, den Wechsel der Jahreszeiten, der Vegetationsphasen, der Schwingungen, der uns umgebenden Natur, bewußt nachzuvollziehen und in uns selbst zu erleben. Dieses Orientieren am Kreislauf der Natur kann eine innere Balance in uns stärken und uns dabei helfen, die Orientierungslosigkeit und Anonymität des modernen Lebens aufzuheben. Es kann also heilsam sein, sich den Rhythmus der Natur zu vergegenwärtigen.

Die archaischen Räucherungen, sei es mit Einzelpflanzen, Harzen oder Tannenzweigen, Wacholderzweigen, getrocknetem Salbei, Thymian, Beifuß oder als Mischungen, eignen sich ganz besonders gut als Räucherung im Freien. Um duftende Zweige zu verbrennen, brauchen wir ein wärmendes, prasselndes Feuer, das allein schon einen heilenden Effekt auf unsere oft naturfernen Seelen hat. Wir fühlen die Steine, die die Feuerstelle umgeben, ertasten das Holz, das aufgeschichtet wird, nehmen das Licht der ersten Funken in uns auf. Züngelnde, tanzende Flammen in orange-gelben-blau-roten Farben lodern auf. Wir werfen getrocknete Wacholderzweige ins Feuer oder legen Harz auf die heißen

Höhlenmalerei aus Altamira

Steine. Der Duft uralter Wälder und der Atem der Natur dringen in unsere Seele und inspirieren uns wieder zu Geschichten, Tänzen und Liedern, die schon seit Urzeiten mit dem Feuer und dem duftenden Rauch verbunden sind.

AROMATISCHE HARZE DER NADELBÄUME

Die balsamisch duftenden Harze der Nadelbäume wurden in der Frühzeit zum Räuchern verwendet, denn ihr Holz ist harzreicher als jenes der Laubbäume. Wie diese Düfte genau zu rituellen und heilerischen Zwecken eingesetzt wurden, wissen wir nicht mehr. Doch es ist anzunehmen, daß die Menschen damals über die Heilkraft dieser Harze Bescheid wußten. Die Harze der einheimischen Bäume haben desinfizierende und wundheilende Wirkungen. Sie waren deshalb Bestandteil der ersten von den Menschen zubereiteten heilkundlichen Mittel. Heutige Naturvölker verwenden noch immer Harzsalben, um Wunden zu bestreichen. Dieser Brauch hat sich bei uns bis Anfang des Jahrhunderts erhalten und verschwand dann. Nur noch in der Tierheilkunde verwendet man heute Harzsalben.

Vom Duft der Nadelholz-Harze können wir uns in diese frühen Zeiten entführen lassen, als Europa von einem geschlossenen Wald bedeckt war und unsere Vorfahren noch die Sprache der heilenden Bäume verstanden. Die Harze von Kiefern, Fichten, Tannen, Lärchen und Wacholder unterscheiden sich durch leicht variierende Düfte. Es ist nicht schwer, sich mit Räucherharzen, wie sie in der Frühzeit verwendet wurden, zu versorgen. Bei einem Spaziergang durch einen Nadelbaumwald wird man sicher auf Bäume stoßen, an deren Rinde Harz austritt. Der Baum reagiert mit Harzfluß auf Verletzungen der Rinde und des Holzes. Der antike Philosoph und Naturforscher Theophrast empfiehlt, die Harze der Bäume um die Zeit des Aufgangs des Sirius (Hundsgestirn) zu sammeln. Dies ist bekanntlich die Zeit der sogenannten Hundstage, den heißesten Tagen des Jahres. Es lohnt sich, das Harz im Sommer zu sammeln, da durch die höhere Verdunstung der Wassergehalt im Harz besonders niedrig ist. Je weniger Wasser im Harz der Nadelbäume enthalten ist, um so feiner riecht die Räucherung. Mit einem Messer oder Spatel kann man das ausgetretene Harz leicht abkratzen und am besten in etwas Alufolie eingewickelt mit nach Hause nehmen. Für ein gutes Räucherharz sollten die Harzstücke etwa ein Jahr lang getrocknet werden. Erst dann verströmen sie ihren balsamischen Duft. Naturharze entwickeln beim Räuchern viel Rauch. Sie eignen sich deshalb eher für ein Räuchern im Freien oder bei geöffnetem Fenster. Zum Räuchern werden kleine Harzstückchen auf die glühende Räucherkohle oder auf einen heißen Stein am Feuer gelegt.

Tanne

Wirksame Räucherstoffe der Frühzeit

Tanne

Abies alba Mill.

Bis in unsere Zeit hinein reichen die Bräuche, die sich mit der majestätischen Tanne verbinden. Wir können annehmen, daß bereits in der Steinzeit die Menschen die Heilkräfte der Tanne kannten und sie als Heil- und Lebensbaum verwendeten und achteten. Noch heute dient ein Tannenbaum in der christlichen Welt als Symbol für Licht und Leben. Die Tanne war für unsere keltischen und germanischen Vorfahren ein Schutzbaum, der vor dem krankmachenden Einfluß dämonischer Kräfte schützte. Die Äbtissin Hildegard von Bingen schreibt in ihrer *Naturkunde*, die sie vor 800 Jahren verfaßt hat:

Die Tanne ist mehr warm als kalt und enthält viele Kräfte. Sie ist ein Sinnbild der Stärke. Geister hassen Tannenholz und vermeiden Orte, an denen sich solches befindet.

Auch heute können wir die Tanne für eine Schutzräucherung verwenden. Ganz bewußt sollten wir dabei die hilfreichen höheren Mächte um ihren Schutz bitten und uns vorstellen, daß wir von einem Schutzschild aus Licht umgeben sind.

Das Tannen-Harz hat einen balsamisch-grünen Duft. Es reinigt und verbessert die Luft. Räucherungen mit Tannen-Harz, so hieß es noch in alten Kräuterbüchern, stärken die Nerven, machen kräftig, mutig und psychisch widerstandsfähig. Man räucherte damit in Krankenzimmern, um die Kraft zur Gesundung der Kranken zu stärken. In den frühgeschichtlichen Funden von Räucherwerk war auch Tannen-Harz enthalten. Wir können uns vorstellen, daß die Menschen damals dieses Räucherharz ebenfalls zur Stärkung gebrauchten. Die Indianer Kanadas räuchern mit dem Harz der dort einheimischen Tannen. Dieses Harz wird seit langem auch nach Europa eingeführt und noch heute als Kanadabalsam gehandelt *(Balsamum canadese)*. In der Rinde der Balsamtannen Nordamerikas sammelt sich Harz an. Mit einer schnabelartigen Kanne wird die Schwellung angestrichen und das austretende Harz aufgefangen. Diese honigartige, gelbliche, klare Flüssigkeit erstarrt an der Luft zu einer durchsichtigen Harzmasse, die zum Räuchern verwendet werden kann. Sie verbreitet einen angenehmen, waldig-grünen Duft. Das Harz der *Balsamtanne (Abies balsamea L. Mill.)* wird bei den Indianern Kanadas bei Halsentzündung gekaut, aber auch zur Behandlung von Schnittverletzungen, Prellungen und Quetschungen gebraucht. Der aufsteigende Rauch galt als Heilmittel bei Arthritis. Heute findet das Balsamharz außerdem in der Industrie Verwendung als Einbettungsmittel bei der Mikroskopie, als Feinlack und als Kitt für Linsensysteme.

In Europa ist seit Jahrhunderten das *Elsässer Terpentin* oder auch *Straßburger Terpentin* von der Weißtanne als Wund- und Rheumamittel bekannt. Dieses gereinigte Tannen-Harz, das einen besonders feinen, zitrusartigen Duft verströmt, wirkt antiseptisch, schleimlösend und wurde früher in der Räucherheilkunde zum Räuchern bei Husten und Verschleimung verwendet sowie als gutes Rheumamittel. Es ist noch heute erhältlich.

Statt des Harzes kann man auch getrocknete Nadeln benützen. Für eine Räuchermischung werden die frischen Nadeln von den Ästen gezupft und auf einem Tuch etwa zwei Wochen getrocknet, zerkleinert und mit Weihrauch- oder Mastix-Harz vermischt. Die getrockneten Nadeln sollten stets gut verschlossen aufbewahrt werden. Sie können auch in einem Steinmörser zermahlen werden und so als Pulver einer Räuchermischung beigefügt werden.

Lärche

Larix decidua Mill.

Die Lärche, die auch in früher Vorzeit gedieh, macht in einem Nadelwald besonders auf sich aufmerksam. Sie ist unser einziger einheimischer Nadelbaum, der im

Herbst seine Nadeln abwirft. Dieser Baum war für die Menschen deshalb seit Urzeiten ein Symbol für Neuanfang, Spontanität, Wagemut und Erneuerung. Räucherungen mit Holz, Harz und Nadeln wurden für rituelle Zwecke, speziell für Frühlingszeremonien oder Erneuerungsfeste verwendet, wo Altes verabschiedet und das Neue begrüßt wird. Es heißt, daß der Duft der Lärche die Kräfte der Erneuerung in uns anregt und hilft, gestaute Energien wieder zum Fließen zu bringen. Wenn wir eine Lärche draußen im Wald betrachten, so sehen wir, daß sie eine reiche Bodenflora umgibt. Ihre abgeworfenen Nadeln wandeln sich zu nahrhaftem Dünger für viele Gewächse. Das leichte Astwerk gewährt genügend Licht zum Wachsen. Im Gegensatz dazu läßt der saure Boden unter den schattenspendenden Tannen und Fichten eine reichhaltige Flora erst gar nicht aufkommen.

Wenn wir die Lärche im Vergleich mit anderen Nadelbäumen betrachten, fällt auf, daß sie einen sehr feingliedrigen, sensiblen Ausdruck hat. Sie strahlt Schönheit aus, wenn im Frühjahr das hellgrüne Nadelkleid aus den zarten Zweigen bricht und wenn es im Herbst tiefgelb an den Ästen zu glühen scheint. Durch unzählige Antennen scheint sie mit feinstofflicher Energie zu kommunizieren. Wahrscheinlich ist unseren Vorfahren schon in steinzeitlicher Vorzeit diese spezielle Ausstrahlung aufgefallen. Bis in unsere Zeit hinein sind die alten Gebräuche und Geschichten zur Lärche erhalten geblieben. Wie die Sagen berichten, leben bei den Lärchen die *Säligen*, das sind die Waldelfen und weisen Zauberfeen, die den Menschen wohlgesonnen sind. Es sind die guten Feen, die immer dann in den Geschichten (manchmal auch im richtigen Leben) erscheinen, wenn wir dringend Hilfe brauchen. So wurden Räucherungen mit Lärchen-Harz als Glücksräucherungen verstanden, die eine Atmosphäre des Gelingens, des Wohlstands und des Glücks schaffen sollten. Es sind viele Rezepte von sogenannten das Glück herbeiziehenden Räuchermischungen erhalten.

Der Lärchenbaum am Berghof galt in früheren Zeiten als Sitz des guten Geistes eines Hauses. Wenn sich in einem Haus viel Unglück ereignete, räucherte man jeden Abend mit Lärchen-Harz. Aber es hieß auch, daß der Duft bei den Menschen jene Wahrnehmung öffnet und schärft, mit der wir Kontakt zu der Welt der Elfen und Naturwesen aufnehmen können. Bestimmte Räucherungen mit Lärchen-Harz und anderen Zutaten sollen hellsichtig machen. Doch das Harz dieses uns so wohlgesonnenen Baums hat auch große heilende Wirkung und wurde deshalb schon immer hoch geschätzt. Lärchenharz wirkt entkrampfend und erwärmend und stärkt die Atmungsorgane. Es löst festsitzenden Schleim bei Erkältungen und chronischem Schnupfen sowie bei Nebenhöhlenkatarrhen. Lärchen-Harz wurde in der Kräuterheilkunde zur Behandlung von chronischen Erkrankungen der Atemwege benutzt. Gereinigtes Lärchen-Harz kann man im Handel beziehen. Es wird als *Venetianisches Terpentin* geführt. Die meiste Ware kam früher über Venedig in den Handel. Das Lärchenterpentin kommt heute zum großen Teil aus Tirol, wo die Bäume angebohrt werden und man die Öffnungen nach der Harzernte wieder mit Holzstopfen verschließt. In bestimmten Abständen läßt man dann das Lärchenterpentin ausfließen. Es kommt als gelbliche, klare Flüssigkeit in den Handel und hat einen feinen, balsamischen Duft.

Kiefer

Pinus sylvestris L.- Waldkiefer
Pinus mugo Turra - Latschenkiefer
Pinus cembra L. - Zirbelkiefer

Am Ende der Altsteinzeit bis zum Ende der Mittelsteinzeit (85000 – 12000 v. Chr.) bestanden die Wälder Nordeuropas hauptsächlich aus Kiefern, die von Birken und Haselnußsträuchern umgeben waren. In dieser Zeit haben die Menschen sicher das balsamisch-warm duftende Harz der Kiefern entdeckt und verwendet. Auch die Borke dieser Bäume ist von rötlichem Harz durchdrungen und verbreitet, aufs Feuer gelegt, einen angenehmen harzigen Duft. Zum Räuchern wurde daher früher die Rinde mit ihrem Harz kleingeraspelt oder in Form von Pulver verwendet. In Japan wird auch heute pulverisierte Kiefernrinde als Basisduft in Räucherstäbchen gegeben. In Marokko bezeichnet man das Harz der Aleppokiefer als Mutter der Menschen und verwendet es für vielerlei medizinische und magische Räucherungen.

Der Duft des Kiefern-Harzes, auch *Kolophonium* genannt, soll vor magischen krankmachenden Praktiken schützen. Der Rauch gilt als herzstärkendes Mittel. Wir kennen *Kolophonium* in unserer Kultur heute nur noch als ein Mittel, um Violinbögen zu bestreichen und nennen es Geigenharz. *Kolophonium* wird im Harzhandel in verschiedenen Qualitäten von hell bis dunkel angeboten. Der größte Teil stammt heute aus Portugal. Es hat seinen Namen von der alten Stadt Kolophon in Libyen, wo besonders gutes Kiefern-Harz hergestellt wurde. *Kolophonium* ist ein hellgelbes bis hellbraunes Harz, das im Bruch glasartig glänzt. Es wird heute durch Destillation der Kiefernbalsame hergestellt. Die Destillationsrückstände werden so lange erhitzt, bis alles Wasser verdampft ist und eine harzartige Masse übrigbleibt.

Kiefern-Räucherungen wirken wärmend und stärkend. Die Dämpfe des Kiefern-Harzes wurden verwendet, um die Lungen zu stärken und um schwächliche Kinder energetisch aufzuladen. Der Rauch wirkt antiseptisch und durchblutungsfördernd. Falls Sie einen offenen Kamin haben oder gelegentlich am Lagerfeuer sitzen, können Sie eine Handvoll kleingeschnittener Kiefernrinde für eine Räucherung verwenden.

Kiefernharz

FICHTE

Picea abies (L.) Karst.

Das Harz der Fichte wurde noch im letzten Jahrhundert als billiger Ersatz für den sehr teuren Weihrauch gebraucht. Für diesen *gemeinen Weihrauch* verwendete man nur die reinsten und trockensten Stücke des ausgeflossenen Harzes. Wie in alten Kräuterbüchern berichtet wird, wurde das Fichten-Harz verfeinert, indem man es einige Zeit in einen Ameisenhaufen legte. Die Ameisensäure bewirkt im Harz einen chemischen Umwandlungsprozeß. Räucherungen mit Fichten-Harz wurden gegen Verschleimung der Lungen, zur Behandlung von Ausschlägen und bei Rheuma empfohlen. Fichten-Harz wirkt keimtötend und kann so die Raumluft desinfizieren. Es duftet kräftiger als das Harz der Tanne, allerdings fehlt ihm die frische, oft zitronenartige Note des Tannen-Harzes.

Fichten-Harzräucherungen dienen der Reinigung von Räumen. In alten Zeiten, lange bevor es Weihrauch gab, sollte der Rauch des Harzes als Schutz vor störenden Einflüssen dienen und helfen, innere Ruhe zu finden. Fichten-Harz ist leicht zu finden; es sollte wie alle Harze gut abgelagert sein, bevor es zum Räuchern verwendet wird. Im Harzhandel wird das Burgunder-Harz, *Pix burgundica* oder *Resina Pini burgundica*, angeboten, eine besonders gute Qualität des Fichten-Harzes, das durch einen Schmelzprozeß aus gewöhnlichem Fichten-Harz gewonnen wird. Es verströmt beim Räuchern einen kräftigen, grünen, waldigen Duft. Burgunder-Harz wirkt kräftigend, stärkend, aufbauend. Da es viel Rauch entwickelt, eignet es sich eher für Räucherungen im Freien. Das hellgelbe Harz wurde in der mittelalterlichen Heilkunde viel zur Herstellung von Heilsalben und auch für Heil-Räucherungen verwendet. Das einfache gereinigte Fichten-Harz war als *Scharrharz* ebenfalls in der mittelalterlichen Heilkunde bekannt. Im Harzhandel wurden gelegentlich beide Qualitäten geführt.

WACHOLDER

Juniperus communis L.

In allen frühzeitlichen schamanistischen Kulturen, in deren Lebensraum der Wacholder vorkommt, wurde dieser Baum oder Strauch als heilig verehrt. Dem Wacholder werden bestimmte magische Kräfte zugeschrieben, die ihn als Schutz- und Lebensbaum auszeichnen. *Baum des Lebens* wird er heute noch von den letzten Schamanen Sibiriens genannt. Sein Holz, die Zweige oder die Beeren, werden seit prähistorischer Zeit für kultische und medizinische Räucherungen verwendet. Besonders krankmachende Dämonen, so hieß es später im Mittelalter, werden von seinem Rauch ferngehalten. Aus den frühesten Zeiten der Menschheit hat sich bis in unsere Zeit hinein der Ruf des Wacholders als Schutzbaum erhalten. Wenn wir

Wacholder

in alten Kräuterbüchern über den Wacholder lesen, finden wir viele Angaben, bei denen sich kultische, magische und medizinische Anwendungen des Wacholders verbunden haben.

Wo es nach Wacholder riecht, hält sich der Teufel nicht auf, hieß es in alten Aufzeichnungen. Mit Wacholder-Räucherungen wollte man sich krankmachende und schädigende Einflüsse fernhalten.

Wacholder-Harz ist allerdings selten, denn der Baum sondert nicht so schnell und meist auch nicht besonders viel Harz ab. Dafür muß man dieses Harz jedoch nur etwa ein halbes Jahr trocknen, und es riecht besonders fein.

Das Harz hat eine desinfizierende Wirkung und wurde wegen der reinigenden Qualität des Rauches an Krankenlagern gebraucht. Es erwärmt und löst Verschleimungen. Wacholder-Harz-Räucherungen wurden später im Mittelalter vor allem zur Behandlung von rheumatischen Schmerzen, Quetschungen, Lähmungen und Geschwulsten verwendet. Sicher waren diese Maßnahmen auch schon in der Frühzeit bekannt. Die betreffenden Körperteile werden dabei über den aufsteigenden Wacholderrauch gehalten.

In einem Kräuterbuch aus dem Jahre 1874 wird berichtet, daß Räucherungen mit Wacholderbeeren und –holz bei Geschwüren und rheumatischen Beschwerden helfen. Ein Flanellappen wird dazu in den aufsteigenden Rauch gehängt, danach wird mit diesem über die betreffenden Körperteile gerieben.

Wacholder-Räucherungen galten seit frühesten Zeiten als Schutzmittel gegen Ansteckungen. So wurden zur Zeit der großen Pestepidemien in den Städten Wacholderfeuer entzündet. Im antiken Griechenland hieß es, der Rauch von Wacholder verleihe die Gabe zu Prophezeiungen. Schon seit der frühesten Zeit wird dem Wacholder eine ganz besonders lebensstärkende Energie zugesprochen, die bei Räucherungen auf den Menschen wie auch auf die Räumlichkeiten übergehen soll. Wacholder-Räucherungen eignen sich besonders gut für die Rekonvaleszenz, um Menschen und Räume mit neuer Lebensenergie aufzuladen. Wacholder soll unsere Achtsamkeit stärken, er macht wie sein Name sagt wach. Für Räucherungen mischt man die Wacholdernadeln und -beeren mit Räucherharzen wie Fichten-Harz oder Sandarak. Auch getrockneter Salbei verbindet sich in einer Mischung gut mit der Wirkung und dem Duft des Wacholders.

WACHOLDERBEEREN

Die kleinen blauschwarzen Beeren wurden an alten steinzeitlichen Feuerstellen gefunden. Sie dienten als Nahrung, zum Würzen und auch als Räucherung. Vermutlich wurde auch mit getrockneten Wacholderzweigen geräuchert. Die Beeren sollten etwa drei Wochen getrocknet sein, bevor sie geräuchert werden.

1 *Wacholderbeeren*
2 *Kiefernharz*
3 *Fichtenharz*
4 *Tannennadeln*
5 *Sumpfporst*
6 *Burgunderharz*
7 *Lärche*
8 *Wacholder*

SUMPFPORST

Ledum palustre L.

Der Sumpfporst ist eine immergrüne Pflanze, die strauchähnlich wächst und je nach Standort zwischen 20 cm und 1,5 m groß wird. Sie ist eine archaische Schamanenpflanze des Nordens und gedeiht in moorigen Gegenden Mittel-, Nord- und Ostasiens, Nordamerikas und in der Alpenregion. Besonders die Schamanen Sibiriens gebrauchten den Sumpfporst zum Einreiben bei Gelenkschmerzen oder beim Räuchern zur Tranceerzeugung. Oft wurde er mit Wacholder vermischt. Die Pflanze ähnelt dem Rosmarin, ist jedoch weicher und feiner. Sie wird deshalb auch *Wilder Rosmarin* genannt. Der Sumpfporst ist nicht mit dem Rosmarin verwandt, sondern gehört einer ganz anderen Familie an. Er ist ein Heidekrautgewächs. In Deutschland steht der Sumpfporst unter Naturschutz.

Sumpfporst

Noch im Mittelalter galt er auch als magische Pflanze. Von seinen inne-

Sumpfporst

ren, feinstofflichen Kräften ist heute nicht mehr viel bekannt. In unserer Zeit wird diese Pflanze hauptsächlich in der Homöopathie verwendet. Das Sumpfporstkraut, auch Labradortee genannt, wird bei Rheuma und Keuchhusten verwendet und wirkt nierenanregend und schweißtreibend. Früher wurde das Kraut für Abtreibungen verwendet, wobei es häufig zu Vergiftungen kam. Schwangere sollten mit Sumpfporst nicht räuchern.

In der Räucherheilkunde verwendet man den Sumpfporst zur Behandlung von Husten und Keuchhusten (hier zusammen mit Salbeiblättern) und als schlafförderndes Mittel am Abend. Experimentell wurde in unserer Zeit festgestellt, daß der Sumpfporst die Schlafzeit verlängert. Beim abendlichen Räuchern für besseren Schlaf und innere Ruhe wird er mit anderen Kräutern wie Salbei, Kiefernrinde und Hopfendrüsen vermischt. In alten Zeiten galt der Sumpfporst als magisches Mittel, um in Kontakt mit den feinstofflichen Wirkkräften der Natur zu kommen. In noch bestehenden schamanistischen Kulturen wird diese alte Heilpflanze weiterhin eingesetzt, und wir können davon ausgehen, daß er bereits in der Steinzeit von den Menschen für visionäre und andere schamanistische Praktiken verwendet wurde.

Rezepte für archaische Natur-Räucherungen

Diese Rezepturen eignen sich besonders für Räucherungen in der freien Natur.

Ayla

Tannen-Harz	1 Teil
Tannennadeln	2 Teile
Wacholderbeeren	1 Teil
Mastixharz	3 Teile

Das trockene Harz und die Rinde im Mörser fein zerstoßen oder mit dem Messer zerschneiden. Trockene Tannennadeln mit dem Wiegemesser zerkleinern. Wacholderbeeren mit dem Mörser zerquetschen. Alle Zutaten gut miteinander vermischen. Im Feuer, auf heißen Steinen oder auf Räucherkohle verbrennen.

Elementarwesen

Salbeiblätter	3 Teile
Sumpfporstblätter	1 Teil
Wacholdernadeln	1 Teil
Waldbingelkraut	1/2 Teil
Mastix	5 Teile

Die getrockneten Salbeiblätter zwischen den Händen kleinreiben. Die Sumpfporstblätter von den getrockneten Zweigen zupfen. Trockenes Waldbingelkraut kleinzupfen. Alle Teile gut vermischen. Prisenweise im Feuer, auf heißen Steinen oder auf Räucherkohle verräuchern.

Diese Mischung wirkt öffnend für die feinen Energien der Natur.
Sie ist hilfreich und unterstützend für Menschen, die mit Pflanzen heilen. Diese schamanistische Räuchermischung nicht verschwenden, mit Bedacht, Sparsamkeit und Dankbarkeit verwenden. Richtig angewendet, kann sie, so heißt es, Heilträume hervorbringen, in denen man von einem dringend benötigten Heilmittel aus dem Pflanzenreich träumt.

Schutzgeister

Tannenholz	1 Teil
Kiefernrinde	1 Teil
Wacholderholz	1 Teil
Nelkenwurz	1 Teil
Weihrauch-Harz	4Teile

Die trockenen Hölzer werden mit einer Feile fein geraspelt oder bereits fein geschnitten gekauft. Die getrocknete Nelkenwurz, *Geum urbanum*, fein raspeln. Alle Teile gut miteinander mischen. Prisenweise auf Feuer, Steinen oder Räucherkohle verräuchern. Der duftende Rauch dieser Mischung bildet die Schwingung für eine Art feinstofflichen unsichtbarer Schutzschild, der vor negativen Einflüssen schützt. Die Mischung hat außerdem eine innerlich stärkende und reinigende Wirkung. Sie soll mit den positiven Kräften eines Ortes verbinden.

Lupuleda

Sumpfporst	1 Teil
Kiefernrinde und -Harz	4 Teile
Hopfendrüsen	1/2 Teil
Wacholderbeeren	1 Teil
Weihrauch	2 Teile

Getrocknetes Sumpfporstkraut mit der Schere kleinschneiden. Kierfernrinde und -Harz im Mörser fein zerstampfen. Weihrauch in feine Stücke klopfen. Hopfendrüsen (siehe Kapitel *Nordeuropa*) und Wacholderbeeren zugeben. Eine Mischung mit archaischem, balsamisch-harzigem Naturduft. Sie wirkt innerlich ausgleichend und beruhigend und kann einen gesunden Schlaf verleihen. Sie hilft besonders in Zeiten von innerer Unruhe und Streßbelastung mit Schlafstörungen. Gleichzeitig kann uns diese Mischung mit den heilenden Kräften der Natur verbinden, die die Kommunikation mit den feinstofflichen Energien unterstützen.

Ich bin ein Hirsch: mit sieben Sprossen,

Ich bin eine Flut: über einer Ebene,

Ich bin ein Wind: auf einem tiefen See,

Ich bin eine Träne: die von der Sonne fiel,

Ich bin ein Falke: über der Klippe,

Ich bin ein Dorn: unter dem Nagel,

Ich bin ein Wunder: zwischen Blumen,

Ich bin ein Zauberer, wer außer mir

Entzündet den kühlen Kopf mit Rauch?

Song of Amergin
altkeltisch
aus: Robert von Ranke-Graves: >>Die weiße Göttin<<

2 NORDEUROPA

RAUCHNÄCHTE UND KRÄUTERBÜSCHEL

Am ersten Abend nach Weihnachten holte Großvater die große eiserne Pfanne aus der Küche. Über einer Kerze entzündete er die Scheiben des Baumpilzes, den er im Sommer getrocknet hatte. Er blies so lange, bis sie rot glühten. Dann streute er eine Handvoll der Kräutermischung aus dem Beutel darauf. Dicker Rauch stieg jetzt aus der Pfanne. Ein Duft von Kräutern und Harzen, aromatisch und warm, begann sich im Raum auszubreiten. Mit kreisenden Bewegungen schritt Großvater durch die Räume des Hauses, er murmelte Gebete dabei. Jeder Raum empfing uns mit seiner eigenen Atmosphäre und einem eigenen Geruch. Alle Dinge, die hier das Jahr über geschahen, lagen wie unsichtbare Schleier im Raum. Wenn wir mit der Räucherpfanne die Räume durchquerten, schien es, als löse der aufsteigende Rauch die feinen Schleier der Räume auf. Etwas hatte sich dadurch verändert.

STEINKREISE

Die steinzeitlichen Feuerstätten der frühen Nomaden Nordeuropas sind nie erloschen. Ihre mystische Kraft, der Duft aufsteigenden Rauches und damit verbundenes, uraltes Schamanenwissen ist tief in der Seele der Menschen bewahrt und im verborgenen wirksam. Bis in unsere moderne europäische Zeit, wo scheinbar die alten Mythen, Symbole und Riten verschwunden sind, haben sich Reste alter Räucherkulte bewahrt. Auf einer Reise, die den Spuren des Räucherns von der schamanistischen Steinzeit über prähistorische keltische und germanische Siedlungen und alte Volksbräuche bis in die heutige Zeit nach Nordeuropa folgt, streifen wir vorbei an riesigen Steinkreisen wie in Stonehenge, Felsenheiligtümern wie den Externsteinen im Teutoburger Wald oder Dolmengräbern und Feenhäusern in Irland.

Der Mensch in Nordeuropa erfährt und empfindet besonders eindrücklich den Wechsel der Jahreszeiten: den eiskalten, früher oft tödlichen Winter, den hoffnungsvollen, lebenserweckenden Frühling, den fruchtbaren, warmen Sommer und den farbigen und früchtespendenden

Altar in den Externsteinen

Herbst. Die Verwendung von Räucherungen und der Zeitpunkt der damit verbundenen Rituale in Nordeuropa ist von diesem Empfinden stark geprägt. Viele der alten Heiligtümer wie Steinkreise und Dolmenreihen waren nach den Jahreszeiten und kosmischen Rhythmen ausgerichtet. Das Wissen von der Wechselwirkung zwischen Himmel und Erde bildete eine Grundlage für die alten Kulturstätten. Die Menschen sahen sich eingebunden in die Rhythmen des Kosmos. Sicher wurde an diesen uralten, heiligen Plätzen europäischer Frühkulturen aufsteigender Opferrauch als Verbindung und Botschaft zum Himmel verwendet. An einem jahreszeitlich bedeutsamen Tag wie der Sommersonnenwende fiel zum Beispiel im Heiligtum der Externsteine der erste Strahl der Morgensonne durch eine runde Öffnung im Fels direkt auf den dahintergelegenen Altar. Das Alter dieses ur-europäischen Heiligtums wird auf etwa 10000 Jahre geschätzt. Eine innige Naturverbundenheit der damaligen Menschen drückt sich in diesen Kulten aus. Die uralten Mysterienkulte und geheimnisvollen Riten jener Zeit waren sicher mit Räucherungen verbunden. Die genauen Ausführungen und Rezepturen haben sich im Dunkel der Geschichte verloren, doch einiges hat sich bis in unsere Zeit erhalten oder läßt sich rekonstruieren. Räucherungen mit einheimischen

Externsteine

Räucherpflanzen verbinden uns also mit einer uralten europäischen Pflanzenweisheit.

DER ALTE WALD

Die nach Westeuropa eindringenden Kelten setzten 4000 bis 5000 v. Chr. die Tradition des magischen Naturbewußtseins der Ureinwohner Nordeuropas fort. Die riesigen Granitaltarsteine der Neolithischen Kultur wurden später zu keltischen Weiheplätzen. Doch bevor sich der Kult und das Bewußtsein der ursprünglich einheimischen Bevölkerung mit dem Keltischen vermischte, waren die eindringenden Kelten gezwungen, sich auf die Magie und Kraft der Bäume einzulassen. Ursprünglich aus fast baumloser Steppe stammend, standen sie nun vor der Wand des ungeheuer dichten, mächtigen und undurchdringlichen Waldes. Es heißt, die Kelten hätten sich durch Neugierde, Wanderfreudigkeit und Mut ausgezeichnet. Diese drei Eigenschaften scheinen sie in ihrem Vordringen unterstützt zu haben. Sie fanden nicht nur einen Weg durch den Wald, der zu ihrer Zeit fast alles Land Nordeuropas bedeckte, sondern sie wurden große Verehrer der mythischen Urkraft und Weisheit der Bäume. Sie legten sogar ihrem Kalender die Namen und Eigenschaften der Bäume zugrunde. Der Baum, verwurzelt in der Erde, aufstrebend gen Himmel, wurde das keltische Lebenssymbol. Die bizarr geformten, kräftigen Eichen und die hochgewachsenen Eschen haben Kelten und Germanen besonders beeindruckt und die Eichenmistel galt als heilige, mystische Pflanze. Aufgrund der religiösen Bedeutung von Bäumen hielten diese Völker sogar ihre Gottesdienste unter den Bäumen ab.

Die hohe Kenntnis der Kelten auf dem Gebiet von Heilpflanzen ist bis heute überliefert. Für sie war das Pflanzenreich eine Quelle der Weisheit. Immer wurde eine Pflanze auch in ihrem mystischen, ja spirituellen Umfeld und ihrer Wirkungsweise gesehen. Den Geist einer Pflanze verehrte man als Pflanzenelfe. Sie war Ausdruck der Beseelung ihrer heilsamen Pflanzenwelt und sie verfügte über geheimnisvolle Kräfte, die sie den Menschen zur Verfügung stellen konnte. Druiden und Seherinnen hatten einen direkten Zugang zu den Kräften der Pflanzen. Über mediale Kommunikation traten sie mit den Pflanzenwesen in Verbindung und entdeckten die Geheimnisse der Natur. Die geheimen Pflanzenbotschaften, durch das Räuchern befreit, teilen sich den Menschen mit. Daß die Natur von Pflanzenwesen und hilfreichen Geistern bewohnt ist, hat sich bis heute in vielen Märchen und Sagen erhalten. Elfen, Gnome, Zwerge und Nixen treten dort als Helfer der Menschen in schwierigen Situationen auf. Die beliebten deutschen Gartenzwerge sind ein letzter, wenn auch oft kitschiger Rest des alten Naturglaubens.

Felsformation in altem Keltengebiet

Druidenwissen

Geistige Führung lag bei den Kelten in den Händen der Druiden, die als besonders heilkundig galten. Die Druiden oder Priesterinnen halfen den Menschen in ihrem Bestreben, in Harmonie mit den kosmischen Kräften zu leben. Dazu bedurfte es einer Verbindung mit einer anderen Welt, um von dort Botschaften und Ratschläge zu erhalten. Orakel, wie die Runen, wurden befragt. Oder die Druiden und Priesterinnen träumten Wahrträume, in denen sie sich in einer anderen Welt, der Feenwelt, aufhielten. Zugang dazu konnten ihnen unter anderem Feen-, Elfenpflanzen und Elementarwesen verschaffen, die in Form von Räucherungen oder Zaubertränken ihre Wirkung entfalteten.

Die seßhaft gewordenen Kelten lebten in großen Einzelhöfen, Inseln inmitten des riesigen *Wald-Meeres.* Oft gehörte zu dem bis zu 200 Bewohnern umfassenden Gehöft ein Druide oder eine Priesterin, dem bzw. der die Verbindung zu den geistigen Kräften der Erde und des Himmels oblag. Die Höfe besaßen einen Hausaltar, auf dem geopfert und geräuchert wurde, wobei Räuchermischungen in kleinen Tongefäßen verbrannt wurden. In den Höfen der seßhaft gewordenen Kelten brannte so das alte Feuer aus Neolithischer Zeit weiter.

Im Zentrum jedes Hauses lag die offene Feuerstelle. Der aufsteigende Rauch der Siedlung war Zeichen einer friedlichen Herdstätte, des Schutzes, der Nahrung, des Zentrums des menschlichen Alltags. Auch hier wurden bestimmte Pflanzen rituell ins Feuer geworfen. Die Kelten bauten keine Tempel oder Gotteshäuser, sondern traten mit ihren Göttern am liebsten in heiligen Hainen in Verbindung. Mit bestimmten Hölzern wurden Opferfeuer errichtet. Auch fand man Dufthölzer und Harze als Grabbeigaben. Funde aus Grabhügeln der Zeit der Besetzung keltischer Gebiete durch die Römer zeigen, daß die Kelten ihren Toten geschätzte Duftgaben für das Leben im Jenseits mitgaben. Man fand Weihrauch, Harze und kleine Räuchergefäße aus Ton. Durch den Kontakt mit anderen Völkern wie den Etruskern, Römern und Griechen, übernahmen die Kelten verschiedene Räucherstoffe.

Die Seßhaftigkeit führte zum intensiven Erleben der Jahreszeiten, der unterschiedlichen Qualitäten der einzelnen Tage des Jahres und ihrer Beziehung zum Alltag. Der darauf zurückzuführende keltische Baumkalender, wie ihn Robert von Ranke-Graves in seinem Buch *Die weiße Göttin* rekonstruiert, besteht aus dreizehn Monaten, d.h. Monden zu je 28 Tagen. Jeder Monat trägt den Namen eines Baumes. Dieser steht gleichzeitig für einen Konsonanten des keltischen Baumalphabets. Den Sonnwendnächten und jenen der Tag- und Nachtgleichen wurden ebenfalls besondere Pflanzennamen zugeordnet:

Silbertannennacht	21. Dezember
Stechginsternacht	21. März
Heidekrautnacht	21. Juni
Weißpappelnacht	23. September

So war jedes Jahresfest mit bestimmten Pflanzen verbunden, die für die verschiedensten Zwecke eingesetzt wurden.

Räucherkultur in nordeuropäischer Steppe

Bei unserer Spurensuche nach Räucherbräuchen im gegenwärtigen Nordeuropa müssen wir den Schutz des großen Waldes, so wie er ursprünglich bestanden hat, verlassen. Wir befinden uns heute wieder, ähnlich wie die Kelten, in einer Art baumlosen Steppe der westlichen In-

dustrielandschaft Nordeuropas. Der alte Wald ist verschwunden. Doch wir sollten jetzt weiter suchen, wo sich noch etwas vom alten Wissen in übriggebliebenen Waldlandschaften oder im Gebirge bewahrt hat. In der Alpenlandschaft Deutschlands, Österreichs und der Schweiz finden wir auch heute lebendige Räucherbräuche.

In katholischen, ländlichen Gegenden kennt man noch die zwölf Lostage, jene Tage zwischen Weihnachten und Dreikönige. In den zwölf Rauh- oder Rauchnächten werden noch heute das Haus und der Stall ausgeräuchert. In eine Eisenpfanne legt man glühende Kohle. Ursprünglich verwendete man als Glut für das Räucherwerk den Zunderpilz. Dieser Baumpilz, *Polyporus fomentarius*, der wie ein großer Teller am Stamm von Rotbuchen oder Birken, seltener auch auf anderen Bäumen gedeiht, kann im getrockneten Zustand lange ohne Funken zu versprühen glühen. So sagt man noch heute: Das brennt wie Zunder. Das Räucherwerk wird großzügig auf die Glut gestreut, und mit der Pfanne geht man durch das Haus und den Stall. In früherer Zeit sprach man dazu besondere Gebete. Die dazu verwendete Räuchermischung hat eine besonders starke, reinigende Wirkung. Sie enthält vor allem Weihrauch und Wacholder. Spezielle Räucherpfannen mit durchlöchertem Deckel gibt es heute noch in Österreich zu kaufen.

Zunderpilz

Den Kelten war, im Gegensatz zur ursprünglichen Bevölkerung Europas vor den Einwanderungswellen, das Weihrauch-Harz bekannt. Im Gefolge Alexanders des Großen befanden sich viele Kelten, die ihn bis Persien begleiteten, wo reiche Beute an Weihrauch und Myrrhe gemacht wurde.

Der ursprünglich keltische Brauch, zur Zeit der Wintersonnenwende Zeremonien der Reinigung zu vollziehen, beruht auf der Erfahrung, daß zu dieser Zeit ein wichtiger Umschaltpunkt im kosmischen Erdenjahr stattfindet. Denn das natürliche Jahr beginnt zur Wintersonnenwende, die längste Nacht und der kürzeste Tag sind durchlebt. Der Tiefpunkt der Sonnenbahn ist erreicht, jetzt steigt die Sonne wieder nach oben, die Kräfte des Lichtes haben gesiegt und werden langsam stärker und die Tage werden länger. Doch Zeiten des Wandels können für den Menschen auch gefährlich sein, wenn sie Chaos und Orientierungslosigkeit hervorrufen. Zur Zeit der längsten Nächte und kürzesten Tage können, wie wir heute wissen, Depressionen besonders stark zutage treten. Auch heute weiß man, daß Krankheiten sich um die Weihnachtszeit, den Jahreswechsel herum oft verschlimmern. Um sich auf eine neue Situation einzupendeln, das alte Jahr hinter sich zu lassen und sich auf das neue einzustellen, braucht es nach alter Tradition zwölf Nächte. In der Nacht öffnet und ordnet sich das Unbewußte, die innere Uhr stellt sich um. Um sie mit dem kosmischen Geschehen in einen harmonischen Einklang zu bringen, wurde dieser wichtige Umschaltpunkt bei den Kelten mit Fasten begleitet. Dies dient der Sensibilisierung für die Kraft der Räucherungen. Träume galten in jenen Nächten als besonders bedeutungsvoll. Noch heute heißt es im Alpenraum, daß die Träume der zwölf Nächte über die bevorstehenden zwölf Monate Auskunft geben.

ZWÖLF NÄCHTE ZUM BEREINIGEN

Warum sollten wir heute nicht die zwölf mystischen Nächte zwischen Weihnachten und Dreikönige (6. Januar) nützen, um unsere innere Uhr auf den Rhythmus der kosmischen Erde einzustimmen? Wir können ganz bewußt Räucherungen einsetzen, um das Vergangene des letzten Jahres zu be-reinigen. Unterstützt von einer stark wirksamen, atmosphärisch reinigenden Räuchermischung können wir durchs Haus, die Wohnung oder durch das Zimmer gehen, und uns dabei vorstellen, daß sich Belastendes und Ungutes, das sich im vergangenen Jahr ereignet hat, auflöst. In den ersten sechs Abenden oder Nächten sollten wir das alte Jahr noch einmal gedanklich durchwandern, es ordnen, überdenken und abschließen. Während der Räucherung der letzten sechs Nächte können wir uns auf das kommende Jahr positiv einstellen. Während wir durch die Räume gehen oder vor der Räucherschale sitzen, können wir Wünsche, Visionen und Bilder, die mit dem neuen Jahr in Verbindung stehen, hochkommen lassen. Die Räucherung schafft ein neues, neutrales und positives Energiefeld, in dem die Dinge beginnen können. Gebete dabei zu sprechen oder zu singen, kann den Vorgang außerdem unterstützen.

Das Räuchern kann die Wahrnehmung der Träume verstärken. In allen alten Kulturen setzte man dafür Räucherstoffe ein. Achten Sie in dieser Zeit auf Ihre Träume. Schreiben Sie diese auf. Das Unbewußte möchte sich in Zeiten des Wandels melden, um Hinweise aus der Tiefe der Seele zu geben.

Am Ende der zwölf Rauchnächte steht wieder ein ritueller Räucherbrauch, der sich bis heute erhalten hat. In ländlichen Gegenden, besonders in Bayern, ziehen Kinder, verkleidet als die Heiligen Drei Könige, von Tür zu Tür. Sie schwenken ein dampfendes Räuchergefäß und gehen damit durchs Haus. Der klare Weihrauchduft be-reinigt abschließend die Zeit der Einkehr und des Neuordnens. Jetzt kann das neue Jahr wirklich beginnen.

VOM KRÄUTERBÜSCHEL

In den Rauchnächten, aber besonders auch zu Zeiten von Krankheitsfällen der Hausbewohner, räuchert man noch heute in ländlichen Gebieten Süddeutschlands, besonders in Bayern, mit den Kräutern des heiligen Kräuterbüschels. Im Allgäu werden am 15. August, an Maria Himmelfahrt, besondere Kräuter, meist sind es 9, 15 oder gar 77, gesammelt. Es sind alles ursprünglich rituell verwendete Heilpflanzen, deren Gebrauch sich bis in die keltisch/germanische Zeit zurückverfolgen läßt. Sie werden zu einem Strauß auf besondere Weise zusammengebunden und mit Bändern geschmückt (siehe mein *Buch Medizin der Erde*). Nachdem das Büschel oder der Strauß in der Kirche geweiht wurde, hängt man ihn im Herrgottswinkel auf. Vom Büschel zupft man einige Kräuter, zerreibt sie, mischt sie manchmal mit etwas Weihrauch und räuchert alles zusammen. Diese Mischung soll besonders heilkräftig sein, weshalb man damit auch im Krankenzimmer räuchert, denn sie kann, so sagt man noch heute, die Genesung von Kranken beschleunigen. An Dreikönig, dem 6. Januar, wurde ebenfalls mit dieser Mischung geräuchert.

Einige der Kräuter aus dem Kräuterstrauß sind Wetterkräuter, also Pflanzen, die in früherer Zeit zum Wettermachen verwendet wurden. Wenn ein Gewitter aufzog, hat man noch Anfang dieses Jahrhunderts in ländlichen Gegenden vom Kräuterbüschel etwas ins Herdfeuer geworfen, um das Haus vor Blitz zu schützen. Dieser Wetterbrauch kann bis in frühe schamanistische Zeit zurückverfolgt werden. Auch die Druiden, heißt es, konnten Wettermachen, wozu sie wahrscheinlich ähnliche Kräuter verwendet haben.

Die Kräuterbüschel-Mischung eignet sich gut zum Räuchern im Winter. Sie vermittelt die Kraft vieler Heilpflanzen des Sommers. In

Kräuterbüschel

der dunklen Zeit zwischen November und Februar können Räucherungen mit diesen Kräutern helfen, eine depressive Stimmung aufzuhellen. Stellen Sie sich während der Räucherung die sonnendurchfluteten Sommerwiesen vor, auf denen diese Pflanzen gewachsen sind und nehmen Sie bewußt diese Energie in sich auf.

Wo Elfen mit Gnomen tanzen

Wo sind die Pflanzenelfen und Gnome der Kelten geblieben? Halten sie sich versteckt oben im hohen Norden, in den Wäldern Schwedens und Norwegens? Oder leben sie noch in den Mooren und Bergen der Voralpen? Der alte keltische Glaube an Pflanzengeister lebt tief verborgen weiter und taucht manchmal wieder an die Oberfläche. In Island zum Beispiel gibt es eine ganz offizielle *Elfenkarte*, auf der Wohnstätten von Naturwesen eingezeichnet sind. Auch in Schottland, in Findhorn, scheinen die Naturgeister noch einen Platz zum Überleben gefunden zu haben. Im Garten der spirituellen Findhorn-Gemeinschaft sollen sie gesehen worden sein, um die Menschen bei der Gartenarbeit zu beraten.

Die Sichtweise, Pflanzen als kleine Persönlichkeiten wie Elfen, Gnome und Elementarwesen zu betrachten, hat sich bis weit in unsere Zeit erhalten. In der volkstümlichen Kräuterheilkunde finden wir ihre Spuren. Noch heute verwendete Pflanzennamen belegen das Geheimnis von hilfreichen Pflanzenwesen: Allermännchen, Elfenblumenkraut, Elfenrauch, Elfrank und Feenweibkraut.

Die Anwendung bestimmter Pflanzen, so hieß es bei den Kelten, kann den Menschen helfen, mit den Pflanzenelfen in Verbindung zu treten. Ob dieser Brauch noch heute wirkt? Räuchern Sie doch einmal mit Feenkräutern. . .

Seherinnen und weise Frauen

Zur Zeit der Verfolgung der Kelten unter dem römischen Kaiser Tiberius wurden die Druiden erbarmungslos verfolgt. Für einige Zeit übernahmen keltische Seherinnen die Aufgabe der geistigen Führung. Diese Tradition lebte weiter im germanischen Raum. Auch hier waren es weise Frauen, Seherinnen und Prophetinnen, die Pflanzenräucherungen für Rituale, Wahrsagen und Beten verwendeten. Von der keltischen Zeit floß das uralte Wissen um Heilkräfte der Pflanzen in germanische Bräuche, vermischte sich und lebte weiter im Wissen der heilkräftigen Frauen des frühen Mittelalters. Oft als Hebamme arbeitend, verwendeten sie Räucherungen, um die Geburt zu erleichtern, zu beschleunigen oder um Schmerzen zu mildern. Es gab Räucherungen, die die Fruchtbarkeit der Frauen stärkten oder als Antikonzeptiva dienten. In der *Edda* wird eine Räucherung mit bestimmten Baumfrüchten beschrieben, die Frauen zur Fruchtbarkeit verhelfen soll. Räucherungen wurden verwendet, um schmerzhafte Menstruation, Gebärmuttervorfall, zu starke oder zu schwache Blutungen zu regulieren. Das Wissen der weisen Frauen wurde von Generation zu Generation weitergegeben. In einem Arzneibuch aus dem 13. Jahrhundert ist ein Räucherrezept zur Behandlung von zu schwacher und ausbleibender Menstruation überliefert. Mit Myrrhe, Beifuß und Hirschhorn wurde eine Mischung zubereitet und in einem Räuchergefäß verräuchert. Die Patientin stellte sich über das Räuchergefäß. Ein hohes Wissen um die Räucherheilkunde war zu dieser Zeit noch lebendig. Doch die Inquisition hat vieles von dieser Weisheit zerstört. Die weisen Frauen wurden als Hexen verbrannt und nur wenig schriftliche Zeugnisse sind erhalten geblieben. Die *Naturkunde* der Äbtissin Hildegard von Bingen, die sich ebenfalls gegen die Anschuldigungen der Kirche, eine Hexe zu sein, rechtfertigen mußte, ist ein letztes Zeugnis eines alten Wissens um die Magie und Heilkraft der Pflanzen.

Rauch und Magie

Einige Jahrhunderte später beschäftigten sich in Europa Ärzte, Philosophen und Alchemisten eingehend mit Räucherpflanzen. Sie waren jedoch vorwiegend an der okkulten und magischen Wirkung der Räucherungen interessiert. Vieles war geprägt von der Suche nach Macht. Im Buch von Agrippa von Nettesheim (1486–1535) *De occulta philosophia* werden Rezepturen zu Räuchermischungen angegeben. Sie beinhalten Pflanzen wie Bilsenkraut und Schierling, die starke Halluzinationen hervorrufen können und deren Gebrauch gefährlich, ja tödlich sein kann. Beim Räuchern können giftige Dämpfe entstehen. Im Buch *Magische Aufschlüsse* des Gelehrten Carl Eckhartshausen (1752–1803) werden magisch wirkende Räucherungen beschrieben. Geister sollen beschworen werden, Tote herbeigerufen, Unsichtbares sichtbar gemacht werden. Ich halte es für nicht ratsam, diese Rezepte auszuprobieren, denn es könnte dabei so geschehen wie beim berühmten Zauberlehrling, der die Geister, die er rief, nicht mehr unter Kontrolle halten konnte. Viele der angegebenen Räucherkräuter haben starke halluzinogene Wirkungen und können erhebliche Nebenwirkungen verursachen. In unserem vorliegenden Buch werden deshalb nur Räucherkräuter und -mischungen vorgestellt, die keinerlei Nebenwirkungen auf körperlicher, psychischer und feinstofflicher Ebene erzeugen können.

Was heute noch ist

Nun sind wir in der nordeuropäischen Gegenwart angelangt und wollen auch hier forschen, ob es ein Räucherwissen gibt. Sie werden staunen: Fast alle hier im Buch beschriebenen Räucherpflanzen waren noch vor einigen Jahren im deutschen Apothekerbuch aufgeführt und sind in jeder Apotheke, meist auf Bestellung, erhältlich. Der Apothekengroßhandel führt fast alle Räucherharze und viele Räucherpflanzen. Bis vor kurzem waren in der Roten Liste mehrere Räucherpulver zu finden. Meist waren sie zum Gebrauch bei Asthma empfohlen. Reste von der uralten Kunst der Räucherheilkunde haben sich also bis in unsere Zeit erhalten.
Gerade jetzt kann hier ein wachsendes Interesse an der uralten Kunst des Räucherns beobachtet werden, da immer mehr Menschen die heilende und ausgleichende Kraft der Räucherungen entdecken.

Mistel

Wirksame Räucherstoffe Nordeuropas

Die im vorherigen Kapitel über Raucherungen der Frühzeit beschriebenen Stoffe wurden auch bei Kelten, Germanen und in der volkstümlichen Medizin verwendet und werden deshalb hier nicht nochmals aufgeführt.

Alant

Inula helenium L.

Der echte Alant gehört zur Familie der Korbblütler, *Asteraceae.* Er ist ursprünglich in Zentralasien heimisch, kommt in Europa, Japan und Nordamerika nur verwildert vor. Man nimmt an, daß der Alant von keltischen Einwanderern aus Zentralasien nach Europa gebracht wurde. Der Alant kann leicht im Garten gezogen werden. Er ist eine stattliche, weit ausladende Pflanze, die bis zu 130 Zentimeter hoch wird. Über dem kräftigen Stengel und den großen Blättern thronen von Juni bis Oktober sonnenförmige, goldgelbe Blüten. Volkstümliche, heute noch gebräuchliche Namen wie Edelherzwurm, Sonnenwurz, Weihrauchwurz, Odinskopf, Elfenampfer verraten noch etwas über ihre besondere Heilkraft und frühere rituelle Verwendung. Der Alant gehört zu den ältesten Heilpflanzen in Europa, schon die Hippokratiker nannten ihn *Helenion.* Im Mittelalter spielte die Alantwurzel eine große Rolle, sie wurde zum berühmten Alantwein verarbeitet, der als Allheilmittel galt. Alant wirkt stark schleimlösend, lungenstärkend, hustenreizmildernd und wurde deshalb als Heilmittel bei Bronchialkatarrh und Lungentuber-

Alant

kulose verwendet. Alant kann, wie wissenschaftliche Untersuchungen zeigten, Tuberkulosebazillen im Wachstum hemmen dies noch in einer Verdünnung von 1:10 000. Die frische Wurzel, das Rhizom, riecht nach Banane und wurde früher roh oder gekocht gegessen. Sie ist außen braunrot und hat innen ein helles Mark. Getrocknet verströmt sie einen feinen, weihrauchartigen und schwach veilchenähnlichen, kampferigen Duft, was auf den Gehalt an Alantkampfer zurückzuführen ist. Als Räucherpflanze wurde die Wurzel schon in alter Zeit verwendet. Sie war Bestandteil von Mischungen für das Sonnwendfest zur Zeit der Sommersonnenwende. Sie symbolisierte die Kraft der Sonne. Es heißt, durch das Räuchern gebe die Pflanze diese angesammelte Kraft frei. Alant eigne sich daher besonders auch zum Räuchern zur Zeit der Dunkelheit, wenn die Sonne nicht scheint. Alanträucherungen helfen in Zeiten von Traurigkeit, Melancholie und depressiver Stimmung oder wenn man sich einfach etwas niedergeschlagen fühlt. Der Duft beruhigt bei Anspannung und Streß. Die Alantwurzel wurde früher vom fahrenden Volk verwendet, um die Zugpferde zu beruhigen, denn man wußte von der harmonisierenden Kraft der Wurzel. Von Alanträucherungen heißt es, daß sie ein wirksames Schutzmittel gegen krankheitserzeugende Einflüsse sind und innere Kräfte aktivieren. In den alten Schriften wird Alant als dämonenabwehrendes Zaubermittel beschrieben. Wir würden diese Dämonen heute als Depression, Trübsinn oder Krankheit bezeichnen. Alant schafft eine Atmosphäre des Beschütztseins und galt deshalb als Schutzräucherung, die besonders in der dunklen Winterzeit verwendet wurde. Übrigens wird der Alant auch in der indischen Räucherkultur geschätzt. Der dort einheimischen Art, *Inula racemosa*, wird in Form von reinigenden, harmonisierenden und heilenden Räuchermischungen zugesprochen.

EISENKRAUT

Verbena officinalis L.

Das Eisenkraut gedeiht überall in Europa. Es gehört zur Familie der Eisenkrautgewächse, *Verbenaceae*, und erreicht eine Höhe von 50 cm, trägt eichblattähnliche Blätter und kleine, weißlich-blaue bis blaue Blüten. Die volkstümlichen Namen, die noch heute verwendet werden, deuten auf seine keltische Vergangenheit: Druidenkraut, Sagenkraut, Traumkraut. Das Eisenkraut war eine der beliebtesten keltischen Räucherpflanzen. Es wurde für Weissagungen und verschiedene sakrale Feierlichkeiten als segnende

Weihpflanze verwendet. Eisenkraut wurde von Druiden und Priesterinnen gebraucht, um Wahrträume zu empfangen. Plinius berichtet in seiner *Naturgeschichte*, daß die Druiden diese Pflanze zum Wahrsagen und Prophezeien verwendeten. Noch bis in unsere Zeit hinein weiß man im Volksglauben, daß Eisenkraut Träume beeinflussen kann. Es soll helfen, diese besser zu erinnern. Außerdem glaubt man, daß Eisenkraut als Räucherung oder übers Bett gehängt vor Alpträumen bewahrt. In früheren Zeiten war es Bestandteil eines magischen Rezeptes für einen Zaubertrank. (Ja, jenen, gebraut von Miraculix aus den bekannten *Asterix–und–Obelix*–Geschichten.) Eisenkraut soll Mut machen und Menschen, die viel Angst haben, eine Hilfe sein. Räucherungen mit Eisenkraut eignen sich, um innere Stärke wiederzufinden oder neu zu entwickeln. Es hilft in Zeiten von großer Erschöpfung, wenn man sich wie ausgelaugt fühlt. Es wirkt stärkend und zentrierend, wenn man von Gefühlen überschwemmt wird. Als Räucherung ist es ein gutes Mittel, um einen Schock zu mildern. Es soll einen guten Schlaf und Träume zur Lösung von Problemen hervorbringen.

PROPOLIS

Das Kittharz der Bienen ist eine dunkelbraune, zähe und feste Masse. In der Naturheilkunde wird Propolis in Form einer Tinktur zur Stärkung der körpereigenen Abwehrkräfte, besonders bei Infektionskrankheiten eingesetzt. Propolis-Harz ist im Kräuterhaus, Reformhaus oder Naturkostladen erhältlich. Zum Räuchern schabt man feine Stücke mit einem Messer vom Harzklumpen ab. Das Harz verströmt beim Verglimmen einen warmen, balsamischen, honigartigen Duft, der entspannende Wirkung hat. Propolis ist Bestandteil von Räucherungen, die uns mit den heilenden Kräften der Natur in Verbindung bringen können.

BEIFUSS

Artemisia vulgaris L.

Der Beifuß gehört zur Familie der Korbblütler, *Asteraceae.* Er ist eine ausdauernde Staude und erreicht eine Höhe von 150 cm. Die Pflanze gedeiht in Europa, Nordamerika und Asien. Er gilt als wichtige magische Pflanze in Europa wie Asien. Volkstümliche Namen weisen auf seine einstige kultische und magische Rolle hin: Sonnwendgürtel, Johannisgürtel, Mugwurz, Schutzkraut. In einem angelsächsischen Zaubersegen, *Lacnunga,* in dem neun heilige Pflanzen gepriesen werden, steht Beifuß an erster Stelle:

Erinnere dich, Beifuß, was du verkündetest,
Was du anordnetest in feierlicher Kundgebung.
Una heißest du, das älteste der Kräuter;
Du hast Macht gegen drei
und gegen dreißig,
Du hast Macht gegen Gift
und Ansteckung,
Du hast Macht über das Übel,
das über das Land dahinfährt.

In diesem Text wird weiter berichtet, daß ein Gürtel, aus Beifußwurzeln geflochten, der Johannisgürtel, ins Feuer geworfen, die Leiden des Kranken auf das Feuer überträgt. Beifuß wurde also für *Übertragungszauber* verwendet. Ihm wird eine stark reinigende Kraft zugesprochen. Beifußräucherungen eignen sich deshalb sehr gut für Situationen im Leben, die eine Entscheidung erfordern, die einen Wendepunkt darstellen. Er kann helfen, das Alte zurück- und loszulassen. Deshalb hat man in alten Zeiten die rituelle Beifußräucherung an Sonnenwende vollzogen. Zu diesem Zeitpunkt hat die Sonne ihren höchsten Punkt erreicht und zieht sich langsam zurück. Beifuß kann helfen, an Wendepunkten des Lebens nach innen zu schauen, um innere Ressourcen zu entdecken, Hinweise aus dem Unbewußten zu erhalten. Traditionell wurden Beifußräucherungen verwendet, um einen Wechsel im Lebenslauf der Frauen zu begleiten und ausgleichend zu wirken. Als altes Frauenkraut sollte es bei Pubertät, Geburt und in den Wechseljahren hilfreich bei-Fuß stehen.Es ist Bestandteil des traditionellen Kräuterbüschels und gehört so zu den Schutz-Räucherkräutern. Eine Beifuß–Räucherung hat außerdem eine entspannende, wärmende und beruhigende Wirkung. Zusammen mit weiteren, ähnlich wirksamen Kräutern eignet er sich für Räucherungen am Abend, die einen guten Schlaf bewirken sollen. Beifuß, auch Mutter der Kräuter genannt, kann helfen, eigene heilende Kräfte zu aktivieren. Diese können helfen, um sich selbst zu heilen, wenn man krank an Körper oder Seele ist. Aber auch Menschen, die in heilenden Berufen stehen, können mit einer Beifußräucherung ihre Heilkräfte stärken. Nach einer alten Tradition haben Heilerinnen und Heiler sich mit bestimmten Pflanzen gestärkt, zu denen Beifuß, Salbei und Waldbingelkraut gehören.

HOPFENDRÜSEN

Humulus lupulus L.

Die Hopfenpflanze ist uns meist als traditioneller Bestandteil des Bieres bekannt. Der dafür verwendete Hopfen stammt aus Kulturen. Ursprünglich ist der Hopfen eine Wildpflanze, die in Mittel- und Osteuropa gedeiht. Die Schlingpflanze kann bis sechs Meter hoch werden. Die weiblichen Pflanzen tragen ihre Blüten in Form von Hopfenzapfen, die aus dachziegelartig angeordneten Schuppen bestehen. Auf der Innenseite befinden sich kleine Drüsen, sogenannte Hopfendrüsen (*Glandulae Lupuli*). Beim Ausklopfen der Zapfen fällt aus den Drüsen ein feines, gelbes Pulver, Lupulin. Es hat einen würzigen, baldrianähnlichen Duft. In der Naturheilkunde wird es seit langem als *Nervinum*, das heißt auf die Nerven heilend wirkendes Mittel gebraucht. Es beruhigt und ist mild schlaffördernd. So eignet sich Lupulin als Zutat in Räucherungen, die einen guten Schlaf schenken sollen. In der Pflanzenmagie verwendete man Hopfen, um sich mit den feinstofflichen Energien in der Natur zu verbinden.

Hopfen

DUFTGRAS

Hierochloe odorata (L.) Wahlenb.

Das süß-duftende europäische Duftgras, auch Ruchgras genannt, gedeiht in Nordeuropa auf Wildwiesen. Es riecht nach Kumarin, das uns unverwechselbar an frisch geschnittenes Heu erinnert. Erst beim Trocknen entwickelt sich dieser intensive Duft. Das getrocknete Gras kann kleingeschnitten Räuchermischungen zugefügt werden. Statt dessen kann man auch das noch intensiver duftende Süßgras, auch Sweetgrass genannt, verwenden. Dieses gedeiht in Nordamerika (siehe das Kapitel *Nordamerika*). Beide Gräser sind in Duftgärtnereien als Topfpflanze zu beziehen und eignen sich besonders für eine Wildblumenwiese.

Weitere Räucherpflanzen, die in keltischer und germanischer Zeit verwendet wurden, sind: Ackersteinsame, Bachnelkenwurz, Eschensamen, Bartflechten, Goldnessel, Mistel, Holundermark, Steppenraute.

1 *Eschensamen*
2 *Alantwurzel*
3 *Holundermark*
4 *Eisenkraut*
5 *Beifuß*
6 *Mistel*
7 *Hopfendrüsen*
8 *Propolis*

Rezepte für keltische, germanische und volkstümliche Räucherungen aus Nordeuropa

Johanniskraut

Zwölf Heilige Nächte

Weihrauch-Harz	3 Teile
Mastix	1 Teil
Kräuterbüschel-Mischung	2 Teile

bestehend aus den getrockneten Kräutern:
Beifußkraut, Eisenkraut, Salbeiblätter, Königskerzenblüten, Melissenblätter, Alantwurzel (kleingeschnitten), Johanniskraut, Schafgarbenkraut, Minze, Kamillenblüten.

Die Kräuter für diese Mischung werden traditionell in der Zeit des Frauendreißiger, zwischen 15. August (Mariä Himmelfahrt) und 8. September (Mariä Geburt) gesammelt. Sie haben dann ihre optimale Heil- und Duftkraft. Die Pflanzen um die Mittagszeit sammeln und auf einem Tuch zum Trocknen auslegen. Sie können auch in Büscheln zum Trocknen aufgehängt werden. Die Wurzel ausgraben, kleinschneiden und zum Trocknen auslegen. Nach circa drei Wochen, wenn die Pflanzen gut getrocknet sind, alles fein zerreiben. Mit den feinzerstoßenen Harzen mischen. Trocken aufbewahren. Eine Mischung mit kräuterigem und balsamischem Duft. Zum Räuchern zwischen den Jahren, um Haus und Räume zu reinigen und zu klären. Die Mischung eignet sich auch für Räucherungen zur Begleitung von Zeremonien und jahreszeitlichen Festen.

Avalon

Weihrauch	5 Teile
Mastix	5 Teile
Weißtannennadeln	1 Teil
Wacholderbeeren	1 Teil
Mistelblätter oder -holz	1 Teil
Eisenkraut	1 Teil

Die Harze im Mörser fein zerstampfen. Getrocknete Weißtannennadeln mit dem Wiegemesser kleinschneiden. Getrocknete Wacholderbeeren im Mörser leicht ausstampfen. Alles gut mischen. Diese Mischung verströmt einen herb-aromatischen Duft. Sie erweckt den Geist keltischer Druidenzeit und erzählt von Avalon, der paradiesischen Insel der Kelten, von Merlin, dem Zauberer, von König Artus und den keltischen Seherinnen. Sie kräftigt, stärkt und hilft uns, mit den Kräften der Natur in Verbindung zu treten und unsere innere Stabilität und Quellen der Kraft zu finden.

Elfenspiel

Mastix	5 Teile
Propolis	2 Teile
Holundermark	1/2 Teil
Duftgras	1 Teil
Hopfendrüsen	1 Teil

Propolis hat eine harzartige Konsistenz. Man kann es mit einem Messer abschaben. Holundermark befindet sich im Inneren von Holunderzweigen, ist weißlich und leicht. Es wird mit dem Messer ausgeschabt und kleingeschnitten. Das Duftgras muß gut getrocknet sein und wird ebenfalls fein geschnitten. Statt dessen kann man auch Lemongrass verwenden. Getrocknet und geschnitten ist es im Handel erhältlich. Hopfenmehl, *Glandulae lupuli*, auch Hopfendrüsen oder Lupulin genannt, ist in Apotheken erhältlich. Mastix-Harz wird im Mörser fein zerstoßen. Propolis zugeben, gut miteinander verbinden. Danach die anderen Zutaten untermischen. Die Mischung hat einen feinen, zarten und warmen Duft. Der Duft inspiriert zur Kreativität und Muße, stimmt heiter und gelassen. Er ist ein Tor zu den feinen Lichtkräften und den geheimen Pflanzenkräften der Natur. Die Mischung lädt zum Träumen und Phantasieren ein.

Duir

Sommersonnenwende

Alantwurzel	1 Teil
Myrrhe	1 Teil
Beifuß	1/2 Teil
Weihrauch	4 Teile
Salbei	3 Teile

Alantwurzel ist im Kräuterhandel oder der Apotheke erhältlich. Die Wurzel mit dem Wiegemesser kleinschneiden. Beifuß selbst gesammelt, im Kräuterhaus oder in der Apotheke gekauft, fein zerkleinert verwenden. Salbeiblätter fein zerschneiden. Sehr gut für diese Mischung eignet sich der weiße Salbei der Indianer (siehe das Kapitel *Nordamerika*), der im Räucherfachhandel erhältlich ist. Die Harze im Mörser zerstampfen und die Kräuter zugeben. Die Mischung hat einen vollen, warmen, balsamischen und kräuterigen Duft. Da sie viel Rauch erzeugt, sollte sie nur prisenweise auf Räucherkohle oder Stövchen verräuchert werden. Sie eignet sich gut für eine Räucherung im Freien. Traditionell werden diese Räucherkräuter für das Sonnwendfest am 21. Juni verwendet. Der Duft stimmt uns auf den Höhepunkt des Erdenjahres ein, verbindet uns mit den besonderen Energien dieses Zeitpunktes. Die Räuchermischung verbindet uns mit der Fülle der Natur, sie regt uns an, unseren inneren Reichtum zu entdecken, unseren Körper als Geschenk zu sehen, ihn zu genießen. Weibliches und Männliches in uns verbinden sich.

Beifuß-Strauch

Druid

Wintersonnenwende

Weihrauch	3 Teile
Mastix	3 Teile
Zimtblüte	1 Teil
Tannennadeln	1/2 Teil
Nelken	1/2 Teil
Sandarak	2 Teile
Eschensamen	1/2 Teil

Die getrockneten Weißtannennadeln und Eschensamen mit dem Messer kleinschneiden. Harze, Zimtblüte (eventuell auch Zimtrinde) und Nelken im Mörser pulverisieren. Alles gut miteinander mischen. Ein feiner, ätherischer, weihevoller Duft, der uns auf die besondere Energie der Wintersonnenwende und der Weih-nacht einstimmt. Er lädt zur Innenschau, Meditation und zum Gebet ein. Er hilft, zuviel Erdenschwere abzustreifen und eignet sich zum inneren Ausgleich bei zu starken und belastenden Emotionen. Eine Räuchermischung mit starker, atmosphärisch reinigender Kraft.

Ein Schüttopfer spendete ich auf dem Gipfel des Berges:

sieben und abermals sieben Räuchergefäße stellte ich hin,

In ihre Schalen schüttete ich Süßrohr, Zedernholz und Myrte.

Die Götter rochen den Duft,

die Götter rochen den wohlgefälligen Duft,

die Götter scharten wie Fliegen sich um den Opferer.

Gilgamesch-Epos (circa 1200 v. Chr.)

3 MESOPOTAMIEN

Im Paradies der Düfte

Heute kamen die Schiffe an. Sie brachten Lubbunu, das Weihrauchholz in mächtigen Stämmen. Der Euphrat hatte sie bis Babylon getragen. Die mondsichelförmigen Schiffe ächzten, als die schweren Bäume entladen wurden. Ich stand unten am Kai. Die duftenden Zedernstämme kommen aus den üppigen Wäldern des Marduk, dort, wo einst Gilgamesch die magische Zauberzeder fällte. Manchmal weht der Wind einen kühlen Hauch vom fernen Zederngebirge über die Hochsteppen unseres Landes und mischt sich mit dem würzigen Atem der Steppe. An manchen Tagen erreicht er die Stadt. Ich halte die Nase in den Wind in Richtung des Oberen Meeres, dort wo die gebirgigen Zedernwälder sind. Ich werde mir auf dem Gewürzmarkt Zedernharz und feingeraspelte Zedernholzspäne kaufen. Ich liebe ihren warm balsamischen Duft. Die Räume unseres Hauses werde ich mit ihrem Wohlgeruch füllen und auf dem Altar werde ich Ischtar ein Rauchopfer darbringen. Karawanen aus den vier Himmelsrichtungen bringen in unsere Stadt Babylon die Räucherwaren aus allen Weltengegenden. Doch der Duft der heiligen Zedern gefällt meinem Herzen am besten.

WOHLGERÜCHE AUS DEM GARTEN EDEN

Die beiden mächtigen Ströme Euphrat und Tigris in Kleinasien begrenzen ein Land, das die Menschen seit frühesten Zeiten für den Traum vom Paradies inspiriert hat. Alle Geschichten vom Garten Eden haben in Mesopotamien ihren Ursprung. Hier im Zweistromland lebten einst die Menschen in einer ihnen wohlgesonnenen Natur. Der fruchtbare Boden ernährte sie ohne viel Mühe, und die Natur entfaltete sich in wunderbarer Schönheit.
Henry Layard, der englische Altertumsforscher und Entdecker der uralten mesopotamischen Stadt Ninive, war trotz der anstrengenden Ausgrabungen berührt von der Schönheit der Natur im Zweistromland:
Blumen aller Schattierungen gaben den Wiesen farbigen Schmuck, nicht spärlich im Gras verstreut, wie in nördlichen Klimazonen, sondern in solch dicken und zusammengeballten Büscheln, daß die ganze Ebene einem Flickwerk aus vielen Farben glich.
Hier im Garten Eden, im alten Mesopotamien, scheinen sich alle duftenden Pflanzen versammelt zu haben. Oder können Sie sich ein Paradies vorstellen, in dem es schlecht riecht?
Die Genesis berichtet uns über dieses duftende Eden:
. . .und als Gott und seine Engel Adam und Eva aufsuchten,. . .da bewegten sich alle Blätter des Paradieses, so daß alle Menschen, von Adam gezeugt, vom Wohlgeruch einschlummerten.
Das Paradies existierte also tatsächlich – so lange, bis es von Invasoren aus dem Osten zerstört wurde. Kulturen folgten aufeinander, Hethiter, Sumerer, Akkader, Babylonier, Assyrer; sie verschwanden wieder, und dort, wo damals blühende Gärten und Städte standen, bedeckt heute Sand oder Gestrüpp die Ruinen der stolzen Städte. Doch das Paradies besteht noch in unserem Gedächtnis und in unserer Sehnsucht. Mit den Düften Mesopotamiens können wir einen Hauch davon zu uns herüberwehen lassen und träumen von einem Paradies, in dem die Pflanzen uns ihren Duft zufächeln, während wir sanft einschlummern. Die alten Geschichten berichten, daß vom ursprünglichen Garten Eden, dem Zweistromland, alle heilenden und duftenden Pflanzen sich über die ganze Welt verbreiteten. So ist jeder Wohlgeruch, der unserer Räucherschale entsteigt, ein Stück vom Paradies. . .

DIE ZEDERN DES GILGAMESCH

Um zu erforschen, welche Räucherdüfte die ältesten Städte der Menschen erfüllt haben, müssen wir zuerst unzählige Tontäfelchen, bedeckt mit Keilschrift, entziffern. Wir werden dabei auf das erste aufgezeichnete Epos der Menschheit stoßen, das die Archäologen Anfang des 20. Jahrhunderts 150 Kilometer südlich von Bagdad aus Millionen von gebrannten Tontafeln der einstigen Bibliothek von Ninive zusammensuchten, aneinanderlegten und entschlüsselten. In dieser Heldengeschichte, die sich die Menschen in der Sumererzeit (2750 bis 2350 v. Chr.) erzählten, wird von Gilgamesch, König von Uruk, der auf der Suche nach dem ewigen Leben ist, berichtet. Mit seinem Freund Enkidu fällt er die Zauberzeder Chumbabs, des Dämonen mit dem tödlichen Atem, um dessen Macht zu brechen. Lesen wir das Gilgamesch-Epos, inzwischen natürlich in unsere Sprache und Schrift übersetzt, mit der Nase, stoßen wir auf den Duft der damals beliebtesten aromatischen Pflanzen. Um den Göttern für sein Überleben aus der Sintflut zu danken, räuchert Utna-

Zypressenrelief in Ninive

pischtim, ein Urvater der Menschen und der babylonische Noah, mit einer Mischung, die er Gilgamesch übermittelt, Kalmus, Zedernholz und Myrte. Utnapischtim berichtet, daß den Göttern diese Räuchermischung so gut gefallen habe, daß diese sich wie Fliegen um seine Opferschale scharten.

Den Menschen im Zweistromland stand eine später nie mehr erreichte Vielfalt an Räucher- und Duftstoffen zur Verfügung. Die eigene Natur lieferte viel. Babylon, die einstige Perle des Orients, und weitere Städte des Zweistromlands, lagen an wichtigen Verbindungsstraßen zwischen dem Nahen und dem Fernen Osten und waren ein bedeutender Umschlagplatz für kostbare Räucherwaren und Gewürze. Karawanen aus allen vier Himmelsrichtungen erreichten die Tore der reichen Städte. Die ältesten Aufzeichnungen über einen Handel mit Duftstoffen über Grenzen hinweg stammen aus babylonischer Zeit, wo Händler von Räucher- und Duftwaren schon 2250 v. Chr. eine eigene Straße bewohnten. Die Handelslisten der Stadt, sorgfältig in Ton geschrieben, führen 200 verschiedene Duftwaren. Wie Herodot berichtete, wurden jährlich 26 000 Kilo Weihrauch auf den Altären des Baal-Marduk verbrannt. Trotz dieses überreichen Angebots konnte man durch die Aufschriften der Tontafeln feststellen, daß die Götter und Menschen ganz bestimmte Lieblingsdüfte bevorzugten, die hauptsächlich verwendet wurden. Es waren die sieben Düfte Mesopotamiens. Diese Hitliste der Wohlgerüche wurde angeführt von der Zeder, die als heiliger Baum verehrt wurde. Das Wort für Weihrauch war identisch mit jenem für Libanonzeder. Das heutige Wort *Libanon* leitet sich vom akkadischen *lubbunu* (= Weihrauch) und Zeder ab. Zedernholz und -harz waren allgemein gebräuchliches Räucherwerk in den mesopotamischen Kulturen. Die majestätische Zeder, der Baum der Kraft, Magie, Lebensenergie und Unsterblichkeit, wurde zum Opfern, Beten, Reinigen, Heilen und vielem mehr verwendet.

Vom einstigen gewaltigen Zedern-

Zeder

wald an den Hängen des Libanongebirges zur Zeit des Gilgamesch sind bis in unsere Zeit nur noch etwa 400 Exemplare übriggeblieben. Über Jahrtausende waren sie ein Pilgerort, an dem die Menschen im Schatten der mächtigen Bäume Kraft und Lebensenergie tanken konnten. Wie zur Antike, so suchten auch später Pilger die heiligen Orakelbäume auf, um im Rauschen der mächtigen Baumkronen Weissagungen zu vernehmen. An den mächtigen Stämmen ruhend, wollten sie chronische Krankheiten heilen. Es sollen noch heute Zedernbäume von 15 Metern Umfang dort oben auf einer Höhe von 1200 bis 1800 Metern stehen. Die ältesten werden auf ein Alter von etwa 2500 Jahren geschätzt.

Geflügelte Gottheit, Relief – Ninive

Im Gilgamesch-Epos lädt Inanna, die Liebesgöttin und Lebenspenderin, den Held ein:

Sei mein Geliebter!
Komm in mein Haus,
den Duft des Zedernholzes.

Schauen wir uns das Rezept des Urvaters Utnapischtim einmal genauer an, damit wir es rekonstruieren können. Zum Zedernholz, das sicher fein geraspelt oder pulverisiert war, wurde duftendes Rohr gegeben. Damit ist der Kalmus gemeint, der wie Schilfrohr oder Bambus wächst. Seine Wurzel verströmt einen kräftigen, scharf-zimtigen Duft. Als dritte Zutat mischte Utnapischtim Myrtenblätter dazu mit ihrem frischen, zarten, an Eukalyptus erinnernden Aroma. Von Herodot wird uns berichtet, daß die Myrte im Zweistromland besonders beliebt war. Sie wurde zum Räuchern und für die Zubereitung von Ölen, Salben und Parfüms verwendet. Im Archiv des Palastes von Mari (1800 v. Chr.) wird zur Zeit Abrahams Wanderung der Kauf einer großen Menge Myrtenöles festgehalten, das für Salbungen der Priesterinnen und Priester anläßlich eines Festes zu

Ehren des Sonnengottes Schamasch benötigt wird. Die Myrte war ihm zugeordnet. Sie gilt seit der Antike als heilige Pflanze und Symbol für Reinheit und Liebe. Auch später in der Bibel wird die Myrte in dieser symbolischen Bedeutung oft beschrieben. Noch heute wird in unserer Kultur der Braut am Tage der Hochzeit ein Myrtensträußchen als Symbol für Reinheit und Liebe geschenkt.

Neben den drei im Rezept erwähnten Pflanzen liebten die Menschen im Zweistromland zum Räuchern noch Zypresse, Labdanum, Galbanum und Styrax. Diese sieben hauptsächlich gebrauchten aromatischen Pflanzen wurden einzeln oder in Mischungen verräuchert.

Mesopotamischer Räucheraltar

Von der Spiritualität der Düfte

Die verschiedenen Reiche im Zweistromland wechselten sich ab, doch ein Duftvakuum entstand nie. Wohlgerüche erfüllten immer die Tempel, Häuser und Straßen. Auf einem Keilschrifttäfelchen können wir entziffern:

Bei dieser Prozession hat der Wohlgeruch den Himmel wie ein schwerer Orkan überwältigt.

Man liebte gewaltige Räucherungen und wollte sich den Göttern gegenüber nicht kleinlich zeigen. In Babylon wurde alljährlich dem Gott Baal-Marduk tonnenweise Weihrauch auf seinen goldenen Altären geopfert und als deutlich erkennbare Duftbotschaft entgegengeschickt. Nicht nur die Götter im Himmel wollte man mit Düften erreichen, sondern auch die Götter der Unterwelt versuchte man mit Düften zu beeindrucken. Diese hoffte man jedoch mit Wohlgerüchen fernzuhalten, denn sie liebten mehr den Gestank. Die Verstorbenen, so glaubte man, nähren sich am Weihrauch, den ihre Kinder für sie verbrennen. Das Räuchern war so ein fester Bestandteil des Totenkultes. Auch das alltägliche Leben war reichlich von Düften begleitet. Der griechische Geschichtsschreiber Herodot berichtet, daß man bei Festessen in Räucherpfannen reichlich Wohlgerüche verbreitete, und die Babylonier sich generös mit parfümierten Salben pflegten. Die Behausungen wurden mit Räucherungen beduftet. Wir stoßen hier also auf eine feine und elegante Duftästhetik.

Vieles vom Wissen über das Räuchern hat Abraham ins Gelobte Land mitgenommen. Über das Christentum wurde später die mesopotamische Räucherkultur weiterverbreitet. Der christliche Urvater stammte aus Ur, der Stadt, die im 3. Jahrtausend vor Christus in

Mesopotamische Räucherschale

Mesopotamische Schalen

Mesopotamien gegründet wurde. Einiges hat sich bis heute im Christentum erhalten, das Räuchern im Gottesdienst, im Sterbezimmer oder als Weihung. Eine lange Duftspur, die sich durch die Kulturen und Zeiten zog, verströmt noch in unserer modernen, digitalisierten Welt einen Hauch vom Paradies.

Dort, im Zweistromland, an der Wiege der Menschheit, finden wir die ältesten aufgezeichneten Anweisungen über die Spiritualität der Düfte und über ihre feinstofflichen Kräfte, die sich besonders beim Räuchern entwickelten. Der Gebrauch von Räucherwerk war äußerst differenziert. Wir können dies leicht verstehen, wenn wir uns vergegenwärtigen, daß damals in der frühesten mesopotamischen Kultur die Schrift, die Mathematik, die Gesetzeskunde, die Astronomie und viele weitere Wissenschaften entstanden. Auch die Magie entwickelte sich zu einem komplizierten System, und jede magische Handlung wurde von Räucherungen begleitet. Bis in unsere Zeit hinein reicht die mesopotamische Alltagsmagie, die uns als unverständlicher Aberglauben erhalten blieb. In diesem spezialisierten mesopotamischen Umfeld entwickelte sich eine hoch differenzierte Räucherwissenschaft, die eine noch ältere Geschichte hat als die ägyptische. Dort an der Wiege der mesopotamischen Kultur liegen die Quellen unserer heutigen Kultur und ein großer Teil unseres Denkens und Fühlens hat dort seinen Ursprung.

Wer seine Zeit recht sehen will,
soll sie von ferne betrachten,
Wie fern? Sehr einfach, genauso weit,
daß er die Nase der Cleopatra
nicht mehr erkennt.

Ortega y Gasset

Schauen wir also vorbei an der hübschen Nase der Pharaonin, und stecken wir unsere Nase wieder in die faszinierende Räucherkultur des Zweistromlandes. Wir befinden uns am Ursprung der Astrologie, die im Sumerischen Reich ihren Anfang nimmt. Planeten, Sterne und Sternbilder wurden wie Gottheiten verehrt. Sie galten als Sitz ferner Energiezentren, die auf die Erde und auf die einzelnen Menschen einwirken. Jeder Energie, jeder Gottheit waren bestimmte Duftstoffe zugeordnet Wir finden hier die Planetenräucherung, die dann viel später, auf der anderen Seite von Cleopatras Nase, im alten Rom und Griechenland weiter praktiziert wurde. Dem Duft wurde die Fähigkeit zugesprochen, besondere kosmische Energien wachzurufen oder uns mit bestimmten Energiezentren in Verbindung zu bringen. Wir können dies leicht nachvollziehen, indem wir beobachten, wie Düfte eine bestimmte Atmosphäre schaffen können, in der dann bestimmte Dinge geschehen oder nicht geschehen können.

Die Sumerer waren das erste Volk, das die Materie mit Geist beseelte und auch in den Parfüms enthüllte, was ihre reinste Essenz war, ihre Spiritualität. Mit der spirituellen Bedeutung, die sie Blumen und Pflanzen. . . des täglichen Lebens gaben, verliehen sie ihrem Leben und ihrem Ästhetikempfinden neue Werte.

Prof. Paulo Rovesti

Der feine Zauber, den Düfte unserem Leben verleihen können, der unsere feinsten Gefühle zum Schwingen bringt, wurde in der lange vergangenen sumerischen Epoche zum ersten Mal beschrieben und schriftlich bis in unsere Zeit herüber festgehalten. Ein mesopotamisches Tontäfelchen, das einem Duftgeschenk wie ein Brief beigegeben wurde, besagt:
In diesem kleinen Gefäß sind hundert Rosenblüten aus meinem Garten, jedes Blatt enthüllt eine Liebesbotschaft an Dich.

Zeder

Wirksame Räucherstoffe Mesopotamiens

Zeder

Cedrus libani A. Rich.
Sumerisch: erinnu
Die mächtigen Zedern, die eine Höhe von bis zu 40 Meter erreichen können und die damals auf Euphrat und Tigris vom Libanon ins mesopotamische Reich befördert wurden, wuchsen im Zederngebirge nahe der damaligen Stadt Ugarit im heutigen Libanon. Sie wurden als Einzel-Räucherung, aber auch in Mischungen verwendet. Man gebrauchte getrocknete, fein geraspelte Späne oder pulverisiertes Holz, Harz und getrocknete Zweigspitzen zum Räuchern. Die Zeder ist ein stattlicher, majestätischer Baum, der den Menschen in allen Kulturen ein Symbol für Stärke, Würde, Kraft und Vitalität war. Seit den Anfängen der Räucherkultur wollten die Menschen mit dem Zederduft ihre eigene Macht, Kraft und Lebensenergie stärken, sogar vom Baum auf sich übergehen lassen. Die Zeder war ein Baum für die magische und rituelle Reinigung, die man in Mesopotamien viel praktizierte. Sie sollte auch den unangenehmen Geruch der Opfertiere, die verbrannt wurden, überdecken. Dazu wurden diese auf trockenen Zedernzweigen verbrannt. Auch später bei Griechen und Römern, die Tieropfer darbrachten, sollten duftende Räucherungen das Opfer für die Nasen der Götter und der anwesenden Menschen angenehmer gestalten. Es sind unzählige Reinigungs- und Entsühnungsrituale aus Mesopotamien überliefert, die meist mit bestimm-

ten Räucherungen verbunden waren. So räucherte man zum Beispiel nach jedem Liebesakt. Oft wurde dabei der Zedernduft als unterstützende geistig-reinigende Kraft gebraucht. Der balsamische Duft der Zeder erfüllt den Raum und verbreitet eine Stimmung der Zuversicht und inneren Stärke. Räucherungen mit Zeder eignen sich zum Reinigen der Atmosphäre in Räumen und auch von Gegenständen, die man über den Rauch hält. Sie unterstützen das Selbstvertrauen und die Zuversicht in schwierigen Lebenssituationen. Zeder-Räucherungen entspannen bei starker Nervosität und Streßbelastung. Im alten Ägypten wie in Mesopotamien benutzte man den Zederndufi um klare Träume zu verursachen, die zur Entscheidungsfindung in kritischen Lebenssituationen beitragen können. Zedern-Räucherungen sind ideal zur Unterstützung von Meditation und Kontemplation. Die Zeder galt in früheren Zeiten als Baum der Erkenntnis, der in schwierigen Situationen den inneren, heiligen Ratgeber weckt. Zederndufi unterstützt die Atmung und wirkt auswurffördernd bei zähem Schleim der Atemwege.

Zeder kann auf der Räucherkohle oder dem Räucheröfchen verbrannt werden. Das Holz sollte trocken, fein geraspelt oder pulverisiert sein. Zum Räuchern verwendet man Holz, Harz, Nadeln oder Rinde. Zedernholz gibt es fein geraspelt im Kräuterfachhandel zu kaufen. Es stammt meist von der Atlaszeder oder Virginiazeder. Libanonzeder ist kaum erhältlich. Der Duft ist holzig, warm-balsamisch und tief. Die Nadeln duften leichter und feiner.

MYRTE

Myrtus communis L.

Sumerisch: asu

Die Myrte ist ein bis zu drei Meter hoher Strauch mit kleinen, lanzettlichen, immergrünen, glänzenden Blättern, zarten, weißen, strahlenden Blüten aus acht Blütenblättern und kleinen wacholderbeerähnlichen Beeren. Der zart-balsamische Geruch wurde für Räucherungen wie auch für parfümierte Öle und Salben verwendet. Allen alten Völkern war die Myrte heilig. Sie war der Göttin der jeweiligen Kultur geweiht: Janna, Astarte, Aphrodite, Venus, Maria, und galt als Symbol weiblicher Reinheit, Grazie und Liebe. In asiatischen Ländern gilt die Myrte auch heute noch als segenbringende, mit besonderen Kräften ausgestattete Pflanze. Ihr Duft soll an das Paradies erinnern und wird, so heißt es, besonders von den Engeln geliebt. Als Räuchermittel wird die Myrte gegen alle Arten von Schmerzen eingesetzt. Eine Räucherung mit Myrtenblättern duftet laubblattartig. Die getrockneten Beeren der Myrte ähneln jenen des Wacholders. Sie können gut zum Räuchern verwendet werden und verleihen einer Mischung einen fruchtigen Duft. Die Beeren sollten hierzu gut getrocknet und im Mörser ausgestampft sein. Die getrockneten Myrtenblätter werden meist in Mischungen verwendet. Nach altem Glauben sollten Myrten-Räucherungen wie auch die Verwendung des ätherischen Öles Liebe und Jugend erhalten. Myrten-Räucherungen dienen der atmosphärischen Reinigung. Die getrockneten Blätter werden hierfür mit dem Harz von Mastix oder Weihrauch vermischt. Der Duft der Myrte schafft so eine reine und klare Atmosphäre. Er eignet sich auch als

Myrte

Begleitung von Gebet und Meditation. Es heißt, er hilft alte seelische Wunden zu heilen und unterstützt das Verzeihen. Ein glücklicher Neuanfang wird so mit dieser Räucherung vorbereitet.

KALMUS

Acorus calamus L.

Sumerisch: Kanu babu
Der aromatische, scharf-zimtartige Duft des Süßrohres, wie der Kalmus genannt wurde, war im alten Mesopotamien und Ägypten sehr beliebt. Im Gilgamesch-Epos wird er als gottgefällige Räuchermischung zusammen mit Zedern und Myrte verbrannt. Kalmus ist wie die Zeder ein Nerventonikum. Beim Räuchern verströmt er einen kräftigen, würzigen und warmen Duft. Er stärkt die Nerven und hilft bei seelischen Erschöpfungszuständen. Sein Duft führt uns zu den Zentren unserer eigenen Kraft. Zum Räuchern wird die getrocknete Wurzel auf einer Reibe fein geschabt. Sie wird hauptsächlich in Mischungen verwendet (siehe auch das Kapitel *Ägypten*).

LABDANUM

Cistus ladanifer L.

Sumerisch: ladunu
Der Duftstoff stammt von der Cistrose, die eine harzige dunkelbraune Masse aus Blättern und Ästen ausschwitzt. In Mesopotamien wurde Labdanum aus drei verschiedenen Cistrosenarten hergestellt. (Siehe auch das Kapitel *Kreta.*)

ZYPRESSE

Cupressus sempervirens L.

Sumerisch: surmina
Die Zypresse war bei allen Völkern ein heiliger Baum, ein Symbol für langes Leben, Zielstrebigkeit und Verschwiegenheit. Sie war Lebens- und Totenbaum zugleich. Zypressen können bis 2000 Jahre alt werden. In den mesopotamischen Keilschrifttafeln wird die Zypresse als Räuchermittel empfohlen. In der Räucherheilkunde wird die Zypresse noch heute zur Entkrampfung der Atemwege verwendet. Beim rituellen Räuchern mit Zypresse will man mehr ihre psychologische Wirkung nutzen. Ihr balsamisch-strenger Duft kann helfen, sich aufzurichten, Zielsetzungen klarer zu sehen, eine Entscheidung zu treffen. Die Räucherung kann auch alte Trauer und Verbitterung lösen und läutern. Die Zypresse galt als Baum der Schwelle und ihr Duft kann uns helfen, innere und tiefe Schwellen in unserem Leben zu durchschreiten, den Sinn von Leid besser zu verstehen und zu integrieren. Getrocknete Zypressenspitzen wie trockenes, fein geraspeltes Holz, lassen sich gut auf der Räucherkohle verbrennen. Auch das Harz der Gliederzypresse, Sandarak genannt, wurde zum Räuchern verwendet (siehe das Kapitel *Arabien*). Es hat einen feinen balsamischen Duft.

GALBANUM

Ferula gummosa Boiss.
Ferula rubri caulis Boiss.
Ferula galbaniflua Boiss. Buhse

Sumerisch: baluchchu
Galbanum, auch Mutterharz genannt, ein dem Fenchel verwandtes Gewächs, hat sein ursprüngliches Verbreitungsgebiet im damaligen mesopotamischen Reich. Von dort wurde Galbanum nach Indien, China, Israel und Ägypten expor-

1	*Styrax*
2	*Myrtenblätter*
3	*Zedernholz*
4	*Galbanum*
5	*Labdanum*
6	*Lugal Banda*
7	*Kalmuswurzel*
8	*Zypressenholz*

tiert. Heute kommt Galbanum ausschließlich aus dem Iran, wo die Pflanze wild wächst. Der eingetrocknete Milchsaft, ein *Oleoresin* (Fettharz) der etwa 1,5 Meter hohen Pflanze, die zu den Doldengewächsen, Apiaceae, gehört, hat einen grünen, laubartigen, waldigen Duft, der an Fichtennadeln erinnert. Noch heute wird Galbanum in der Parfümerie eingesetzt, um einer Mischung einen frischen Grünton zu verleihen. Man unterscheidet zwei Qualitäten von Galbanum: das afghanische Galbanum mit einem milden, grasigen Duft und das persische, das eine schärfere grüne Beinote hat. Im Handel ist zur Zeit nur das persische Galbanum erhältlich. Galbanum verlängert die Brenndauer einer Räuchermischung. Schon Plinius weist in seinem Werk *Naturgeschichte* darauf hin, daß es Düfte länger fixieren kann.

Galbanum ist eine zähe, klebrige Masse. Zum Räuchern mit dem Einzelstoff formt man daraus kleine stecknadelkopfgroße Kügelchen, die man auf die Räucherkohle legt. Es duftet schwer, süß, grün und balsamisch. In der Räucherheilkunde nutzt man die stark krampflösende Wirkung der Pflanze und verwendet sie schon seit frühesten Zeiten, um verspannte Muskulatur zu lösen, zum Beispiel. während des Geburtsvorganges, bei Koliken oder zur Lockerung der Atemmuskulatur und zur Behandlung verschiedener Frauenleiden, was ihm den Namen Mutterharz eingetragen hat. Auch im psychischen Bereich wirkt Galbanum sehr krampflösend bei Angstzuständen und starker Unruhe. Hier wird es zu Räucherungen mit der Kava-Kavawurzel zu gleichen Teilen vermischt. (Siehe auch die Kapitel *Ägypten* und *Israel*.)

STYRAX

Liquidambar orientalis Mill.
Liquidambar styraciflua L.

Sumerisch: balukku

Der Styraxbaum, auch Storaxbaum oder orientalischer Amberbaum genannt, hat sein natürliches Verbreitungsgebiet im Raum der mesopotamischen Kulturen. Heute wächst er wild in Kleinasien, Persien, dem Libanon, auf Zypern, Rhodos und in der südwestlichen Türkei. Weltweit gibt es vier Arten dieser Gattung *Liquidambar*. Zwei davon gedeihen im chinesischen und japanischen Raum, eine in Zentral- und Nordamerika und die hier im Text beschriebene in Kleinasien. Der Styraxbaum wird sechs bis zehn Meter hoch und wächst gerne buschförmig. Seine ahornähnlichen Laubblätter wirft er Ende des Jahres ab. Der Stamm wird mit löffelartigen Geräten angeschnitten und der ausfließende, helle, flüssige Balsam wird in Säcken gesammelt. An der Luft wird er zäh, klebrig und gelbbraun. Zur Reinigung wird der Balsam in Wasser gründlich ausgekocht, abgeschöpft und fest gepreßt. Dafür wird er in Roßhaarsäcke gefüllt und diese in einer Presse mit Druck fest ausgepreßt. Auch die geschälte, duftende Rinde des Storaxbaumes wird ausgekocht und gepreßt. Aus der zähen Balsammasse erhält man durch Alkoholextraktion das reine Harz. Es ist dunkelschwarz, wird in Stücken gepreßt oder in feinen Spänen angeboten.

Styrax wurde schon in frühester Zeit in Mesopotamien als Räucherwerk gebraucht. Von Mesopotamien aus wurde die kostbare Räucherware von den Phöniziern ins ägyptische Reich exportiert. Wie in Ägypten scheint auch in Mesopotamien der Styrax ein Festduft gewesen zu sein, mit

Styrax-Baum

dem man besonderen Tagen einen würdigen Duft verleihen wollte. Man wußte sicher, daß eine Gabe Styrax in einer Räuchermischung die Düfte von süßen, blumigen Räucherwaren intensiviert und strahlender macht. Styrax wurde oft als Ersatz für echten Amber, der vom Wal stammt, gebraucht. Es kann zudem andere Düfte konservieren. Eine kleine Menge reicht aus, damit das Räucherwerk sich länger hält. Er ist ein altes Räucherheilmittel, das auch im Westen seit langem bekannt ist und viel verwendet wurde. Man schätzte hier seine schleimlösende Wirkung und gebrauchte ihn bei Bronchitis. Äußerlich verwendete man Styrax zur Behandlung von Hauterkrankungen und Krätze. In der orthodoxen Kirche wird das Holz vom Styraxbaum noch in Räuchermischungen verwendet (siehe auch das Kapitel *Ägypten*).

Neben den sieben Wohlgerüchen waren im mesopotamischen Reich noch viele weitere Räucherwaren in Gebrauch wie Wacholder, Weihrauch, Myrrhe, Mastix, Rose, Kiefernharz, Hennablüten, Narde, Zyperngras, Hanf, Minze, Ambra, Zimt, Nagarmotha, Kostus, Datura, Benzoe, Opoponax

Rezepte für mesopotamische Räucherungen

Gilgamesch

Zedernholz geraspelt	11/2 Teile
Zedernspitzen	1 Teil
Myrtenblätter	1 Teil
Kalmuswurzel	1 Teil

Getrocknete Zedernnadeln und getrocknete Myrtenblätter von den Zweigen zupfen oder bereits fertige Ware benutzen. Die trockene Kalmuswurzel auf einer Reibe fein raspeln. Alle Zutaten gut miteinander vermischen. Zum Räuchern in der Räucherschale oder prisenweise auf einem heißen Stein am Feuer verräuchern. Die Räucherung wirkt kräftigend, stärkend und aufrichtend. Sie lenkt den Blick nach oben. Gut in Zeiten von Schwermut, Zweifel oder depressiver Stimmungslage. Stärkt den inneren Helden. Öffnet die Atmung. Besonders geeignet für Männer.

Zedernast mit typischen Zedernzapfen

Lugal Banda

Festduft des Königs

Galbanum	1/2 Teil
Styrax	1 Teil
Labdanum	1/2 Teil
Mastix	1 Teil
Myrrhe	1 Teil
Waldhonig, flüssig	

Mastix, Myrrhe und Styrax im Mörser pulverisieren. Galbanum und Labdanum dazugeben. Im Mörser gut verreiben. Mit wenig Honig so kneten, daß eine wachsartige Masse entsteht. Diese zu Kügelchen, etwa erbsengroß, formen. Auf einem Tuch oder Sieb sieben Tage trocknen lassen. Auf Räucherkohle einzeln verräuchern.
Ein kräftiger und sinnlicher Duft. Eine Belohnung für die Sinne. Enspannt auf tiefer Ebene. Wirkt anregend auf die Sinnlichkeit. Für schöne Stunden zu zweit.

Ischtar

Für die Große Göttin

Zedernholz geraspelt	2 Teile
Opoponax	1 Teil
Benzoe	1 Teil
Zimtrinde	1/2 Teil

Harze und Rinde fein zermörsern. Das fein geraspelte Holz untermischen. Eine Mischung mit einem kraftvollen, warmen, balsamischen Duft. Sie verbindet uns mit der Kraft des Göttlich-Weiblichen und dem Segen der Großen Göttin, ob wir sie Ischtar, Astarte oder Maria nennen. Der Duft verbreitet eine Atmosphäre der Lebenskraft und inneren Stärke. Besonders geeignet für Frauen.

Folge Deinem Wunsch, weil du lebst,
lege Myrrhe auf dein Haupt,
kleide dich in feines Linnen,
getränkt mit köstlichen Wohlgerüchen,
den echten Dingen der Götter.
Vermehre deine Wonnen noch mehr,
laß dein Herz nicht müde sein,
folge deinem Wunsch und deinem
Vergnügen.

Lied des Harfners,
um 2000 v. Chr.

4 Ägypten

Göttliche Wohlgerüche

Es heißt, kein Volk liebe die Düfte wie wir. Nirgendwo würden die Götter mit Wohlgeruch so verwöhnt wie bei uns, und in keinem anderen Land habe man so viele süß-duftende Rauchfahnen zum Himmel steigen sehen wie an den Ufern des Nils. Es ist gut so. Wenn ich die Augen schließe, atme ich den Duft unseres ägyptischen Landes: das schlammig-fruchtbare Wasser, den trocken-heißen Atem der Wüste, die Frische lebender Bäume und die fast schmerzliche Süße des blauen Lotos. Ich weiß, solange ich hier bin, wird mich am Morgen der Duft des göttlichen Weihrauchs begrüßen. In die flirrende Mittagshitze wird sich der schwere Wohlgeruch der köstlichen Myrrhe legen und mit dem Untergang von Ra, der Sonne am Abend, wird mir der sinnlich-warme Kyphi, der alle Düfte Ägyptens und Punts in sich vereint, die Sorgen des Tages vertreiben. Ja, es stimmt, wir könnten ohne die Wohlgerüche nicht leben, denn sie verbinden uns mit den Göttern und der Ewigkeit.

DIE STRASSE DER DÜFTE

Die Geschichte der ägyptischen Räucherkultur beginnt vor 6000 Jahren. Damals, während der frühen Badarikultur zur prädynastischen Zeit (4500 bis 3200 v. Chr.) waren duftende Harze der Bäume eine übliche Grabbeigabe. Bäume, die mit ihren Wurzeln tief in die Erde dringen, ihre Krone zum Himmel hin entfalten, sprachen die Menschen seit ursprünglichster Zeit in ihrem religiösen Empfinden an. Sie galten als Sitz von Gottheiten. Im heißen Klima Ägyptens und Afrikas hing das Überleben der Menschen oft vom Wachstum der Bäume ab. So lag es nahe, den Duft der Harze von Bäumen als deren Atem- und Lebenskraft zu verstehen und ihn zum seelischen Überleben zu verwenden. Mit dem Räuchern von Harzen wollten die Menschen die magische Überlebenskraft der Bäume in sich aufnehmen. In den Gräbern sollten diese Duftgaben auch den Verstorbenen ein Überleben in einer anderen Welt sichern.

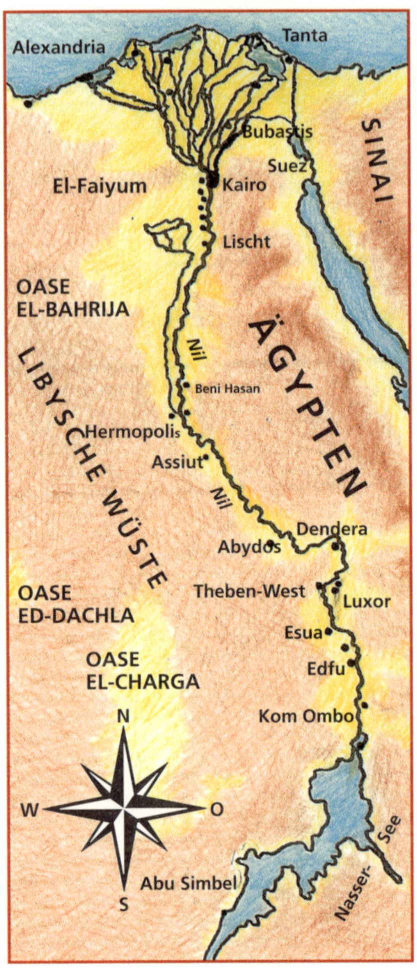

In den folgenden Jahrtausenden der Dynastien bis zum Ende der altägyptischen Kultur hielt sich der Brauch, den Toten auf ihre letzte Reise Räucherwaren mitzugeben. Die Archäologen, die später jahrtausendealte Gräber öffneten, berichteten vom wunderbaren Duft, der ihnen aus Kammern, Ebenholztruhen und Alabasterkrügen entgegenströmte. Man hat die Luft in einer Grabkammer analysiert und konnte noch die Duftpartikel der letzten Räucherung, die vor etwa 2500 Jahren stattgefunden hatte, bestimmen!

Das Räuchern mit Weihrauch und Myrrhe, den beiden Lieblings-Räucherdüften der Ägypter, scheinen sie circa 3600 v. Chr. von Händlern aus Indien gelernt zu haben. Von ihnen übernahmen die Ägypter den Kult des Räucherns, der die Menschen mit den Göttern verbindet. Diese Händler aus Indien haben wahrscheinlich die Weihrauchstraße gegründet, eine der bedeutendsten Handelsstraßen der Menschheit. Auf dieser wurden nicht nur Räucherwaren aus Arabien befördert, sondern sie verband auch die verschiedenen Kulturen miteinander und förderte deren Austausch. Die 3500 Kilometer lange Strecke durch die Wüste konnte ab dem 5. Jahrhundert vor Christus leichter überwunden werden, da das ausdauernde Kamel domestiziert wurde und den Esel verdrängte. Die Weihrauchstraße war mit Seehandelsrouten verbunden und führte so von Asien nach Europa.

Nachdem die Ägypter die köstlichen Düfte von Weihrauch und Myrrhe von den indischen Händlern kennengelernt hatten, konnten sie davon nicht mehr lassen. Sie waren fasziniert, und scheuten weder Kosten noch Mühen, in den Besitz der wertvollen Räucherwaren zu gelangen. Im ägyptischen Reich wurden Weihrauch und Myrrhe zu den kostbarsten Dingen gezählt, die man besitzen konnte.

EXPEDITIONEN INS LAND DES GLÜCKS

Pharaonin Hatchepsut

Der Hunger Ägyptens nach Räucherwaren wuchs schnell, und man wollte nicht warten, bis Händler die begehrten Waren ins Land brachten. Um die Götter Ägyptens zu ehren

Terassentempel Deir-el-Bahari

und ihnen Weihrauch und Myrrhe opfern zu können, unternahm König Assa, Tet-Ka-Ra (3580 bis 3536 v. Chr.), zur Zeit der elften Dynastie eine Expedition nach Punt, ins sagenhafte Land des Glücks, wie man damals das Verbreitungsgebiet der Balsambäume nannte.
Punt liegt am südlichen Teils des Roten Meeres. Bereits damals waren die natürlichen Bestände von Weihrauch- und Myrrhebäumen nur sehr gering. Dort bei den Bäumen, die in glühender Hitze gedeihen, nahm die wichtigste Handelsstraße des antiken Welthandels ihren Ursprung. König Assas Expedition erreichte Punt allerdings auf dem Seeweg. Alles verlief zu seinem und dem Ruhm der Götter. Mit köstlichen Harzen beladen, kehrten die Schiffe zurück. Es wurden in der folgenden Zeit, während des Alten Reiches, regelmäßig Expeditionen ins Land Punt geschickt. Dies waren so wichtige Ereignisse, daß sie in den ägyptischen Grabkammern und an den Tempelwänden detailliert dargestellt wurden. Die am besten dokumentierte Expedition fand im Jahre 1500 v. Chr. zur Zeit der 18. Dynastie statt. Diesmal wurde sie von einer Pharaonin organisiert. Hatschepsut, Tochter der Sonne, war die erste Frau auf dem Thron der Pharaonen. Ihr Name, ihr Ruhm und ihre Schönheit verbanden sich mit den köstlichen Düften aus Punt. Beim Entladen der Myrrhe aus den Schiffen soll sie persönlich zugegen gewesen sein.

Ihre Majestät selbst arbeitet mit ihren Händen.
Beste Myrrhe ist auf ihrem ganzen Leib.
Ihr Duft mischt sich mit dem Duft von Punt.
Ihre Haut ist von Gold überzogen.

Die kluge Pharaonin und erste herausragende Frau der Weltgeschichte hatte es dabei nicht nur auf die begehrten Harze abgesehen, sondern sie befahl auch, man möge ihr die Balsambäume selbst, deren Harz in Punt gesammelt wird, bringen. Dieses Unterfangen sollte die erste beschriebene botanische Expedition werden. Erst nach Jahren kehrten die fünf Schiffe, beladen mit Weihrauch, Myrrhe, Gold und 31 Balsambäumen zurück. Am Terrassentempel Deir-el-Bahari, den Hatschepsut in der Nähe von Luxor erbauen ließ, wurden die kostbaren Bäume zu Ehren ihres Gottes Amon-Ra und der Liebesgöttin Hathor eingepflanzt. An den Tempelwänden berichten davon die Hieroglyphen:

Niemals ist gemacht worden ein
Transport gleich diesem von irgend
einer Königin
seit Erschaffung des Weltalls.

Auch die Myrrhenbäumchen wurden sorgfältig im Fels abgebildet. Die Träger sprechen mit ihnen:

Komm mit uns, Myrrhenbaum,
mitten ins Gottesland
zum Reich des Amon.
Dein Platz ist dort.
Du wirst wachsen für Maat
in Amons Tempel.

Weihrauchbaum

SCHMEICHELEIEN FÜR DIE NASEN DER GÖTTER UND DER MENSCHEN

Fast alle Bereiche des ägyptischen Lebens wurden von duftenden Anwendungen begleitet. Man räucherte zu sakralen, medizinischen und ästhetischen Zwecken.

Sakrale Räucherungen

Götter lieben Düfte, sagte man im alten Ägypten und war mit Rauchopfern großzügig. In den Tempeln wie auf allen Hausaltären wurde für sie täglich Wohlriechendes verbrannt. In flachen, offenen, oft goldenen Schalen opferte man außerhalb des Tempels den Weihrauch für die Götter. Bei Staatsanlässen verbrannte der Pharao selbst das Räucherwerk. Der Pharao Thotmes IV. ist auf der Granittafel über der Brust der Sphinx weihrauchspendend dargestellt. In Heliopolis, der Stadt des Sonnengottes Ra, opferten die Priester gemäß dem Lauf der Sonne dreimal täglich Räucherwerk: bei Sonnenaufgang Weihrauch, zur Mittagszeit Myrrhe und bei Sonnenuntergang Kyphi, eine Mischung kostbarer Ingredenzien. Die Wertschätzung der Ägypter für Räucherwerk und Wohlgerüche war so hoch, daß sie im angenehmen Duft ein Zeichen für die Nähe der Götter sahen, ja sogar Düfte als Hauch des ewigen Lebens erkannten. Wer sich mit Düften umgab, war somit den Göttern und der Ewigkeit nahe.

Für Rauchopfer im Alltag wurden die Räucherstoffe in kleinen Schalen aus Ton mit Deckel dargeboten, den man immer wieder abnahm, um die duftenden Rauchschwaden entweichen zu lassen. Später, während der 18. und 19. Dynastie, gebrauchte man wunderschön geschnitzte Räucherarme, an deren einem Ende eine metallene Schale befestigt war, in der man kleine Räucherpastillen auf Kohle verbrannte. In den Häusern wurde das Räucherwerk auf kleinen würfelförmigen Altären geopfert. Man räucherte in den Haushalten auch, um unangenehme Gerüche zu überdecken und um Insekten fernzuhalten.

Medizinische Räucherungen

Die Priester wie auch die Ärzte hatten ein hohes Wissen über den Heilwert der einzelnen Räucherungen. Dies belegen Aufzeichnungen in medizinischen Papyri. Kranke Menschen oder auch nur einzelne schmerzende Körperteile wurden beräuchert. Manchmal folgte danach eine Massage der betreffenden Körperregion. Das Beräuchern von Kranken, wie es im alten Ägypten praktiziert wurde, ist eine der ältesten überlieferten Heilanwendungen.

Man räucherte auch, um krankmachende Dämonen aus dem Körper zu vertreiben. Bei einigen Naturvölkern wird diese Methode noch in unserer Zeit angewendet. Wir wissen

Räucherarm

heute, daß intensive Düfte, wie sie bei Räucherungen entstehen, starke Wirkungen auf die menschliche Psyche haben. So können wir uns vorstellen, daß mit diesen Räucherungen krankmachende, geistige Zustände abgeschwächt, neutralisiert und aufgelöst werden. Unsere Dämonen heißen heute zum Beispiel Angst, Streß, Unruhe, Depression und können mit gezielter Anwendung von Räucherdüften vermindert werden.

Visionäre Räucherungen

Im alten Ägypten wurden Räucherungen zur Erzeugung von Visionen für Orakel, Trance, Tempelschlaf und Divination verwendet. Die psychoaktiven Stoffe der Pflanzen lösen sich beim Verglimmen, steigen mit dem Rauch in die Raumluft und werden eingeatmet. In Zauberbüchern und Inschriften in Tempeln wurden Rezepturen für solche Räuchermischungen festgehalten. Einige genaue Rezepturen finden wir im *Leidener Zauberpapyrus*. Für visionäre Räucherungen wurden Pflanzen wie Alraune, Bilsenkraut, Blauer Lotos, Mohn, Steppenraute und Datura oft in Verbindung mit Weihrauch-Harz verwendet. Da diese Pflanzen halluzinogen wirksame Stoffe enthalten und unsachgemäß angewendet starke Nebenwirkungen auf Körper und Seele haben, sollten sie zum Räuchern nicht verwendet werden. Viele dieser Pflanzen unterstanden dem Orakelgott Amon, der mit Widderhörnern dargestellt wird. Das Orakelheiligtum Ägyptens, jenem von Griechenland in Delphi ähnlich, befand sich in der lybischen Wüste, in der Oase Siwa. Die Verwendung von psychedelisch wirkenden, magischen Räucherpflanzen stand immer in Verbindung mit kultischen Handlungen und wurde von erfahrenen Priestern und Priesterinnen geleitet. Die visionären Räucherungen lassen sich bis in schamanistische Urzeit der Menschen zurückverfolgen. Einen weiteren Höhepunkt erlebte die visionäre Räucherung im antiken Griechenland.

Räuchern mit Räucherarm

Räucherungen für die Liebe und für einen schönen Tag

Nicht nur die Götter sollten ihre Nasen an köstlichen Wohlgerüchen erfreuen, sondern auch den Menschen waren die Düfte für deren Wohlbefinden, zur Lebensfreude und Sinnlichkeit gegeben.

Im ägyptischen Bewußtsein waren Vergänglichkeit und Tod sehr gegenwärtig. Für die Reise ins Jenseits der Toten gab es einen hochentwickelten Duftkult. Die Körper Verstorbener wurden mit einer großen Menge Myrrhe und weiteren Duftstoffen einbalsamiert.

Räuchern mit Räucherschalen

Doch Myrrhenduft war auch ein Symbol für Liebe, Sinnlichkeit und Erotik. Aus dem Bewußtsein der Vergänglichkeit des Lebens schöpften die Ägypter Inspiration und Anregung zum bewußten Erleben der schönen Seite des Lebens und zum Kultivieren der Herzensfreude. Tod, Liebe, Erotik, Vergänglichkeit und Wohlgerüche verbanden sich in der ägyptischen Lyrik mit unvergleichlicher Schönheit und tiefem Zauber und zeitloser Lebensweisheit. Schatten und Licht, Todesbetrachtung und Lebenslust waren mit Räucherungen verbunden. Vor dem Hintergrund des Todes werden die Freuden des Lebens für den Ägypter farbiger und einmaliger.

Keiner kommt von dort,
daß er ihren Zustand künde,
daß er künde, was sie brauchen
und unser Herz beruhige,
bis wir gelangen zum Ort,
zu dem sie gelangt sind.
Darum feiere einen schönen Tag
und ermatte nicht dabei!

Schöne Düfte wurden also zur Steigerung der Herzensfreude und Ästhetik, zur Erheiterung und Sinnlichkeit verwendet. Sie brachten Eleganz und Leichtigkeit in das ägyptische Leben. Wir finden hier Anleitungen in den erotischen Papyri, in der Liebeslyrik, ja selbst in Grabinschriften, die uns ermutigen, einen schönen Tag zu feiern. Düfte, wie jene von Myrrhe, Sandelholz, Zimt, Benzoe, Labdanum, Styrax, Cassie, sollten sinnliche und schöne Stunden begleiten und sie noch kostbarer machen.

In meinem Himmel erscheinen die
Vögel von Punt.
Ich fange sie, einen nach dem anderen,
mit meinem Köcher.
Einer ist mit Myrrhe getränkt, der
andere mit Weihrauch,
wiederum ein anderer mit Zimt.
O Geliebte, ich möchte, daß wir zusammen
sie befreiten, einen nach dem anderen,
um mit dem Flattern ihrer Flügel
gemeinsam in ein Paradies der Düfte
zu tauchen.

Ägyptische Grabbeigabe, 3. Jahrtausend v. Chr.

Ein Tag ohne Düfte ist ein verlorener Tag, hieß es im alten Ägypten. Auch heute noch stehen uns sinnlich-süße Räucherwaren zur Verfügung. Warum sollten wir es nicht den Ägyptern gleichtun und uns einen schönen Tag machen und die Sorgen des Alltags vergessen?

Seelenvogel

IN DEN LABORATORIEN DER DUFTKUNST

Der Ausgangspunkt der hochentwickelten ägyptischen Duftkunst war das Räuchern. Die Räuchermischungen wurden von Priesterinnen und Priestern in Laboratorien hergestellt, die in den rückwärtigen Räumen der Tempel untergebracht waren. Die Priester der einzelnen Tempel wetteiferten untereinander um die besten Räuchermischungen. Die Rezepte wurden geheimgehalten, in die sogenannten Zauberbücher geschrieben oder verschlüsselt in die

Handräucherschale mit Kyphikugeln

Wände der Laboratorien gemeißelt. In den ersten Jahrtausenden war das Räucherwerk religiösen Zeremonien und den Pharaonen vorbehalten. Unter Ramses III. begann der Priesterstand, die kostbaren Waren an die Oberschicht zu verkaufen. Nach und nach wurden Räucherwaren, aber auch andere duftende Zubereitungen wie Salben und Parfüms ein wichtiger Bestandteil des täglichen Lebens. Die Wände der Laboratorien erzählen uns heute noch von edlen Rezepturen für Räuchermischungen und -salben. Weitere Quellen sind verschiedene Papyri, die Opfersäule des Museums von Leiden und die Aufzeichnungen einiger griechischer Historiker, die zu ihrer Zeit Ägypten bereisten und alles, was sie sahen, hörten und rochen, gewissenhaft niederschrieben. Die fleißigen Berichterstatter, denen wir viel Wissen über die damalige ägypische Räucherkultur verdanken, waren Theophrast (4.–3. Jh. v. Chr.), der griechische Geschichtschreiber, und sein Schüler Aristoteles, Herodot (5. Jh. v. Chr.), Plinius der Ältere, ein römischer Naturforscher, der im 1. Jahrhundert n. Chr. lebte, sowie Plutarch, der römische

Ägypter beim Räuchern

Geschichtsschreiber des 1. Jahrhunderts n. Chr.

Oberster Schirmherr für die Kunst der Zubereitung von Räuchermischungen war Toth, der Gott der Wohlgerüche und der Weisheit. Die Herstellung der Räucherwaren wurde von besonderen Riten und Gebeten begleitet, die mit diesem Gott in Verbindung standen. Die Rezepturen sind im Laufe der Zeit immer komplizierter und aufwendiger geworden. Von der Herstellung einer bestimmten Räuchermischung wird berichtet, daß dazu ein Jahr benötigt wurde. Die Mischungen komponierte man je nach Anlaß und Jahreszeit, da genau bekannt war, welcher Duft welche Wirkung entfaltete. Der Priesterstand hatte es zur Meisterschaft der Räucherkunst gebracht. Nie wieder ist eine solche Blüte und solch ein Wissen über die Anwendung und Wirkung von Räucherwaren erreicht worden.

Kyphi gegen die Sorgen des Tages

Einige der Räucherstoffe wurden einzeln verbrannt, wie Weihrauch, Myrrhe, Opoponax, Zeder und Wacholder. In Mischungen, die man sehr schätzte, waren die Zutaten so raffiniert miteinander verbunden und aufeinander abgestimmt, daß sie eine ganz neue, zuvor nicht dagewesene Duftrichtung und -wirkung erzielten. Die berühmteste Räuchermischung der ägyptischen Duftlaboratorien war das Kyphi. Seine Anwendung war im Lande selbst weit verbreitet, und die Mischung wurde auch in die gesamte damals bekannte antike Welt exportiert.

Wenn wir heute das Kyphi rekonstruieren wollen, müssen wir ein Rezept aus verschiedenen, teilweise unvollständigen Angaben zusammensetzen. Das beste und berühmteste Kyphi wurde im alten Ägypten im Tempel von Edfu, der dem Falkengott Horus geweiht war, hergestellt. Die Priesterschaft von Edfu hat in ihrem Laboratorium im rückwärtigen Teil des Tempelraumes das Rezept in Hieroglyphen an der Wand festgehalten. Im Papyros Ebers sowie in einem Papyros, der in der Cheopspyramide gefunden wurde, sind weitere Kyphi-Rezepte festgehalten. Plutarch, unser römischer Gewährsmann, der im 1. Jahrhundert n. Chr. lebte, hat ebenfalls eine Anleitung zur Herstellung von Kyphi aufgeschrieben und zählt dafür 16 Ingredenzien auf. Das Rezept soll er von dem ägyptischen Priester Maneton erhalten haben. Dioskurides, ein Militärarzt unter Kaiser Nero, schrieb ein Rezept mit zehn Ingredienzen auf. Wenn wir die Aufzeichnungen vergleichen, können wir davon ausgehen, daß im Kyphi auf alle Fälle folgende Zutaten enthalten waren: Weihrauch, Myrrhe, Zimt, Sandelholz, Zyperngras, Wacholder, Kalmus, Koriander, Mastix, Styrax, Rosinen und Wein. Die Herstellung des Kyphi erstreckte sich über Monate und wurde von Riten und Gebeten begleitet. Noch in unsere Zeit herüber klingt das Lob von der wohltuenden Wirkung der Kyphiräucherung.

Horus im Edfu-Tempel

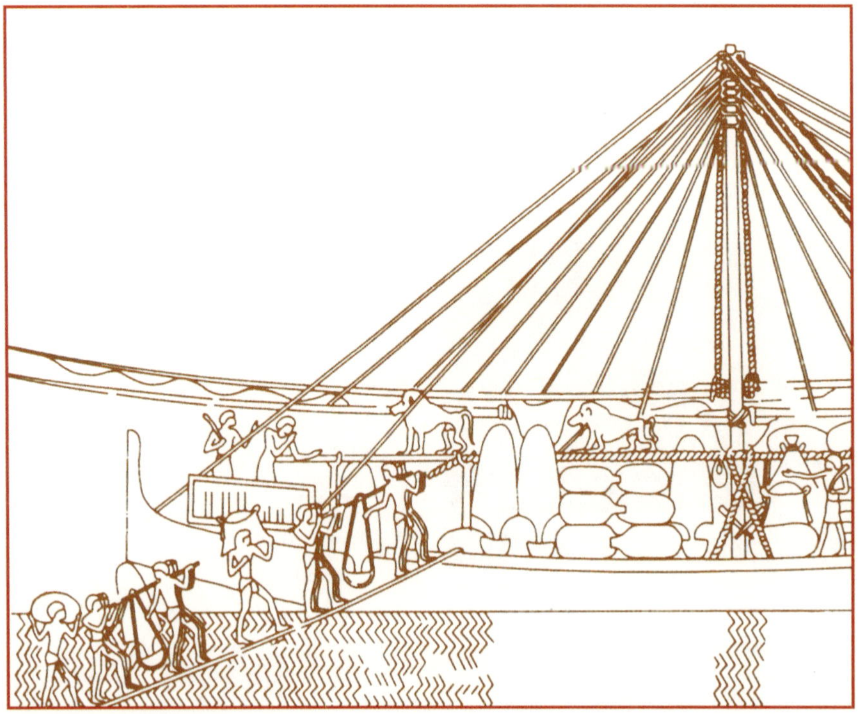

Verladen der Weihrauchbäume

Plutarch schwärmt:

Kyphi kann die Menschen in den Schlaf wiegen, kann angenehme Träume verursachen und die Sorgen des Tages vertreiben. Wer Kyphi am Abend verbrennt, dem werden Ruhe und Frieden sicher geschenkt.

Die begehrtesten Zutaten für edle Räuchermischungen wie Kyphi waren Weihrauch und Myrrhe. Deren Preis war jedoch so hoch, daß vorerst nur der Pharao mit seiner Familie, der Beamtenstand und die reichsten Ägypter sich diese leisten konnten. Ägypten war es durch seine geographische Lage möglich, aus Arabien, dem Vorderen Orient und aus Asien eine Vielfalt an Räucherpflanzen zu importieren. Immer mehr Räucherwaren konnten aus Indien importiert werden, denn die Seefahrer der Pharaonen hatten gelernt, die Monsune geschickt zu nützen. Bei warmem Wetter wurden die Schiffe Indien entgegengetrieben. Kalte Winde bliesen die mit kostbaren Waren beladenen Handelsschiffe wieder zurück Richtung Ägypten.

Die folgende Liste zählt die am meisten benutzten Räucherwaren auf, die in den Laboratorien für Rezepturen benutzt wurden, die in Tempeln, zu Ritualen und im Haushalt verbrannt wurden:
Weihrauch, Myrrhe, Opoponax, Balsam, Labdanum, Benzoe, Zimt, Mastix, Zeder, Wacholder, Thuja, Galbanum, Styrax, Kalmus, Zyperngras, Henna, Narde, Adlerholz, Koriander, Kiefern-Harz, Bockshornkleesamen, Daturasamen, Quat, Bilsenkraut.

Messen der von Punt eingeführten Myrrhe

Wirksame Räucherwaren der Ägypter

Weihrauch

Boswellia carterii Birdw.

Die ägyptische Mythologie erzählt vom mystischen Vogel Phönix, der in seinen Klauen den Weihrauch ins Land Punt gebracht haben soll. Sie läßt uns verstehen, daß Weihrauch-Harz eine ganz besondere Gabe der Götter ist.

Der feine balsamische, lichte Duft des Weihrauchs war für die Ägypter der heiligste und wertvollste, ja der Göttliche Wohlgeruch schlechthin. In ihrer Sprache hieß Weihrauch der *Göttlichmacher.* Weihrauch wurde für sakrale Zwecke verwendet, um in die Sphäre des Göttlichen einzutauchen. Er begleitete Gebete, Opferungen, Begräbnisse, Staatsakte, die Inthronisation des Pharaos und die täglichen Riten der Priester in den Tempeln. Reiner Weihrauch duftet balsamisch, würzig, citrusartig (siehe auch das Kapitel *Arabien*).

Myrrhe

Commiphora myrrha Nees
Commiphora abyssinica Engl.
Commiphora schimperi Berg

Die ägyptische Mythologie berichtet, daß die Myrrhe aus den Tränen des Falkengottes Horus entstanden sei. *Wer an diesem Wohlgeruch teilnimmt, der ist dem Tode entronnen und nimmt am ewigen Leben der Götter teil,* so wird es einem versichert. Den schweren, erdigen, aromatischen Duft der Myrrhe hat man in Ägypten und in späteren Kulturen als sinnlich anregend empfunden. In der Liebeslyrik wird die weibliche Erotik oft mit dem Wohlgeruch der Myrrhe beschrieben. Myrrhe wurde aber auch für einen ruhigen und gesunden Schlaf verwendet.

Plutarch berichtet:

Wegen ihres angenehmen, erfrischenden Dampfes wird nicht allein die Luft verändert, der durch sie erschütterte Körper wird auch zum Genusse des Schlafes geschickt gemacht. Die Sorgen, welche den Tag über bedrücken, werden zersteut, ja auch die Einbildungskraft wird gleich einem Spiegel geglättet.

Myrrhen-Harz wurde zur Hygiene, in der Medizin, zum Gottesdienst und zur Magie verwendet. Die Ägypter nannten die Myrrhe *bal (bala),* was *Vertreibung der Narrheit* bedeutet. Man hat sie zur Beruhigung von Kranken eingesetzt. Myrrhe wurde als Räucherung, Salbung und zur Parfümierung verwendet. Man mischte sie häufig mit Weihrauch, Benzoe und Zimt. Sie war ein gebräuchliches Wundmittel. Reine Myrrhe duftet warm, balsamisch, erdig, würzig (siehe auch das Kapitel *Arabien*).

Opoponax-Süsse Myrrhe

Commiphora Erythraea var. glabrescens
Commiphora kataf Engler
Opoponax chironicum Koch

Die süße Myrrhe, auch Bisabol-Myrrhe genannt, ist eine enge Verwandte der Myrrhe. Beide gehören zur Familie der Balsambaumgewächse, *Burseraceae.* Im Altertum wurde das Opoponaxharz aus einer Pflanze der Doldenfamilie gewonnen, *Opoponax chironicum Koch.* Dieses Räucherwerk ist jedoch so in Vergessenheit geraten, daß es nicht mehr im Handel ist. Heute wird statt dessen das Opoponax-Harz aus der Bisabol-Myrrhe verwendet. Beide sollen jedoch einen ähnlichen Duft haben.

Das Harz wird oft in Form von rauhen, fast unansehnlichen Klumpen zum Kauf angeboten. Doch hält man die Nase daran, so erlebt man eine Überraschung: Den unförmigen, schmutzigbraunen Klumpen entströmt ein zarter Lavendelduft! Beim Verbrennen entwickelt das Harz einen aromatisch-süßen balsamischen Wohlgeruch, der manchmal an Rotweinkorken und geheimnisvolle alte Bibliotheken erinnert. Er ist leichter als jener der Myrrhe. Opoponax-Räucherungen wurden in den verschiedensten Kulturen zum Schutz vor negativen Einflüssen verwendet. Opoponaxduft hüllt, so hieß es, in einen Duftschild, der einen immun macht gegen Unheilbringendes von außen. In der traditionellen Räucherkunde hieß es, Opoponax könne im Menschen die Wahrnehmungsfähigkeit verstärken. So eignen sich Räucherungen mit diesem Harz, um die Sinne und die Beobachtungsgabe zu verstärken. Es unterstützt Intuition und Inspiration. Übungen zur Balance der Aura werden von Opoponax verstärkt. Opoponax-Harz sollte nicht zu alt sein, sonst entwickelt es keinen feinen Duft mehr. Die beste Qualität sieht beim Brechen leicht fettig-feucht aus. Heute kann man reines Opoponax (Bisabol-Myrrhe) kaufen. Aus dem rohen Gummi-Harz des Opoponax wird durch Alkoholextraktion das rot-braune, feste Resinoid hergestellt, das zum Räuchern verwendet wird. Wie bei allen Resinoiden muß darauf geachtet werden, daß keine Lösungsmittelrückstände im Resinoid enthalten sind, da diese beim Räuchern entweichen und gesundheitsschädigend wirken können. Das Harz wird auf einer Räucherkohle verbrannt.

BALSAM, MEKKABALSAM

Balsamodendron gileadensis Knth.
Commiphora opobalsamum (L) Engl.
Balsamodendron meccaensis Gled.
Commiphora kataf Engl.

Dieser Räucherstoff wurde auch Balsam von Gilead genannt und war im Altertum ein bekanntes und wertvolles Räucherwerk. Balsam war manchmal Bestandteil der Kyphi-Rezepte. Judäa hatte das Monopol an Balsamhainen und Ägypten importierte von dort das Harz. Während des Krieges der Juden mit den Römern wurden die Haine zerstört und gleichzeitig begann man mit ersten Anpflanzungen der Bäume in Ägypten. Balsam von Gilea ist kaum im Handel erhältlich (siehe auch das Kapitel *Israel*).

LABDANUM

Cistus creticus L.
Cistus ladanifer L.

Das Labdanum-Harz stammt von der Zistrose und wurde von Kreta nach Ägypten eingeführt und angepflanzt. Das beste Aroma entwickelt das Harz jedoch an seinem ursprünglichen Standort auf Kreta. Deshalb wurde es schon von den alten Ägyptern importiert. Sie verwendeten Labdanum für Räucherungen, aber auch für Parfüms und zum Einbalsamieren. Das Harz wurde hauptsächlich in Mischungen verwendet. Es war Bestandteil von Kyphi-Rezepten. Mit dem wachsartigen Labdanum wurden andere pulverisierte Räucherstoffe zusammengeknetet und zu den beliebten Räucherkugeln geformt. (Siehe auch das Kapitel *Kreta.*)

BENZOE

Benzoe Siam-Styrax tonkinensis Craib.
Benzoe Sumatra-Styrax benzoin Dryand.

Das duftende Harz stammt aus Sumatra, Thailand und Laos. Es wurde die weite Strecke zuerst von indischen Händlern zur See und danach über die Weihrauchstraße nach Ägypten befördert. Das Benzoe-Harz duftet süß-balsamisch nach Vanille, da es die gleichen Inhaltsstoffe wie Vanille enthält und wurde für sinnlich-erfreuliche Räuchermischungen in Ägypten verwendet. Benzoe-Siam ist im Duft süßer als Benzoe-Sumatra. Beide Harze sind heute im Handel erhältlich. Benzoe - Siam ist teurer und gilt als feiner. Die Ägypter schätzten mehr den Duft von Benzoe-Sumatra. Das Harz wird hauptsächlich in Mischungen verbrannt, da es als Einzelstoff keinen angenehmen Geruch entwickelt. Es verbrennt schnell, ein beißender Rauch entsteht. Zum Ausprobieren für eine Einzelräucherung wird es in kleinen Stückchen auf eine Räucherkohle gelegt oder auf ein Aluminiumpapier auf dem Räucherstövchen. Es wirkt entspannend, beruhigend, öffnend und eignet sich für angenehme Räucherungen am Abend. Hierfür wird es mit Sandelholz und Zimt gemischt. Es regt Phantasie und Inspiration an und kann so für kreative Arbeit wie Malen, Musizieren usw. unterstützend verbrannt werden. Benzoeduft wirkt neben seiner sinnlichen Komponente auch tröstend auf unsere Seele und eignet sich so für Räucherungen bei Traurigkeit und dem Gefühl innerer Verletztheit. Es vermittelt das Gefühl von innerem Frieden. Wir mischen es hierfür mit Weihrauch-Harz und Zedernholz (siehe auch das Kapitel *Indien*).

Zimt

Cinnamomum zeylanicum Breyn.

Der Duft von Zimt war in Ägypten sehr beliebt. Zimtrinde und getrocknete Zimtblüten wurden über Arabien nach Ägypten eingeführt. Ursprünglich wurde der Zimtduft von der Rinde eines afrikanischen Baumes, *Amyris kataf*, erzeugt. Erst ab der Spätantike importierten die Ägypter Zimt aus Ceylon. Auch das ätherische Öl wurde aus der Rinde hergestellt und für medizinische, kosmetische Zwecke, wie auch zum Einbalsamieren verwendet. Zimt hat eine sehr hohe keimtötende und konservierende Wirkung, was in Ägypten bekannt war. Er verströmt einen warm-würzigen und süßen Duft. Die ganze Rinde ist heute als Gewürz leicht erhältlich. Die getrockneten Zimtblüten des Cassia-Zimtes kann man in der Apotheke oder in Fachgeschäften für Räucherwaren erstehen. Rinde wie Blüten eignen sich für warm-süße Mischungen. Die Blüten lassen sich gut als Einzelräucherung auf Räucherkohle oder Räucherstövchen verwenden. (Siehe auch die Kapitel *Israel, Indien, Japan.*)

Zimt

Mastix

Pistacia lentiscus L.

Die transparenten Harztränen des Mastixbaumes stammen vorwiegend von der griechischen Insel Chios. Ägypten importierte von dort das beliebte Räucherharz. Es war eine Zutat im Kyphi-Rezept, wurde aber auch einzeln geräuchert. Mastix verströmt einen feinen balsamischen Duft und wirkt klärend, reinigend und ausgleichend. *Der Duft, der den Göttern gefällt*, wurde Mastix im alten Ägypten genannt (siehe auch das Kapitel *Kreta*).

Zeder

Cedrus libani, A. Rich.
Cedrus deodora G. Dan
Cedrus atlantica Manet

Das Räuchern mit Zedernzweigen und mit feingeraspeltem Holz war im alten Ägypten sehr verbreitet.

Der Duft der Nadelbäume schafft im heißen Klima Ägyptens eine angenehme, frische, waldige Atmosphäre. Man bevorzugte die Libanonzeder. Das Zedernholz betrachtete man im alten Ägypten als unzerstörbar. Zedernöl wurde zur Mumifizierung verwendet. Schon in den Königsgräbern der ägyptischen Frühzeit waren Zedernholz und -zweige eine häufige Grabbeigabe. Wir können heute mit getrockneten Zedernnadeln, dem Harz oder Holz räuchern. Als Einzelstoff entwickelt es viel Rauch und eignet sich deshalb mehr für Räucherungen im Freien. In Mischungen, fein zerpulvert, entsteht weniger Rauch. Zeder verströmt einen warmen, balsamischen Duft. Statt der Libanonzeder kann auch die Himalayazeder, *Cedrus deodora*, oder die Atlaszeder, *Cedrus atlantica.*, verwendet werden. Auch das Harz der kilikischen Tanne, *Abies cilicia*, war im alten Ägypten sehr beliebt. Das Öl wurde für eine kostbare Salbe verwendet. Harz und Holz dieses Baumes wurden als Ersatz für die Zeder verwendet.

Ein weiterer Nadelbaum, den man im alten Ägypten zum Räuchern verwendete, war die Gliederzypresse. Die getrockneten Zweigspitzen verströmen einen harzig-würzigen, etwas strengen Duft. Das Harz der Gliederzypresse, Sandarak, ist dem Weihrauch sehr ähnlich.

WACHOLDER

Juniperus phoenicea L.
Juniperus oxycedrus L.
Juniperus drupacea Labill.

Zum Räuchern werden vom Wacholder Beeren, Zweige, Holz und Harz gebraucht. Sie waren Bestandteil der Kyphi-Rezepte. Der phönizische Wacholder, den man im Ägypten der Pharaonenzeit nutzte, wächst als Baum oder Strauch und wird meist nie höher als fünf Meter. Er kann jedoch ein Alter von mehreren hundert Jahren erreichen. Deshalb wurde er seit frühester Besiedlung seines Verbreitungsgebietes als Symbol für Langlebigkeit und Stärke angesehen. Räucherungen mit phönizischem Wacholder wirken stärkend, reinigend und vitalisierend. Zum Räuchern wurde auch das Harz einer griechisch-kleinasiatischen Wacholderart, *Juniperus drupacea*, verwendet. Es hat einen balsamisch-koniferigen Duft. Die getrockneten Zweige oder Nadeln sind jedoch schwer im Handel erhältlich. Verwenden Sie deshalb den einheimischen Wacholder oder jenen aus Nordamerika. (Siehe auch die Kapitel *Nordamerika, Himalaya, Am Feuer sitzen.*)

THUJA

Thuja occidentalis L.

Im Grab Tutenchamons fand man in einem Kohlebecken Stücke von Thujaholz, mit dem die Grabkammer vor dem Verschließen ausgeräuchert wurde. Thuja verströmt einen warmen, waldigen Duft. Es sollte jedoch nur in kleinen Mengen oder in Mischungen verwendet werden. Thuja eignet sich zu Räucherungen im Freien.

GALBANUM

Ferula galbaniflua Boiss
Ferula gummosa Boiss
Ferula kokanika Reg. et Schmalh.

Die Pflanze gehört zur Familie der Doldengewächse, *Apiaceae*. Das aus der angeschnittenen Wurzel und dem unteren Stengelteil ausfließende Gummiharz ähnelt einem dicken

Milchsaft und trocknet an der Luft ein. Es entwickelt beim Verbrennen einen würzig-grünen, waldig-balsamischen Duft, der in Ägypten sehr beliebt war. Galbanum, auch Mutterharz genannt, wurde meist in Mischungen verwendet. Die Ägypter importierten Galbanum aus Kleinasien, wo es ein gebräuchliches Räucherwerk war. (Siehe auch die Kapitel *Mesopotamien* und *Israel.*)

STYRAX

Liquidambar orientalis Mill.
Liquidambar styraciflua L.

Styraxbalsam entsteht durch Einritzen der Rinde der Styraxbäume. Diese gehören zur Familie der Hamamelisgewächse, *Hamamelidaceae.* Ihr Verbreitungsgebiet lag zur altägyptischen Zeit, wie auch heute, in Kleinasien. Der Styrax mußte über die Phönizier importiert werden. Im Zauberpapyrus Abraxas (4. Jh. n. Chr.) wird der Styrax unter den wohlriechenden Räucherwerken aufgeführt und wird dort als Mittel für den Tiefschlaf empfohlen. Die Ägypter wie auch die Mesopotamier nannten den Styrax *miniaki*, was Festduft heißt. Der schwarze Styrax verströmt beim Räuchern einen balsamischen, zimt-süßen, harzig-blumigen, femininen, intensiven, leicht grasartigen Duft. Er gibt einer Räuchermischung eine süße, sinnliche, verführerische Note. Styrax wirkt beruhigend und entspannend und eignet sich für Räucherungen am Abend. Es ist eine hilfreiche Räucherung bei Schlafstörungen. Schlecht verarbeiteter Styrax riecht beim Verbrennen etwas nach Gummi. Styrax wurde oft mit Kalmus gemischt, sie bildeten ein Paar wie Weihrauch und Myrrhe. In dieser Mischung, so hieß es in Ägypten, unterstütze er geistige Stärke und Selbstverwirklichung. Styrax wird auf der Räucherkohle wie auf dem Räucherstövchen verbrannt und sollte nur in kleinen Mengen verräuchert und nie überdosiert werden. Er entwickelt seinen Duft am besten in einer Mischung mit anderen Räucherzutaten. Styrax wird im Harzhandel als Gummi Styrax angeboten und wird in den Qualitäten Honduras, Iran und Türkei geführt. Die türkische Qualität gilt als die feinste. (Siehe auch das Kapitel *Mesopotamien.*)

KALMUS

Acorus calamus L.

Kalmus gehört zur Familie der Arongewächse, *Araceae*, und ähnelt im Wuchs dem Schilf. Sein Wurzelstock (Rhizom) verströmt einen starken, herb-aromatischen Duft. Er wächst an Teichen, in Sümpfen und an Bachufern. In Ägypten bevorzugte man den Kalmus aus Phönizien. Kalmuswurzel war Bestandteil der Kyphi-Mischung. Sie wurde jedoch auch in den Haushalten zur hygienischen und atmosphärischen Reinigung der Räume verwendet.

Kalmus

Zusammen mit Zimt war Kalmus ein Hauptbestandteil der berühmtesten ägyptischen Salbe, dem *Ägyptium*, das in die gesamte antike Welt exportiert wurde. In der indischen Ayurveda-Medizin wird Kalmus medizinischen Räucherungen zugegeben, um Nebenwirkungen von stark wirksamen Heilräucherungen zu vermeiden.
Kalmus kann auf der Räucherkohle, auf dem Räucherstövchen direkt auf dem Metallgitter oder auf einem japanischen Mikablättchen geräuchert werden. Kalmus allein riecht zu streng, Styrax und Mastix machen ihn mild. Die getrocknete Wurzel sollte ganz kleingeschnitten, geraspelt oder pulverisiert verwendet werden. Kalmus-Räucherungen können unser Selbstbewußtsein stärken und die Einstellung zum Erfolg in unserem Leben stärken. Die Wirkstoffe des Kalmus kräftigen das Nervensystem, stärken und geben Energie. Der herbe, aromatische, scharf-zimtähnliche Duft galt in der Antike als Symbol für männliche Vitalität und für weltlichen Erfolg. (Siehe auch das Kapitel *Mesopotamien.*)

Zyperngras

ZYPERNGRAS

Cyperus rotundus L.
Cyperus longus L.

Zum Räuchern wurden die Wurzelstöcke des Grases verwendet, das in den Feuchtgebieten Ägyptens gedeiht. Sie besitzen einen intensiven, aromatischen, kampferähnlichen Duft, der an Vetiver erinnert. Zyperngras ist eine 40 bis 120 Zentimeter hohe Pflanze, ähnelt dem Papyrus und wuchs im alten Ägypten als wilde Pflanze. Die Wurzeln dieser Grasart sind in vielen Kyphi-Rezepten enthalten. Weitere Grasarten, die für Räucherzubereitungen verwendet wurden, sind:

Mannagras, *Cymbopogon confertiflorus*
Nardengras, *Cymbopogon nardus (L.)*
Citronellagras,
Cymbopogon martinii (Roxb.)
Ägyptisches Duftgras, *Cymbopogon schoenanthus L.*

Zyperngraswurzeln verleihen Räuchermischungen einen langanhaltenden, intensiven Duft. Sie sind schwer im Handel zu finden. In Gärtnereien wird das Gras als Bepflanzung von Teichrändern angeboten. Die Wurzeln sollten zum Räuchern jedoch mindestens drei Wochen getrocknet werden. In Indien gedeiht in sumpfigen Gegenden ein Duftgras, das dem Zyperngras sehr ähnlich ist, das Nagarmothagras (*Cyperus cariosus*). Es hat einen sehr ähnlichen Duft wie das in Ägypten verwendete Zyperngras und kann an dessen Stelle verwendet werden. Die getrockneten Nagarmothagras-Wurzeln sind im Handel erhältlich. Sie schenken einer Räuchermischung eine erdige, aromatische Duftbasis.

SANDELHOLZ

Santalum album L.

Durch die geschickte Ausnutzung der Monsunwinde konnten die ägyptischen Handelsflotten kostbare indische Räucherwaren importieren, wie das duftende Sandelholz. Es hat einen warmen, süßen Holzduft und wurde als wertvoller Bestandteil der Kyphi-Mischung beigefügt. (Siehe auch das Kapitel *Indien.*)

HENNA

Lawsonia inermis L.

Der Hennastrauch ist hauptsächlich als Lieferant für einen roten Farbstoff bekannt. In der Antike waren seine Blüten ein gesuchter Duftstoff. Sie duften zart nach Teerose und Flieder. Die besten Hennablüten kamen damals aus Zypern und Sidon und waren Bestandteil einiger Kyphi-Rezepte. Hennablüten werden heute selten im Handel angeboten.

NARDE

Nardostachys Jatamansi (Wall) D.C.

Dieser Räucherstoff wurde vom fernen Himalaya bis nach Ägypten gebracht. Man verwendete die Wurzeln dieser baldrianähnlichen Pflanze. Sie war ein Bestandteil einiger Kyphi-Mischungen. (Siehe auch das Kapitel *Israel.*)

ADLERHOLZ

Aquillaria agallocha Roxb.

Dieses aromatische Holz stammt aus Nordindien. Sein dunkler, warmer, balsamischer Duft war in Ägypten sehr beliebt. Als ganz besonders wertvoller Bestandteil wurden kleine Mengen in Kyphi-Rezepte gegeben. (Siehe auch das Kapitel *Japan.*)

KORIANDER

Coriandrum sativum L.

Diese Pflanze gehört zur Familie der Doldengewächse, *Apiaceae.* Sie wird seit der frühen Antike als Gewürz gebraucht. Ihre Samen (Früchte), die zum Räuchern verwendet werden, verströmen einen würzigen, süßen und warmen Duft. Man benutzte sie als Bestandteil von Räuchermischungen, denen sie Wärme verliehen. Koriandersamen waren immer ein Bestandteil des Kyphi-Rezeptes. Den Brauch des Koriandérräucherns haben die Ägypter wahrscheinlich von den Minoern übernommen. (Siehe auch das Kapitel *Kreta.*)

1	*Opoponax*
2	*Kalmus*
3	*Myrrhe*
4	*Sandelholz*
5	*Weihrauch, 1. Qualität*
6	*Zimt*
7	*Zyperngras*
8	*Labdanum*
9	*Weihrauch, gereinigt*
10	*Mastix*
11	*Styrax*
12	*Kyphi*
13	*Thuja*

Rezepte für ägyptische Räucherungen

Wenn Sie mir bis hierher durch die lange Geschichte der ägyptischen Räucherkunst gefolgt sind, liegt es nun an Ihnen, dem Gelesenen nachzufühlen, es selbst zu erfahren. Die ägyptische Räucherkunst kann den verschiedensten Wünschen dienen:
Wollen Sie meditieren, innere Ruhe und Harmonie finden, eine Andacht feiern, ein Ritual begleiten, eine spirituelle Atmosphäre schaffen? Vielleicht wünschen Sie sich schöne Träume und einen besseren, gesunden Schlaf? Oder möchten Sie die Nacht lieber sinnlich-erotisch verbringen? Möchten Sie wie die früheren Ägypter einen schönen Tag verleben, den Sie sicher nie zu den verlorenen Ihres Lebens zählen werden? Wählen Sie unter den folgenden Rezepturen oder experimentieren Sie mit den einzeln aufgezählten Räucherwaren, besorgen Sie sich ein Räuchergefäß, Kohle und einige der angegebenen ägyptischen Räucherzutaten und lassen Sie sich auf den Flügeln aus Duft und Zeit ins Land des Glücks tragen!

Amon-Ra

Weihrauch-Räucherung

Eine reine Weihrauch-Räucherung duftet balsamisch, fruchtig, transparent und würzig.
Es sollte nur Weihrauch der allerbesten Qualität mit einer reinen und klaren Zitruskopfnote verwendet werden. (Siehe das Kapitel *Arabien.*)
Man legt kleine Stücke des Harzes, stecknadelkopf- bis erbsengroß, auf die glühende Kohle oder auf das Metallsieb eines Räucherstövchens. Nicht überdosieren, nur etwa zwei- bis dreimal hintereinander eine kleine Menge verbrennen.
Die Wirkung ist reinigend, klärend, harmonisierend, erhebend und ausgleichend. Weihrauch beflügelt den Geist, unterstützt die Inspiration, schützt, beseitigt negative Einflüsse und unterstützt die innere Einkehr.
Verwenden Sie Weihrauch zur Meditation, zum Gebet, zur inneren Sammlung, zur spirituellen Inspiration oder zum Reinigen von Räumen und Gegenständen. Für den Morgen oder den Tag. (Weiteres siehe Kapitel *Arabien.*)

Isis und Osiris

Weihrauch	1 Teil
Myrrhe	1 Teil

Beide Harze werden einzeln im Mörser zerstoßen, danach zu gleichen Raumteilen gemischt (bei allen Rezeptangaben im Buch handelt es sich um Raum- und nicht um Gewichtsanteile). Dieses Räucherpulver kann auf Räucherkohle oder Räucherstövchen verglüht werden. Es wirkt ausgleichend, harmonisierend, tröstend, schafft eine friedvolle Atmosphäre. Es eignet sich für Meditationen, als Begleitung von energetischen, ausgleichenden Behandlungen wie Reiki und spezielle energetische Massagen. Für Paare zum Einstimmen und Einfühlen. Es ist eine gute Anti-Streß-Räucherung und ist für jede Tageszeit geeignet. Der Duft ist wie eine mystische Hochzeit, die Gegensätze miteinander verbinden kann. Sie schafft eine harmonische Atmosphäre im Räumen, wo Menschen zusammenkommen, um sich auszutauschen. Sie eignet sich als Begleitung von therapeutischen Behandlungen, die auf Körper wie Seele harmonisierend wirken sollen.

Hathor

Reine Myrrhe-Räucherung

Die Myrrhe-Räucherung wurde in Ägypten am Mittag, zum Höchststand der Sonne vorgenommen. Sie duftet erdig, schwer und warm. Sie wirkt beruhigend, zentrierend, erdend und verlangsamend. Sie verbindet mit den Energien der Erde. Sie hilft bei innerer Unruhe, Streß und Einschlafstörungen, bei Gedankenflucht und nach zuviel Kopfarbeit. Myrrhestücke im Mörser kleinstampfen. Auf eine Räucherkohle oder ein Räucherstövchen geben. Nur in kleinen Mengen räuchern.
Myrrhe ist für Menschen, die ihren Körper nicht mehr positiv fühlen oder anerkennen können. Sie hilft bei chronischem Kältegefühl. Sie erdet und beruhigt. Myrrhe ist ein Tonikum für die Nerven und dient außerdem zur Schleimlösung bei Verschleimung der Atemwege. (Siehe auch das Kapitel *Arabien.*)

Vergnügung des Herzens

Weihrauch	3 Teile
Myrrhe	1 Teil
Benzoe Sumatra	1 Teil

Die Harze einzeln im Mörser zu einem groben Pulver zerstoßen und dann zusammenmischen. Auf Räucherkohle oder ein Räucherstövchen legen und messerspitzenweise räuchern. Eine sinnlich-warme und runde Mischung. Zur Freude und Anregung, beim Zusammensein, Musizieren, Malen. Der Duft fördert die Kreativität, inspiriert und zaubert eine Atmosphäre des harmonischen Zusammenseins.
Die Mischung macht ein frohes Herz und öffnet die Sinne.

Ägyptium

Mastix	1 Teil
Weihrauch	1 Teil
Opoponax	1/2 Teil
Myrrhe	1/2 Teil
Zimtrinde	1 Teil
Kalmus	1/2 Teil
Styrax	1/2 Teil

Die Zimtrinde im Mörser kleinstampfen, dann die Harze zufügen, den Kalmus auf einer Raspel kleinraspeln oder ganz fein schneiden, mit dem Styrax zugeben und alles mit dem Stößel zusammenreiben. Auf Räucherkohle geben und messerspitzenweise räuchern. Die sehr harmonische, volle und würzige Mischung wirkt ausgleichend und harmonisierend.
Sie eignet sich für jede Tageszeit, um die Atmosphäre in Räumen angenehm zu gestalten. Diese Mischung wurde in Ägypten zur Parfümierung der Räume verwendet. Ein Duft für eine angenehme Zeit allein oder in Gesellschaft, der zum Träumen und zum Wohlfühlen anregt.

Maneton

Styrax	1 Teil
Kalmus	1/2 Teil
Weihrauch	4 Teile
Galgant	1/2 Teil

Alle Teile im Mörser fein zerstampfen. Eine Mischung mit intensivem, warmem, kraftvollem, balsamischwürzigem Duft. Die Mischung unterstützt geistige Stärke und Selbstentwicklung.

Kyphi

Weihrauch	4 Teile
Mastix	2 Teile
Wacholderbeeren	1/2 Teil
Kalmus	1/4 Teil
Galgant	1/4 Teil
Kardamom	1/2 Teil
Zimtrinde oder Zimtblüte (Cassie)	1 Teil
Myrrhe	1 Teil
Lemongrass	1 Teil
Rosenblätter (getrocknete Duftrosenknospen)	1/2 Teil
Benzoe Siam	1 Teil
Sandelholz	1 1/2 Teile
Adlerholz,	messerspitzenweise, je nach Menge
Waldhonig, flüssig	1/2 Teil
Rotwein, schwer, gehaltvoll,	eßlöffelweise, je nach Menge
Sultaninen, ungeschwefelt	8 Teile

Die Sultaninen über Nacht in Rotwein einlegen. Weihrauch, Mastix, Myrrhe und Benzoe im Mörser zerreiben. Zimtblüte, Wacholderbeeren, Kalmus, Galgant, Kardamom (mit Schale), Sandelholz (oder als Pulver) im Mörser einzeln pulverisieren. Alles mit dem Harzpulver mischen. Rosenknospen zerpflücken, Lemongrass fein schneiden. Alles gut mischen. Auf eine Tasse dieser Mischung einen halben Teelöffel pulverisiertes Adlerholz geben. (Falls nicht vorhanden, kann es auch weggelassen werden.) Die Sultaninen aus dem Wein nehmen. Im Mörser, Mixer oder Fleischwolf zu Brei verarbeiten. Honig untermischen. Die pulverisierte Mischung zugeben und alles gut verkneten. Zwischen den Handflächen zerreiben und bröselig verarbeiten. Die Masse auf einem Sieb oder Tuch ausbreiten und an einem warmen Ort trocknen. Nicht in den Backofen oder direkt in die Sonne stellen. Öfter wenden. Nach sieben bis vierzehn Tagen, je nach Wärme und Witterung, ist der Kyphi trocken und zum Räuchern fertig. In kleinen Mengen auf Räucherkohlen verglühen lassen. Im alten Ägypten formte man aus der Kyphi-Masse etwa erbsengroße Kugeln, die verräuchert wurden. Der Duft vertreibt die Sorgen des Tages. Für eine Abendräucherung gut geeignet.

Kreta ist ein Land im dunkelwogenden Meere,

fruchtbar und anmutsvoll und rings umflossen.

Es wohnen dort unzählige Menschen, und ihre Städte sind neunzig,

Völker von mancherlei Stamm und mancherlei Sprachen!

Es wohnen dort Achäer, Kydonen und

eingeborene Kreter, Dorier,

welche sich dreifach verteilet, und edle Pelasger,

Ihrer Könige Stadt ist Knossos,

wo Minos geherrscht hat,

Der neunjährig mit Zeus,

dem Gotte geredet.

Homer, (>>Odyssee<< 19; 172-179)

5 KRETA

ARIADNES KRÄUTERWIESEN

*Nirgendwo ist der Frühling schöner als auf
unserer Insel, dem Reich des Minos.
Auf den blumengeschmückten Wiesen und
Feldern vereinen sich die köstlichsten
Düfte mit den lieblichsten Farben.
Über allem liegt der schwere honigsüße
Hauch des gelben Ginsters wie ein
duftgewordener Traum.
Unter den Quittenbäumen bilden
Gladiolen, Narzissen, Anemonen und
Krokusse einen bunten Blütenteppich.
So bunt wie die gerafften Röcke
der eleganten Hofdamen oben im Palast.
Die Quittenblüten werden ihren Duft für
kostbare Salben geben, mit denen die
Damen sich parfümieren.
Die duftenden Kräuter der Wiesen
zusammen mit dem Harz der
Mastixbäume sind das Räucherwerk,
das die buntbemalten Säle des Palastes
mit seinem Duft erfüllen wird.
Meine Freundin, besteige ein phönizisches
Schiff und komme herüber,
um den Frühling zu genießen
auf der Insel der Frauen.*

DÜFTE AUS DER WIEGE DES ABENDLANDES

Auf die meeresumspülte, sonnige Insel Kreta hat der griechischen Sage nach einst Zeus in Form eines Stiers die schöne Europa, eine phönizische Prinzessin, entführt. Vor 5000 Jahren entstand dort eine Kultur, die dem heutigen Europa als Wiege gedient hat. Kreta liegt am Schnittpunkt von Asien, Europa und Afrika und spielte in der Geschichte der Düfte und des Räucherwerks eine wichtige Rolle. Minoische Duftkul-

Die Entführung Europas

tur beeinflußte die sich erst viel später entwickelnde griechische und gab ihr wichtige Impulse. Griechenland wie auch Rom selbst haben jedoch keine wirklich neue Räucherkultur entwickelt, sondern die Räucherdüfte der Kreter, Phönizier, Mesopotamier und Ägypter übernommen. Kreta, das minoische Reich, war lange Zeit nur eine Sage aus längst vergangener Zeit. Darin wird berichtet, daß Theseus, der griechische Königssohn, den schrecklichen Minotaurus, das Ungeheuer, halb Mensch, halb Stier tötete, tief unten im Labyrinth unter dem Palast des Königs Minos. Er konnte diese Heldentat jedoch nur vollbringen mit der Hilfe Ariadnes. Die schöne Tochter des Königs Minos gab ihm einen Faden, mit dessen Hilfe er wieder aus dem Labyrinth fand. Die Geschichten vom sagenhaften Palast des Minos wurden aus dem Dunkel der Sagenwelt ans Licht der Wirklichkeit gehoben, als Sir Arthur Evans im März 1900 mit seinen Ausgrabungen am Palast von Knossos begann. Ein gigantischer Bau kam zum Vorschein, Zeugnis einer großen matriarchalischen Kultur, und für uns, die wir unsere Nase in die Kulturgeschichte des Räucherns stecken, gab es dabei Entdeckungen über minoische Lieblingsdüfte.

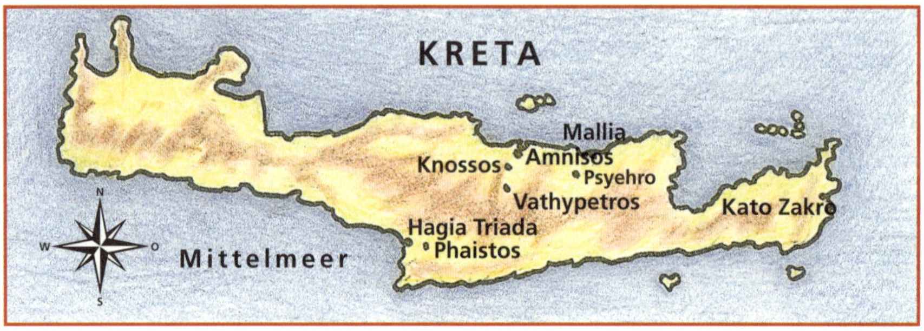

DIE INSEL DER SELIGEN

In einem ägyptischen Rezept eines Papyrus aus dem 16. Jahrhundert v. Chr. werden Duftstoffe des Landes Keftin, dem heutigen Kreta, beschrieben. Wir erfahren von der Ernte kretischer Iris und verschiedener duftender Narzissen. Aus Koriander, Wacholder und wildem Fenchel wurden Duftstoffe gewonnen und das aromatische Harz von Kiefer, Styrax und Cistrose schon damals gesammelt.

Wenn wir durch die luftigen Hallen des rekonstruierten Palastes zu Knossos auf Kreta, nicht weit von Heraklion entfernt, flanieren und die farbenfrohen wunderbaren Fresken betrachten, dann trägt uns eine flüchtige Ahnung in jene ferne Zeit. Die Menschen auf den Fresken berühren uns mit ihrer lässigen Grazie, verführerischen Eleganz und betörenden Lebenslust. Eine von Frauen geprägte Kultur wirkt mit ihren weiblichen Reizen und läßt ahnen, daß ihre Umwelt von Frieden geprägt war. Das Starre und Bedrückende, das manchmal in ägyptischen und mesopotamischen Bauwerken und Abbildungen die Schwere religiöser Enge spüren läßt, fehlt hier völlig. Auf den Fresken finden wir weder Agression noch Brutalität dargestellt. Das weiblich geprägt Reich lebte vom Handel und unterhielt keine Truppen oder militärischen Stützpunkte und Festungen. Die Gesichter der Menschen sind meist erhellt von zufriedenem Lächeln. Wir spüren, daß sie sich in ihrer Umgebung wohl fühlen, daß sie vom Zauber der wunderschönen Natur dieser Insel bewegt sind, der noch heute spürbar ist. Noch lange

Prinz mit Lilien

nach dem Untergang Kretas sprach man von ihr als der *Insel der Seligen.* Auf den Fresken werden Pflanzen wie Menschen gleichwertig dargestellt. Wir wissen, daß die Minoer Blumen sehr liebten. Sie zogen Narzissen, Hyazinthen, Iris und Tulpen in buntbemalten Töpfen in ihren Wohnungen. Ja, sie gestalteten sogar Gärten im Innern des Hauses. Wer Blumen liebt, schätzt auch deren Wohlgeruch. Den Duft der sie umgebenden Natur holten die Minoer mit Räucherungen in ihre Behausungen. Die besonders reichhaltige Flora Kretas bot dafür genügend Inspiration und Rohstoffe. So konnte eine hochentwickelte Duftkunst und Duftästhetik entstehen. Die duftenden Öle, Salben und das Räucherwerk aus Kreta waren in der damaligen antiken Welt bekannt und sehr gefragt. Per Schiff wurden die kostbaren Luxusgüter bis in weit entfernte Länder exportiert. Man schwärmte selbst im Duftland Ägypten von den kretischen aromatischen Produkten und verwendete, wenn man es sich leisten konnte, minoische Quittenduftsalbe.

Wie dufteten die eleganten Damen, die auf den Fresken lasziv in Gartenstühlen liegen oder der athletische Prinz, der durch ein Lilienfeld schreitet? Welchen Duft verströmte das Räucherwerk in Ariadnes Schlafzimmer, der Tochter des mächtigen Königs Minos, Herr des Palastes von Knossos? Wie im mesopotamischen Reich, helfen uns auch hier auf Kreta riesige Mengen von beschriebenen Tontäfelchen, unseren olfaktorischen Wissensdurst zu stillen. Die Tontäfelchen, die Bücher jener Zeit, in denen die früheste Hochkultur unseres Kontinents ihr Wissen festhielt, haben die Palast- und Bibliothekenbrände überstanden, wo Bücher aus Papier sicher ganz verlorengegangen wären. So erzählt uns die kretische Linearschrift über die Duftpflanzen und -gebräuche jener Zeit. Wir können so heute die minoischen Räucherdüfte rekonstruieren und damit am Lebensgefühl der *Insel der Seligen* teilhaben.

Minoische Wohlgerüche

Während man nach Tontafeln in Ausgrabungsorten suchte, stieß man auch auf Gegenstände der alten Duftkultur. Französische Archäologen entdeckten im Osten Kretas ein Räuchergefäß mitsamt seinem ursprünglichen Inhalt. Auf der nicht ganz verbrannten Räucherkohle lagen Reste von Koriandersamen, Wacholderbeeren und von den Samen eines Doldengewächses, das vielleicht Galbanum, aber auch Anis oder Fenchel hätte sein können. Diese Räucherkräuter werden auch in den Tontafelschriften erwähnt.

Schlangengöttin

Weiter erfahren wir dort, daß Räucherungen im minoischen Reich sakral verwendet wurden. Gottheiten wurden bestimmte Düfte zugeordnet. Welcher Duft wohl der berühmten barbusigen Schlangengöttin besonders gefiel? Wir wissen es nicht. Es ist jedoch bekannt, daß man sechs bis sieben verschiedene Düfte für die Götter verwendete und ihnen große Mengen parfümierter Öle und Salben opferte. In Kato Zakros auf Kreta hat man die Reste einer spätminoischen Salbenküche ausgegraben und konnte so rekonstruieren, wie und welche duftenden Pflanzen verarbeitet wurden. Safran, Majoran, Mastix, Labdanum und viele weitere aromatische Pflanzen wurden kunstvoll zu duftenden Salben, Ölen und Räucherwerk verarbeitet.

In der minoischen Duftkultur drückt sich das Göttliche allgegenwärtig in der Natur aus, in den blühenden Blumen oder springenden Delphinen der Fresken, in der Freude am Schönen, am Duft und

an der Leichtigkeit des Augenblicks. Das Räuchern war ein Bestandteil des täglichen Lebens und Ausdruck der minoischen Lebensfreude und Ästhetik. In den Häusern befanden sich Altarnischen, wo für Götterstatuen und Räuchergefäße Platz war. Die eifrigen Schreiber der Tontäfelchen berichten uns von weiteren Lieblingsdüften, von Cistrosen-Harz, den Mastixperlen, von den Anisfrüchten und vielen wilden Duftpflanzen der Wiesen. Für Räucherungen besaß man verschiedene Gefäße. Die elegante Dame aus Santorin, auf einem Fresko mit schicker Kurzhaarfrisur, großen Ohrringen und knallrot geschminkten Lippen, hält in ihrer Hand eine schmale Räucherschale, die mit einem konisch verlaufenden Deckel versehen ist. Eine weitere Version war das Räucherfaß, eine an der Seite mit Löchern versehene Halbkugel. Dieses Räuchergefäß, das *Thymiaterion*, hatte ein eigenes Schriftzeichen in der Linearschrift der Minoer. Im Innern des Räuchergefäßes lag eine glühende Kohle, auf die das Räucherwerk gelegt wurde. Mit unserem eigenen Räuchergefäß und einigen Räucherkräutern und -harzen können wir uns jetzt auf die Reise ins heitere Reich der Minoer begeben. . .

Wirksame Räucherstoffe der Minoer

Labdanum

Cistus creticus (L.) Heyw.
Cistus ladanifer L.

Die grauweiß behaarte kretische Cistrose, die zur Familie der Cistrosengewächse, *Cistaceae*, gehört, ist ein bis zu 130 Zentimeter hoher Busch. Im Frühjahr trägt sie zarte, große rosa oder gelbliche Blüten, die jenen der wilden Heckenrose gleichen. Im Hochsommer läßt die Sonne aus den Blättern eine harzige Substanz fließen; es sieht aus, als *schwitze* die Pflanze. Das Harz mit der höchsten Qualität kommt aus Kreta. Kretisches Labdanum hat einen besonders ambraartigen Duft. Heute jedoch wird Labdanum meist in Spanien, Frankeich und Marokko erzeugt.

Herodot, der antike Geschichtsschreiber, war so erstaunt über die besondere Art der Gewinnung des Harzes zu seiner Zeit, daß er dies in seinen Schriften genau festhielt: *Labdanum hat den schönsten Geruch und stammt vom übelriechendsten Ort, nämlich vom Barte der Ziegenböcke.*Tatsächlich wurden noch bis in unsere Zeit hinein Ziegenböcke, die ja bekanntlich nicht gerade angenehm riechen, in die Cistrosenbusch-Bestände getrieben, an deren Zweigen sie sich satt aßen. So nebenbei blieb das klebrige Harz in ihren Bärten hängen und wurde am Abend bei ihrer Rückkehr in den Ziegenpferch sorgfältig ausgekämmt. Danach preßte man das Harz mit seiner wachsartigen Konsistenz in kleine Stäbe und brachte es so in den Handel. Später, im Mittelalter und bis in unsere Zeit hinein, wurde das Labdanum-Harz gesammelt, indem man ein rechenartigen Instrument, das *ladanisterion*, an dem lange Lederstreifen be-

festigt waren, über die Büsche zog. Das tiefbraune, wachsartige Harz war einer der Lieblingsdüfte der kretischen Frauen. Es wurde zur Morgentoilette verräuchert, um Kleider und Körper zu beduften. Auch in den Baderäumen, die die Kreter so sehr liebten, brannte eine Räucherschale, auf deren Kohle das Harz verglühte. Die berühmte Dekolletécreme der Kreterinnen, mit der sie sich den offen getragenen Busen parfümierten, verströmte den Duft von Labdanum, eingerahmt in Blütendüfte von Lilie, Jasmin und Quitte.

Labdanum-Harz hat einen der komplexesten Düfte. Bei jedem Räuchern entdeckt man eine neue Duftkomponente: balsamisch, holzig, erdig, moorig, ambraartig, rauchig, ledrig, blumig, honigartig, minzig, fruchtig nach Himbeere oder reifer Pflaume, sellerieartig, moschusähnlich, moosig wie Eichenmoos nach einem Regen oder wie frisch geschnittenes Gras. Dieser Duft, der innere Pforten aufzuschließen vermag, hat die Menschen seit Jahrtausenden sehr fasziniert. Er dringt tief in unser Unbewußtes und weckt dort Erinnerungen, Bilder, Gefühle und Stimmungen.

Lassen Sie einmal diese Bilder an sich vorüberziehen, lassen Sie geheime, verborgene Saiten sanft schwingen. Verglimmen Sie dazu langsam ein etwa weizenkorn- bis erbsengroßes Kügelchen des Labdanum-Harzes auf der Räucherkohle. Schließen Sie die Augen und folgen Sie dem Duft auf eine innere Reise. Labdanum-Harz eignet sich auch sehr gut für eine einfache *Ko-doh-Zeremonie*, wie sie im Kapitel *Japan* beschrieben ist. Sie werden überrascht sein über die Vielfalt des Erlebten.

Der warme Labdanumgeruch ist für Menschen, die innere Kälte verspüren und ihre eigene Wärme und Sinnlichkeit wieder erfahren möchten. Der Duft stärkt unser Körperbewußtsein, erdet uns besonders gut, wenn wir zuviel Kopfarbeit geleistet haben und so den Boden unter den Füßen verloren haben. Er hilft, uns wieder zu spüren.

Labdanum-Harz wurde von Kreta aus in die damaligen Kulturländer exportiert. Alle waren bezaubert von dem Duft und komponierten aus ihm eigene Duftsymphonien. In Ägypten verwendete man ihn in Kyphi-Mischungen, die Hebräer gebrauchten ihn für Tempelweihrauch. Später, in der griechisch-orthodoxen Kirche, verbrannte man ihn in der Kirche. Im Mittelalter war in Europa eine Kardinalsweihrauch-Mischung sehr bekannt. Sie bestand aus Labdanum-Harz, Kalmus, Styrax und Tragant oder Myrrhe. Auch die heutige Parfümerie möchte auf Labdanum nicht verzichten. Sie braucht diesen unnachahmlichen Duft für Kompositionen von Ambradüften, Moosnoten und Ledergerüchen.

Labdanum ist eine sehr zähe Masse. Sie läßt sich schwer für Mischungen zerkleinern und portionieren. Ich lege einen Harzklumpen in das Gefrierfach und kann ihn danach mit einem Messer oder auf der Reibe fein raspeln. Manchmal ist Labdanum auch in flüssig-zähem Zustand und eignet sich gut zum Formen von Duftkugeln.

Im minoischen Reich war das Labdanum-Harz ein Basisduft für Räuchermischungen. Man mischte es meist mit Mastix-Harz. Dazu wurden wahlweise andere Kräuter in kleineren Mengen als feine Nuancierung gegeben. Das rohe Gummi-Harz wird mit Lösungsmitteln gereinigt und kommt als Labdanum-Resinoid in den Handel.

MASTIX

Pistacia lentiscus L.
Pistacia lentiscus var. Chia

Die Mastix-Harzperlen, die auch Pistazien-Harz genannt werden, stammen fast ausschließlich von der ägäischen Insel Chios. Dies galt für die minoische Zeit wie auch für die unsrige. Die Ärzte und Naturheilphilosophen des Altertums haben sich eingehend mit Mastix beschäftigt und seine Heilwerte gelobt. Die Ägypter verwendeten Mastix für ihre Kyphi-Mischung, aber auch zum Mumifizieren. Das Harz wirkt desinfizierend und stärkend auf das Zahnfleisch, war immer ein beliebter und gesunder Kaugummi und diente für Zahnfüllungen. Die heilende Wirkung des Mastix hat dazu geführt, daß dieses Harz bis in unsere Zeit zum offiziellen Naturheilkundeschatz gehört. Es wird in Griechenland noch heute zum Würzen von Gebäck verwendet und verleiht dem griechischen Likör *Mastika* sein charakteristisches Aroma. Mastix dient auch zur Konservierung von Weinen, zur Herstellung von Lack, zur Restaurierung von antiken Möbeln und ist traditioneller Klebstoff zum Ankleben von Theaterbärten.

Zur Harzgewinnung wird der immergrüne, bis zu sechs Meter hohe Baum oder Strauch von Juni bis August angeritzt, und das austretende Harz, ein natürliches Oleoresin, wird nach einiger Zeit, wenn es fest geworden ist, gesammelt. Alle zwei Wochen wird das Harz vom Baum geschabt. Pro Baum werden in einer Sammelperiode fünf bis sechs Kilogramm Mastix geerntet. Von den Frauen wird es an großen Tischen nach Größe und Reinheit sortiert und für den Verkauf fertig gemacht. Mastix-Harz besteht aus kristallhellen bis zitronenfarbigen, oft kristallklaren Perlen. Beim Verbrennen verströmt es einen leichten balsamischen, frischen, zitronigen, zartätherischen Duft. Es reinigt, klärt und macht innerlich wach. In Nordafrika wird Mastix als Tonikum bei Ermüdungserscheinungen verräuchert. Mastix eignet sich für Räucherungen, die Meditation und Kontemplation begleiten und kann uns helfen mit seiner lichten Strahlkraft in Zeiten, wo wir Klarheit und Klärung suchen. Sein Duft läßt uns nach oben schauen und vermittelt uns ein Gefühl der Helle. Von der Mastix-Harzräucherung heißt es, daß sie uns hellsichtig werden läßt, unsere Intuition stärkt und uns für Visionen öffnet. Mastix eignet sich auch zum Räuchern bei depressiver Stimmungslage, wenn wir uns schwer und bedrückt fühlen. Es vermittelt etwas von der hellen Leichtigkeit des minoischen Lebens in blumenübersäten Wiesen. Im antiken Griechenland wie auch in einigen arabischen Ländern wird Mastix als Räucherung für Heilzeremonien verwendet. Visualisationen unterstützen die Wirkung des Rauches. Man stellt sich vor, daß der Mastixrauch die Krankheit *abwäscht*, die Seele wie den Körper reinigt. In Marokko wird zum Beispiel eine Heilerin beauftragt, für kranke Kinder Heilzeremonien mit Mastix durchzuführen. Sie stellt sich dabei das Kind im Schutz des Mastix-Pflanzenwesens vor.

Mastix-Harz ist im Handel erhältlich und wird in Form von *Tränen* oder Pulver verkauft. Es wird auf Räucherkohle einzeln oder in Mischung verräuchert. Mastix ver-

Mastixbaum

bindet die einzelnen Komponenten einer Räuchermischung und verstärkt den Duft der anderen Räucherzutaten, speziell der Kopfnoten in einer Mischung. Eng verwandt mit dem harzliefernden Mastixbaum ist die Pistazie (*Pistacia vera*), die die köstlichen Samen, Pistazien genannt, liefert.

KRÄUTER DER WIESEN

Die Minoer verwendeten viele duftende Pflanzen aus der reichhaltigen Flora für Räucherungen, Parfüms, Salben und zur Verfeinerung der Küche. In früheren Zeiten war Kreta üppig bewachsen und glich einem paradiesischen Garten. Die heutigen kargen Landschaften Griechenlands und Kretas sind erst durch die Rodung der Wälder in späteren Zeiten entstanden.

Das Verbrennen von getrockneten Heilpflanzen und Wiesenkräutern allein ergibt meist einen grasartigen, brenzligen Geruch. Sie verbrennen rasch mit starker Rauchentwicklung. Reine Kräuter-Räucherungen sollten deshalb im Freien durchgeführt werden. Besser ist es, den getrockneten Kräutern Räucherharze beizumischen. Man rechnet auf ein Teil Kräuter zwei bis drei Teile Harz. Schon im Altertum hat man so Räucherrezepte zusammengestellt. Den im folgenden vorgestellten Kräutern wird Mastix-Harz beigemischt. Auch die gepulverten Kräuter kann man mit feinem Mastixpulver mischen und danach mit weichem Labdanum kneten. Daraus werden kleine Kügelchen etwa in der Größe einer Erbse geformt. Diese Duftkugeln können auf Räucherkohlen verbrannt werden. Falls Sie die Kräuter selbst sammeln, sollten diese immer gut trocken sein. Experimentieren Sie selbst mit den Kräutern von Ariadnes Wiesen.

KORIANDER

Coriandrum sativum L.

Vom Koriander werden die Früchte, oft fälschlicherweise als Samen bezeichnet, zum Räuchern verwendet. Er war in Kreta nicht heimisch und wurde zuerst aus Ägypten importiert, danach aber auch selbst angebaut. Er verwilderte und war bald als Wiesenpflanze zu finden. Auch die Ägypter kannten dieses Doldengewächs ursprünglich nicht und hatten es über die Inder kennen- und schätzengelernt. In den medizinischen Papyri wird Koriander als Heilmittel bei Gelenkschmerzen erwähnt. Die arabischen Händler verbreiteten den Gebrauch von Koriander in der ganzen antiken Welt. Sie brachten besonders gute Ware zusammen mit anderen Gütern aus Indien bis ans Mittelmeer. Von dort aus wurde er nach Ägypten oder von den phönizischen Handelsschiffen im Mittelmeerraum verteilt. In arabischen Ländern schätzt man noch heute den Koriander als Räuchermittel. Man räuchert bei starker nervöser Erregung, Depression und chronischen Kopfschmerzen. Korianderfrüchte gelten in Nordafrika als Mittel, um krankheitsverursachende übernatürliche Kräfte zu besänftigen und abzuwehren. Korianderduft, so heißt es, kann ein inneres Gleichgewicht und Ruhe im Menschen bewirken. Oft wird dafür Koriander mit Benzoe-Harz vermischt. Bei den marokkanischen Nomaden wird nach der Geburt eines Kindes das Zelt vierzig Tage lang jeden Nachmittag und Abend mit Koriandersamen und weiteren Räuchersubstanzen ausgeräuchert. Koriander gilt in der arabischen Welt als magisches Mittel, Unheil abzuwehren und ein gestörtes Gleichgewicht im menschlichen Umfeld auszugleichen.

Wahrscheinlich wurde auf Kreta zur Zeit des minoischen Reiches die Korianderräucherung ähnlich durchgeführt. Bis jetzt verraten uns die entzifferten Schriften und Funde nichts Genaues. Doch steht fest, daß man auf Kreta reichlich Koriander als Räuchermittel verbrannte. Einzeln oder als Mischung wurden die duftenden Früchte vor den kleinen Kultnischen auf Schalen in den Häusern verbrannt und dienten sicherlich auch als Raumparfüm für eine angenehme Atmosphäre in den Wohnräumen. Wir können heute Koriander für Räucherungen zusammen mit ähnlich wirkenden Substanzen verwenden, die entspannen, ausgleichen und beruhigen sollen. Koriander mit Weihrauch, Myrrhe und Mastix eignet sich sehr gut, um in Wohnräumen zu räuchern, in denen etwas aus dem Gleichgewicht geraten ist, in Häusern oder Räumen, deren Bewohner oft gewechselt haben, wo keine Ruhe eingekehrt ist, in denen keine harmonische Stimmung aufkommt oder in denen viel gestritten wurde. Korianderduft schafft eine Atmosphäre von Harmonie und eignet sich gut zum Räuchern für Menschen, die wieder zueinander finden wollen. Koriander gibt es im Kräuterhaus oder im Gewürzsortiment von Lebensmittelläden. Auch im Garten läßt sich die Pflanze gut kultivieren.

ANIS

Pimpinella anisum L.

Anis stammt aus dem östlichen Mittelmeerraum und Westasien. Er gehört zur Familie der Doldengewächse, *Apiaceae.* Die Früchte der Pflanze sind fein behaarte Spaltfrüchte, die auch im getrockneten Zustand noch einen zwei bis zehn Millimeter langen Stiel tragen. Anis ist ein beliebtes Gewürz. Es wirkt verdauungsfördernd und blähungswidrig. Zur Räucherung werden die getrockneten Anisfrüchte verwendet. Sie verleihen der Mischung einen süßen, würzigen, etwas fruchtigen Duft. Er beruhigt, stimmt heiter und kann schwere oder scharfe Düfte einer Mischung abrunden. Man gebraucht sie selten allein, sondern meist in Mischungen. Statt des Anis können auch die Sternanisfrüchte, *Illicium verum,* verwendet werden. Ihr Duft ist noch etwas voller und süßer. Sie sind im Kräuter- und Gewürzhandel erhältlich. Anis ist ein Duft für Menschen, die viel Kopfarbeit leisten. Er hilft, nach der Arbeit besser zu entspannen und durchwärmt.

QUITTE

Cydonia oblonga Mill.

Der Name Quitte und ihr botanischer Name *Cydonia* leitet sich von der antiken Stadt Kydonia auf Kreta ab. In der griechischen Sage wird berichtet, daß dort zum erstenmal ein Quittenbaum gepflanzt wurde. Der Duft der Quittenfrucht und der Quittenblüten scheint die minoischen Kreterinnen und Kreter besonders bezaubert zu haben. Eine berühmte kretische Quittensalbe kannte man in der ganzen antiken Welt. Quittenfrüchte duften angenehm fruchtig-süß. Geraspelt und gut getrocknet kann man sie zum Räuchern verwenden. In kleiner Menge einer Räuchermischung zugefügt, verleiht sie dieser das *elegante minoische Flair.*

BEIFUSS

Artemisia vulgaris L.

Der warme, krautige Duft wirkt einhüllend und sehr erwärmend. Beifuß gibt Energie und stärkt die Lebenskraft. Zum Räuchern wird er mit Diktam gemischt und zu einer Basis aus Mastix gegeben. (Weiteres siehe Kapitel *Nordeuropa.*)

DIKTAM

Origanum dictamus L.

Der Diktam, auch Diktamus genannt, gehört zu den Mysterienpflanzen des Altertums. Er ist eine Divinationspflanze, wie es im Altertum hieß, mit deren Hilfe man mit den Göttern in Verbindung treten kann, um Zukünftiges zu erschauen. Bis in unsere Zeit hinein wurde der kretische Diktam als magisch wirkende Pflanze verwendet. Madame Blavatsky, die Gründerin der theosophischen Gesellschaft, bezeichnet den Diktam als kraftvollste magische Pflanze. Der Diktamus gehört zur großen Familie der Lippenblütler, *Lamiaceae*. Fast alle antiken Schriftsteller rühmten seine Wunderkräfte. In Kreta wächst Diktam auf den Bergen bis 1600 Meter Höhe. Er war schon in der Antike ein begehrter Exportartikel Kretas. Aristoteles berichtet uns, daß die Wildziegen des Berges Ida vom Diktam fressen und deshalb immun gegen Giftpfeile werden. Der Diktam vom Berge Dhikti auf Kreta soll besonders heilkräftig sein. Wer mit ihm räuchert, so heißt es, verscheucht alle krankheitsverursachenden Einflüsse. Die getrocknete Pflanze ergibt eine warm-kräuterige Räucherung und soll den feinstofflichen Schutzschild unseres Körpers stärken. Wir sind so gewappnet gegen schädigende energetische Einflüsse und können mit unseren eigenen inneren Kräften in Verbindung treten. Wenn wir Wünsche haben, können wir uns diese bildlich vorstellen und unsere Energie darauf konzentrieren. Diktam, so heißt es, kann solche Wunschenergien verstärken und helfen, daß diese sich erfüllen. (Überlegen Sie sich gut, welche Wünsche Sie verstärken wollen.) In der Räucherheilkunde wird Diktam zur Stärkung der Atemorgane und zur allgemeinen Abwehrstärkung verwendet. Er wirkt beruhigend und ausgleichend bei Nervosität und Angst.

KAMILLE

Chamomilla recutita (L.) Rauschert

Zum Räuchern verwenden wir nur die getrockneten Blüten. Ihr balsamisch-kräuteriger Duft vermittelt Geborgenheit und Wärme. Als Basis dienen Myrrhen-Harz und Mastixperlen.

LAVENDEL

Lavandula angustifolia Mill.
Lavandula stoechas L.

Die blauen Blüten verleihen einer Räuchermischung blaue Farbtupfer und einen zarten Duft. Lavendelduft belebt, klärt und reinigt.

Lorbeer

1 Koriander

2 Quitte

3 Diktam

4 Labdanum

5 Mastix

LORBEER

Laurus nobilis L.

Lorbeerblätter geben einer Mischung einen balsamisch-würzigen Duft. Dieser soll unsere spirituelle Hellsichtigkeit stärken. Im antiken Griechenland wurden Lorbeerräucherungen von der Hellseherin des Orakels zu Delphi verwendet, um sich in Trance zu versetzen und sich so zum Medium zu machen. Zum Räuchern wird Lorbeer mit Mastix gemischt. Lorbeer scheint in Kreta viel zum Räuchern verwendet worden zu sein. Von hier hat sich der Brauch des Wahrsagens mit Lorbeer, wie die Sage berichtet, nach Griechenland verbreitet. Wie im minoischen Kreta stand auch in Griechenland das Wahrsagen mit Delphinen in Verbindung. Daher rührt der Name des berühmten Orakels. Auch der Lorbeer wurde als Kraut des Delphins bezeichnet.

MAJORAN

Origanum majorana L.

Der getrocknete Majoran entwickelt beim Räuchern einen warmen, würzigen Duft. Auch in der Bibel wird er als Kraut für Räucherungen erwähnt. Später im Mittelalter hieß es, er könne helfen, einen mißmutigen und ärgerlichen Geist zu besänftigen und das Herz zu erfreuen. Er wirkt entspannend auf das Zentralnervensystem und eignet sich als Zutat für Räucherungen bei Nervosität und Streßbelastung. Er mischt sich gut mit Myrrhe und etwas Mastix.

SALBEI

Salvia officinalis L.

Salbei wurde in allen Kulturen, in deren Verbreitungsgebiet er wuchs, zum Räuchern verbrannt. Er wirkt sehr reinigend und eignet sich besonders zum Ausräuchern von Räumen. Er kann negative, störende Energiefelder auflösen. Seine antiseptische Kraft hat man auch früher schon gekannt und räucherte daher mit Salbei besonders in Krankenzimmern. Auf Kreta gedeiht der dreilappige Salbei, Taskomilia genannt. Er entwickelt beim Räuchern einen besonders aromatischen Duft. (Weiteres siehe Kapitel *Nordamerika.*)

ROSMARIN

Rosmarinus officinalis L.

Die getrockneten Rosmarinzweige können als Ganzes oder fein zerrieben zum Räuchern verwendet werden. Ihr Duft ist streng und kräuterig. Rosmarin gehört zu den traditionellen Kräuter-Räucherungen und wurde bei Ägyptern, Hebräern, Griechen und Römern zum Ausräuchern von Wohnräumen und Ställen verwendet. Rosmarin reinigt und wirkt stärkend und klärend auf unseren Geist. Zur Räucherung, um Räume und Ställe zu reinigen, bindet man Rosmarinzweige, Salbei- und Wacholderzweige mit einem Baumwollfaden fest zu einem 15 bis 20 Zentimeter langen Stab. Die Kräuter müssen dafür ganz trocken sein. Dann entzündet man diesen Räucherstab, läßt ihn kurz anbrennen und bläst ihn sanft aus. Er glüht weiter und verströmt seinen duftenden Rauch.

THYMIAN

Thymus vulgaris L.

Thymian wirkt kräftigend und stärkend. Es heißt, er könne unseren Willen und unser Selbstvertrauen stärken. Sein starker kräuteriger und warmer Duft kann innerlich erwärmen und wach machen. Er unterstützt uns in Krisenzeiten, wenn unser Durchsetzungsvermögen besonders gefragt ist. Er wird in kleinen Mengen einer Kräutermischung zugefügt. Thymian paßt gut zu Drachenblut. Auf Kreta gedeihen verschiedene wilde Thymianarten. Thymian läßt sich leicht auch in nördlicheren Breiten im Garten ziehen. Heilpflanzengärtnereien bieten verschiedene Varianten an, wie Zitronenthymian oder Bergthymian, die sich getrocknet zum Räuchern eignen.

YSOP

Hyssopus officinalis L.

Den Hebräern war der Ysop eine heilige Mysterienpflanze; er wird elfmal in der Bibel erwähnt. Sein kräuteriger, warmer Duft wirkt stark klärend, segnend und reinigend. Ysop wird zum Räuchern mit Weihrauch und Mastix gemischt. Auf Kreta kommt der Ysop wild vor. Auch diese Pflanze läßt sich leicht im Garten kultivieren. Ihre dunkelblauen Blüten machen den Ysop zum Schmuck jedes Kräutergartens. Für Räucherungen verwendet man die getrockneten Blätter und Blüten.

REZEPTE FÜR MINOISCHE RÄUCHERUNGEN

Insel der Seligen

Mastix	2 Teile
Labdanum	1 Teil
Safranfäden	1/2 Teil
Koriandersamen	1/2 Teil
Sternanis	1/2 Teil

Mastix im Mörser fein zerstampfen. Labdanum mit dem Messer in feine Stücke schaben. Falls Sie Labdanum von weicher Konsistenz haben, verwenden Sie dieses, um die fein gepulverten Zutaten zu kneten. Sie können dann Räucherkugeln formen (siehe Kapitel *Mesopotamien* und *Japan*). Koriandersamen und Sternanis zerstampfen. Alles gut miteinander im Mörser mischen.
Ein warmer, südlicher, gehaltvoller Duft wie ein Sommertag auf der Insel Kreta. Er beschwingt und erwärmt unsere Seele. Eine lichtvolle Mischung, die uns in Zeiten der Schwere aufheitern kann. Entspannend nach einem arbeitsreichen Tag. Die Mischung lädt uns zu heiterer Gelassenheit und einem Spaziergang auf der Sonneninsel ein.

Ariadnes Kräuterwiese

Labdanum	1 Teil
Mastix	2 Teile
Kräutermischung	1 Teil

aus getrocknetem:
Lavendel, Minze, Salbei, Diktam

Mischen Sie die Kräuter nach Belieben und reiben Sie sie zwischen den Handflächen ganz fein. Mastix im Mörser zerstampfen, Labdanum mit dem Messer in feine Stücke schaben. Alles gut miteinander mischen. Zur Begleitung von Ritualen und Meditationen. Die Mischung verbindet mit den Heilkräften der Natur.

Der Blaue Vogel

Quitte	1/2 Teil
Lavendelblüten	1 Teil
Mastix	3 Teile
Kampfer	1/4 Teil

Quittenfrüchte auf der Reibe fein raspeln, auf einem Tuch oder Gitter ausbreiten und gut trocknen. Mastix im Mörser zerstampfen, Kampferpulver, ganz fein geschnittene Quitten zugeben und die Lavendelblüten daruntermischen. Nicht mehr mörsern.
Eine Mischung mit feinem ätherischen Duft, blau wie der Vogel auf dem berühmten kretischen Fresko. Ein Duft, der uns leicht stimmt. Zur Meditation und Innenschau. Die Mischung eignet sich auch zur atmosphärischen Reinigung.

Harmonia

Myrrhe	1 Teil
Weihrauch	2 Teile
Mastix	1 Teil
Koriander	1/2 Teil

Die Harze und den Koriander im Mörser fein zerstampfen. Zum Räuchern messerspitzenweise verwenden. Die Mischung hat einen balsamisch-süßen und warmen Duft. Sie wirkt harmonisierend und innerlich ausgleichend. Sie öffnet die Herzen der Anwesenden füreinander und unterstützt ein Sich-aufeinander-Einschwingen. Für ein angenehmes Zusammensein. Bei innerer Unruhe hilft der Duft, die Wogen der Gefühle und die Flucht der Gedanken zu beruhigen.

Fremder, sei willkomm' in gerühmten Land. . .

in ewigem Schatten tausend Früchte gedeih'n,

Tag für Tag unter himmlischem Tau

blühn die dolchschweren Narzissen,

der Götter heiliger Kranz,

und Krokus leuchtet in herrlichem Gold. . .

Sophokles, >>Oedipus auf Kolonos<<

6 Griechenland

Von der Wissenschaft der Düfte

*Lange folgten wir dem schmalen
Hirtenpfad , das grelle Licht des Mittags
war dem sanft-warmen Schimmer
der späten Nachmittagssonne gewichen.
Das duftende Mastix- und
Labdanumgestrüpp hatten wir durchquert.
Der Pfad führte jetzt durch einen
Kiefernwald. Der balsamisch-warme
Wohlgeruch der Bäume umfing uns.
Zimtbraune Nadeln bedeckten
die warme Erde und ließen unsere
Schritte federn. Dann rochen wir feuchte
Erde, die Quelle mußte nahe sein. Von
ferne leuchteten rote Blüten an den
Zweigen der Büsche.
Wir hörten das Murmeln der
oleanderumwachsenen Quelle. Der
würzig-balsamische Duft von Lorbeer lag
in der sonnendurchwärmten Luft.
Apollo kündigte sich an;
der Lorbeer war ihm geweiht.
War es noch weit bis zum heiligen
Orakelplatz? Gelbliche Bienen
und himmelblaue Libellen flogen über
das Wasser, eine Taube seufzte
und alles duftete nach üppigem Herbst.
Das mantrische Schilf flüsterte und
mir war, als könnte Pan, der ziegenfüßige
Gott, jeden Augenblick aus ihm
heraustreten. Wir hatten kostbare Myrrhe
in unserem Gepäck, um sie am
Orakel zu opfern. Würden
wir Antwort erhalten auf unsere
brennenden Fragen?*

DÜFTE AUS DEM OSTEN

Lange schon schwelgten Ägypter, Phönizier, Sumerer und Hebräer im Duft von Weihrauch, Myrrhe, Opoponax und anderen edlen Harzen, ehe die Griechen die feine und hochentwickelte Räucherkultur von ihnen übernahmen. Bereitwillig öffneten sie sich den Duftwolken, die aus Asien herüberwehten. Weihrauch und Myrrhe sollen von den Phöniziern nach Griechenland gebracht worden sein.

Zu Zeiten Homers (um 750 v. Chr.) scheint man den Weihrauch noch nicht gekannt zu haben, der große Dichter erwähnt ihn nicht in seinen Werken. In frühen griechischen Zeiten brachte man Brandopfer von Tieren den Göttern dar. Um den unangenehmen Geruch verbrennenden Fleisches zu mildern, verwendete man zum Feuern wohlriechende Hölzer, meist von Zeder, Wacholder und Myrthe. Auch Schwefel ist als Räuchersubstanz aus frühen Zeiten bekannt. Erst bei Herodot finden wir eine Beschreibung des Weihrauchs. *Arabien ist das einzige Land, in welchem Weihrauch wächst. Die Araber bekommen den Weihrauch mittels Verbrennen des Styrax. Denn eben die Weihrauchbäume hüten geflügelte Schlangen.* Herodot scheint die Schauermärchen, die von den Besitzern der Weihrauchbäume in Arabien und den phönizischen Händlern verbreitet wurden, geglaubt zu haben. Wo der Weihrauch genau gedeiht, wußte zu Herodots Zeit niemand.

Die Griechen nahmen fremde Gebräuche, Ideologien und Kulte gerne auf. Seit frühester Zeit war die griechische Kultur von orientalischer Glaubensvorstellung und Lebensführung beeinflußt. Die Philosophen stillten ihren Wissensdurst auf Reisen in den Fernen Osten oder nach Ägypten. So kam Apollonius von Tyana (Ende 1. Jh. n. Chr.) bis an die Grenzen Indiens. Pythagoras lernte bei ägyptischen Priestern, und Platon berichtet von einem kulturellen Austausch mit Ägyptern und Kreta. Die Duftinsel Kreta war für Griechenland ein Bindeglied zum Orient. Bald waren die orientalischen Räuchersubstanzen in Griechenland eingeführt und bekannt. Man verwendete eine große Vielfalt an Duftstoffen zum Räuchern, Parfümieren und Heilen. Räucherungen spielten im Götterkult wie auch im häuslichen Leben eine wichtige Rolle. Auf antiken Vasen finden wir darüber zahlreiche Abbildungen. Geräuchert wurde in *Thymiaterien*, den Räuchergefäßen, die man von den Minoern übernommen hatte. Oft war das Räucheropfer von Flötenspiel begleitet. Häufig wurde die Göttin Nike mit einem Thymiaterion abgebildet. Auf einer Vase im Britischen Museum ist die Vorbereitung für ein dionysisches Fest dargestellt. In der Mitte sitzt der Gott Dionysos, umrahmt von Satyrn und Frauengestalten. Eine Frau steht vor einem großen Räucherbecken, aus dem kleine Flammen schlagen. In ihrer Linken hält sie eine Schale, die mit runden Körnern gefüllt ist. Mit der Rechten läßt sie gerade ein Weihrauchkorn ins Becken fallen.

PHILOSOPHIE DER DÜFTE

Die Griechen, die das induktive Denken pflegten und mit dem Wesen der Philosophie die Erscheinungen der Natur von einer höheren geistigen Warte aus betrachteten, entwickelten auf der Basis der übernommenen orientalischen Duftge-

Apollo und Daphne

bräuche eine sehr feinsinnige Duftkultur. Sie haben die orientalischen Sinnesfreuden *sophisticated.* Dieses englische Wort drückt die griechische Verfeinerung der olfaktorischen Erlebnisse und deren wissenschaftliche Auswertung besonders gut aus. Der Duft war für die alten Griechen eine *Epiphanie*, die die Anwesenheit der Götter offenbart, ja sie war selbst göttlichen Ursprungs. Sie prägten den Begriff vom *göttlichen Wohlgeruch.* Schlechte Gerüche versuchte man zu vermeiden, sie trugen krankmachende Eigenschaften menschenfeindlicher Götter. Mit Wohlgerüchen umgab man sich im antiken Griechenland gern, vermittelten sie doch den menschenfreundlichen Hauch der wohlgesonnenen Götter.

Theophrast (300 v. Chr.) stellt in seinem Werk *De odoribus*, dem Buch der Düfte, philosophische und naturwissenschaftliche Überlegungen und Beobachtungen über die Düfte an. Er beschreibt unter anderem die Entstehung des Geruchs und bringt diesen in Verbindung mit dem Geschmack. Das Werk gibt außerdem Auskunft über die in der griechischen Antike verwendeten Duftwaren, über die Herstellung der berühmten Duftsalben und über die heilenden Wirkungskräfte der Duftstoffe. Schon bald konnten die griechischen Salböle mit den orientalischen konkurrieren und wurden nun von den handelsfreudigen Phöniziern in die Gegend, aus der sie zuerst kamen, exportiert.

Alexanders Weihrauch-Geschenk

Der Weihrauch war eines der ersten kostbaren Harze, die aus Arabien nach Griechenland kamen. Er wurde seit dem Trojanischen Krieg verwendet. Plinius berichtet, daß er als Opfer-Harz bekannt war. Ab dem 6. Jahrhundert begann man in Griechenland mit dem reinen Weihrauch-Räuchern, das ursprünglich den schlechten Geruch der Brandopfer von Tieren, die man den Göttern darbrachte, überdecken sollte. Man ging dazu über, die Räucherwaren auch ohne Tieropfer für die Götter zu entzünden.

Die Kenntnis und Verwendung orientalischer Düfte ist eng mit dem Wirken Alexanders des Großen verbunden. Er führte durch seine Feldzüge in den Osten eine *Orientalisierung* der Griechen herbei. Eine Weihrauch-Anekdote ist aus Alexanders Jugend überliefert. Anläßlich eines Opfers warf der junge Alexander achtlos größere Mengen Weihrauch ins Feuer. Er wurde dafür von seinem Erzieher Leonidos von Talmut schwer getadelt. Plutarch berichtet in *Alexander und Caesar*, daß ihm Leonidos vorwurfsvoll sagte, er solle diese Verschwendung von kostbarem Weihrauch gefälligst erst dann fortführen, wenn er die weihrauchproduzierenden Länder unterworfen habe. Alexander scheint dies tief beeindruckt zu haben, und er revanchierte sich entsprechend: Nachdem er Ghaza eingenommen hatte, schickte er an seinen Erzieher eine große Menge Weihrauch und Myrrhe (mehr als 13 Tonnen!) und ließ ihn wissen, daß er den Göttern gegenüber mit Weihrauch nicht mehr knausern müsse. *Wir haben Dir Weihrauch und Myrrhe im Überfluß geschickt, damit Du aufhörst, den Göttern gegenüber zu knausern.*

Alexanders Eroberungszug in die arabische Welt bereicherte die Duftkultur der Griechen sehr. Was bis jetzt von Kreta übernommen oder aus eigenen Landen schon bekannt war, vervollständigten die neuen Dufteroberungen. Trotz der großen Fülle an Räucherwaren wurden wie im alten Ägypten auch in Griechenland Weihrauch und Myrrhe weiterhin am meisten geschätzt. Ihr aufsteigender Duft war gleichgesetzt mit dem Götterduft. Räucherungen mit diesen beiden Harzen galten als sichere Botschaft an den Himmel. Weihrauch und Myrrhe wurden in der griechischen Mythologie verewigt. Nach Ovid, der in seinen *Metamorphosen* von Weihrauch berichtet, hat Helios die Nymphe Leukothera in einen Weihrauchbaum verwandelt. Die Myrrhe war ursprünglich Myrrha, die Tochter des Königs Theias, der diese nach ihrer Flucht nach Arabien in einen Myrrhenbaum verwandelte. Für die Griechen waren alle aromatischen Pflanzen göttlichen Ursprungs, und so ließe sich für jede der in diesem Kapitel erwähnten Räuchersubstanzen eine mythologische Geschichte finden. Fast alle Räucherpflanzen Griechenlands finden wir auch im antiken Ägypten,

Kreta oder Mesopotamien, weshalb wir sie hier nicht einzeln besprechen werden. Typisch griechisch jedoch ist die Verwendung von Lorbeer und Bernstein und die astrologisch ausgerichtete Räucherung.

Duftender Rauch im Alltag und für die Götter

Alexander schickte noch an eine zweite ihm nahestehende Person ein spezielles Duftgeschenk: Sein Mitschüler Theophrast aus Athen erhielt Samen und Stecklinge orientalischer Duftpflanzen. Dieser schuf damit den ersten botanischen Garten in Europa. Nach Alexanders Feldzügen feierten die feinen Düfte in Griechenland ihren Triumph. Räucherungen mit edlen Substanzen wurden von nun an in der vornehmen Bevölkerungsschicht sehr beliebt. Man räucherte als Opfer auf Altären, vor Idolen, während Feiern, Gastmählern und Ritualen wie Hochzeitsfeiern oder einfach nur, um die Räume zu beduften und Insekten fernzuhalten. Man beräucherte sogar die Mauern der Wohnhäuser, Kleider wurden über duftenden Rauch gehalten. Bestimmte Räucherungen waren bestimmten Gottheiten zugeordnet. Man brachte ihnen das Duftopfer in flachen Schalen aus Eisen, Bronze oder sogar aus Gold dar. Die Orphiker, die blutige Opfer verschmähten, verwendeten viele Räucherwaren in ihren Riten, wie uns in den orphischen Riten überliefert ist. Der mythische Orpheus galt als Vater der Prophetie und als Begründer aller Weihen und Mysterien. So war ihm auch der Weihrauch und das Räuchern zugeordnet.

Die Phytagoreer lehnten ebenfalls das Tieropfer ab und gebrauchten deshalb lieber duftende Pflanzensubstanzen für Opferungen und Gebet. Für sie war eine Räucherung die einzige Gabe, mit der eine Verbindung zu den Göttern hergestellt werden konnte. Sie verbanden mit dem Weihrauch auch ihre Vorstellung von der Wiedergeburt. Die berühmten Eleusinischen Mysterien, die zu Ehren der Göttin Demeter in Eleusis stattfanden, beinhalteten Einweihungs- und Reiferituale, die von bestimmten Räucherungen begleitet waren.

Astrologische Zuordnungen

Wie Platon glaubten die Griechen an den Einfluß der Gestirne. Sie formen den Menschen, der nach dem Tod zu seinem Stern zurückkehrt. Die Planeten helfen den Menschen, sich zu vervollkommnen. Düfte, die mit dem jeweiligen Planeten korrespondieren, können dabei hilfreich sein. Hier stoßen wir wieder auf babylonische Quellen, wo ebenfalls Sterne mit Menschen und Göttern in Verbindung gebracht werden. Die Griechen hatten großes Interesse an der babylonischen Astrologie. Der Babylonier Berosus (340 n. Chr.) gründete auf der Insel Kos eine Schule für Astrologie und hatte damit sehr großen Erfolg. Auch in den Riten des Gottes Dionysos spielten Räucherungen eine wichtige Rolle. Im Gefolge des efeubekränzten Dionysos, Herr des Weines und des göttlichen Rauches, tanzen Satyrn, Silene und Waldnymphen bei den bacchantischen Festen. Auch Pan, dem Gott der Natur, waren bestimmte Pflanzen und Düfte zugeordnet, sicher jene, die visionäre Träume erzeugen können, denn Pan galt als Herrscher der Träume. So

wurden im antiken Griechenland Götter, Sterne und Menschen mit Räucherungen und Düften verbunden. Die freigesetzten Energien konnten so den Menschen auf seinem Erden- und Sternenweg begleiten.

Griechische Räucherheilkunde

Im antiken Griechenland verwendete man die Räucherungen für eine hoch entwickelte Räucherheilkunde. Wie Theophrast, so beschrieben auch andere griechische Naturwissenschaftler, Heiler oder Philosophen die heilenden Wirkungen von Düften. Von Plinius ist uns in seiner *Naturgeschichte* ein Schatz an Räucherheilkunde überliefert. Das beste Rezept für die Gesundheit sind süße Düfte, hieß es in damaliger Zeit. Auch Hippokrates schätzte die Düfte als Heilmittel und zur Prophylaxe. *Eine duftende Massage und ein duftendes Bad sind der beste Weg zur Gesundheit.* Als sich in Athen die Pest verbreitete, wurden riesige Wacholderfeuer in den Straßen entzündet, um die Ausbreitung der Seuche zu verhindern. Hippokrates ließ 430 n. Chr. große Haufen aus wohlriechenden Hölzern errichten, die man entzündete, um die krankmachenden schlechten Gerüche der Stadt zu vertreiben.

Zum Räuchern wurden viele verschiedene Pflanzen verwendet: Thymian bei Epilepsie, Poleiminze bei Fieber, Minze bei Gedächtnisschwäche, Kümmel bei weiblicher Unfruchtbarkeit, Anis zur Erleichterung der Geburt und bei Schlaflosigkeit, Selleriesamen bei Niesen und Schnupfen. Bayblätter- und Weihrauch-Räucherungen sollten krankmachende Einflüsse vertreiben. Der Duft von Äpfeln half dem Körper, so wußte man, Giftstoffe wieder auszuscheiden, und der Geruch von kochendem Kohl, hieß es, kann schlimme Kopfschmerzen lindern.

Vom heilenden Tempelschlaf

Eine wichtige Rolle spielten die Räucherungen für die Heilschlaf-Therapie im frühen Griechenland. Diese bildete die Grundlage der überlieferten antiken Heilkunde. Das Heilen war eine Tempelhandlung, der Arzt war gleichzeitig auch Priester. Das medizinische Wirken war noch im Spirituellen eingebunden. Die Kranken hielten nach bestimmten Vorbereitungen einen tiefen Tempelschlaf. Räucherungen und andere pflanzliche Zubereitungen hatten sie dafür vorbereitet. In den Tempeln des Asklepiades (Äskulap) konnten die hilfesuchenden Schlafenden erwarten, daß der Gott Asklepiades, Sohn des Apoll und Begründer der Heilkunst, ihnen im Schlaf die benötigten Arzneien für ihre Krankheit offenbaren würde. Die Heiligtümer des Asklepiades, dessen Wahrzeichen der noch heute bekannte Schlangenstab, Merkurstab, ist, wurden wie heute Sanatorien an besonders anmutig gelegenen Plätzen in der Natur errichtet, an Quellen oder in schattenspendenden Hainen. Die heilsame Umgebung sollte die Gesundung der Leidenden unterstützen. Es sind viele Wunderheilungen von diesen Orten bezeugt, so wie heute von bestimmten Wallfahrtsorten. Die besonders reizvollen, in der Stille der Natur gelegenen Heiligtümer des Asklepiades sollten auch an das Reich Chirons, des Centauren, erinnern, der Asklepiades die Heilkunde gelehrt hatte.

In Griechenland war man sich der Schönheit der umgebenden Natur bewußt, erkannte ihren Heilwert, ja sah in ihr den gelegentlichen Aufenthaltsort der Götter. Die duftende griechische Pflanzenwelt, die Vielfalt der Flora, das Licht in seinem Spiel mit den Formen der Pflanzen bildete die Grundlage der griechischen Räucherkultur, der dann die orientalischen Düfte beigefügt wurden. Nach einer erfolgreichen Heilung im Heilschlaf-Sanatorium wurde die Krankengeschichte mit der ärztlichen Verordnung detailliert aufgezeichnet, ja sogar oft in die Tempelwand geritzt. Aus diesen Aufzeichnungen hat Hippokrates, wie er selbst berichtete, seine Weisheit geschöpft und seine Krankheitslehre entwickelt. Das therapeutische und visionäre Träumen wird heute noch bei einigen Naturvölkern praktiziert. Auch in unserer Zeit kennen wir das Phänomen, daß wir im Traum unsere Probleme dargestellt bekommen und manchmal die dazugehörigen Lösungsmöglichkeiten oder das nötige Heilmittel. Der menschliche Geist hat dieselben Grundfunktionen, heute wie im damaligen Griechenland. Deshalb können auch wir Räucherungen vornehmen, um mit tiefen Schichten unseres Unbewußten Kontakt aufzunehmen. Düfte haben einen direkten Zugang zum Stammhirn, dem Reservoir unserer Gefühle, Träume und archetypischen Erfahrungen. Wie gerade in unserer Zeit wissenschaftlich bestätigt, haben Düfte einen Einfluß auf unser Traumverhalten. Lassen wir der Bildersprache des Unbewußten Raum, so können wir aus dessen Reichtum etwas in unser normales Tagesbewußtsein herüberholen. Wir können uns vorbereiten für Heilträume, wenn wir bewußt am Abend eine Räucherung durchführen. Gut ist es, Stift und Notizbuch neben das Bett zu legen, um die Anweisungen aus dem Wissensschatz des Unbewußten gleich nach dem Erwachen zu notieren.

Räucherdüfte können sehr gut eingesetzt werden, um bestimmte Therapien, wie katathymes Bildererleben und imaginäre Verfahren oder auch Regressionsarbeit wirkungsvoll zu unterstützen.

WEISSAGUNGEN DER PYTHIA

Asklepiades

In Griechenland waren Weissage- oder Orakelträume bekannt. Hierfür gab es bestimmte vorbereitende Räucherungen. Das Wort Orakel bedeutet *Antwort.* Das berühmteste Orakel des antiken Griechenland war jenes zu Delphi. Delphi liegt in Zentralgriechenland am *omphalos*, dem Nabel der Welt. Der uralte, heilige Kraftplatz, ursprünglich der Erdmutter geweiht, besaß einen Schlund in die Tiefe der Erde, woraus schwefelige Dämpfe emporstiegen. Der heilige Ort wurde von vielen antiken griechischen Autoren beschrieben, weshalb wir eine gute Kenntnis über sein Aussehen, die Räucherungen und die Orakelrituale haben. Wir wissen, daß über dem Eingangsportal zum Orakel die Worte *Erkenne Dich selbst* eingemeißelt waren. Orakel-Räucherungen sollten die Pythia, die Seherin von Delphi, allmählich in Trance versetzen, damit der Gott Apollo aus ihr sprechen konnte. Lorbeer, Weihrauch, Myrrhe und Labdanum waren wahrscheinlich Zutaten der geheimnisvollen Delphimischung. Wie die griechische Mythologie berichtet, hat der delphische Kult seinen Ursprung in Kreta. Der Delphin wurde in der antiken Welt als heiliges, mythisches Tier verehrt, der auf einer Bewußtseinsebene lebt, die den Menschen nur im Traum oder in Trance geöffnet ist. Dieses Tier galt als Überbringer von wichtigen Botschaften und Weissagungen, die ihren Ursprung auf anderen Sternen haben. Wir wissen bereits, daß auf Kreta viel mit Labdanum geräuchert wurde. Gut können wir uns vorstellen, daß Labdanum eine Brücke zum Unterbewußten, zum kollektiven Unbewußten, wie C.G. Jung es nennt, schaffen kann. Es wird vermutet, daß auch halluzinogen wirkende Pflanzen wie das Bilsenkraut oder Stechapfel (Datura) Teil des Räucherwerkes der Pythia waren. Auf einem Dreifuß sitzend, in Trance, weissagte die Pythia. Die giftigen, aber Visionen und Halluzinationen hervorrufenden Pflanzen wurden in Griechenland oft zu magischen Zwecken verwendet. Sie unterstanden der Göttin Hektate, die wegen ihrer Kräuterkenntnisse be-

rühmt war. Zusammen mit ihrer Tochter Medea zog sie in einem mit hohen Mauern umgebenen Zaubergarten giftige Pflanzen und Zauberkräuter. Vom Gebrauch der Giftpflanzen zum Räuchern möchte ich abraten, da sie unsachgemäß verwendet starke Nebenwirkungen wie Bewußtlosigkeit und Geistesgestörtheit verursachen können.

Düfte, die mit dem Kosmos verbinden

Die babylonische Astrologie fand in Griechenland großes Interesse und paßte in Platons Ansicht, daß Himmel und Erde in einer Wechselbeziehung miteinander stehen. Auf dem Boden der babylonischen Astrologie, der griechischen Mythologie und Räucherheilkunde entwickelte sich die Kunst der Sternzeichen- und Planetenräucherung. Hilfreiche Energien werden, so hieß es im antiken Griechenland, herbeigerufen, um Harmonie und persönliches Wachstum entstehen zu lassen. Bestimmte Pflanzendüfte können entsprechende Energien, die mit Planetengöttern in Verbindung stehen, stimulieren und eine Atmosphäre erzeugen, die Dinge geschehen läßt, welche Götter, Sterne, Pflanzen und Menschen verbinden. Die astrologischen Räucherungen der Griechen schaffen Synchronizität, die, wie der Psychoanalytiker C.G. Jung definierte, Dinge, die scheinbar nichts miteinander zu tun haben, gleichzeitig geschehen lassen. Wir Menschen in unserer Zeit sind sehr im linearen Denken unserer linken Gehirnhälfte gefangen. Die rechte Seite des Gehirns, die unser intuitives Wissen birgt, verkümmert. Unsere Psyche ist gespalten, wir sind aus dem Gleichgewicht geraten. Wir können das Räuchern verwenden, um wieder Zugang zum verschlossenen Reich unseres eigenen Unbewußten, zum intuitiven Erfassen wie auch zum Reservoir der Erinnerungen der ganzen Menschheitsgeschichte zu finden.

Praxis der Astro-Räucherungen

Für astrologische Räucherungen werden die einzelnen Räucherstoffe traditionell den vier Elementen, den Planeten und den Sternzeichen zugeordnet. Sie werden einzeln oder als Mischung verräuchert. Eine astrologisch zusammengestellte Räuchermischung kann unterstützend, aufbauend und stärkend wirken. Sie unterstützt den Charakter eines Menschen und kann positive Eigenschaften stärken. Im duftenden Rauch liegen die Stimmungsbilder, die Energien des jeweiligen Sternzeichens. Man kann sich selbst in der Stimmung der Räuchermischung wiederempfinden. Indem man eine Räucherung anderer Sternzeichen durchführt, ergibt sich die Möglichkeit, eine andersartige Stimmung, eine andere Art, die Welt zu sehen, selbst zu erfahren. Damit öffnen wir uns anderen Menschen gegenüber und Unbekanntem, Neuem. Mit Sternzeichen-Räucherungen können wir einen Spaziergang durch die Tierkreiszeichen unternehmen, diese in tiefen Schichten über das Erleben des Duftes begreifen.

Griechischer Räucherarm

ELEMENTE

In der Elementenlehre, die in der griechischen Antike exakt definiert wurde, heilt man mit Gegensätzen. Die vier Elemente Erde, Wasser, Feuer und Luft sind in die zwei Gegensatzpaare Feuer–Wasser und Erde–Luft aufgeteilt.

Altgriechische Rücherschale

Wenn Sie nun ein Zuviel Ihrer persönlichen Energie ausgleichen oder dämpfen wollen, sollten Sie für eine Räucherung Düfte vom gegenteiligen Element auswählen. Eine Jungfrau, die dem Element Erde zugeordnet ist, jedoch an übertriebenem Mißtrauen und Starrheit leidet und zwanghaft ist, braucht etwas Luft-Element, um loszulassen und wieder flexibler zu werden. Ein Zwilling, dem Luft-Element zugeordnet, der durch zuviel Luftelement fahrig, unkonzentriert geworden ist, kann sich gut mit Räucherungen, die dem Element Erde entsprechen, erden, beruhigen und zentrieren. Ein zu hitziger Widder, dessen vitales Temperament in Agression und Zorn umschlagen kann, sollte sich mit Wasser-Räucherungen ausgleichen. Die Räucherstoffe werden nach den Elementen ausgewählt, um so Elemente-Räucherungen zusammenzustellen. Diese Mischungen können besonders stark wirken. Die Elemente-Räucherungen können bestimmte Qualitäten verstärken, Atmosphäre dieser Qualitäten erzeugen, den Elementen zugeordnete Rituale verstärken.

Die Elemente sind bestimmten Energien und Eigenschaften zugeordnet:

Element Feuer:
Energie, Kraft, Reinigung, Imagination

Element Erde:
Verwurzelung, Konzentration, Beurteilung

Element Luft:
Bewegung, Information, Kommunikation

Element Wasser:
Gefühl, Reinigung, Heilung

RÄUCHERUNGEN FÜR PLANETEN-STERNZEICHEN-MISCHUNGEN

In der folgenden Liste sind die im Buch beschriebenen Räucherstoffe den Sternkreiszeichen und Elementen zugeordnet. Wenn Sie eine Räucherung für ein bestimmtes Sternzeichen oder Element machen wollen, können Sie die Räucherstoffe einzeln oder in Mischung verwenden. Sie tragen die Energien der zwölf Himmelssphären in sich. Rituale, die mit den Elementen verbunden sind, lassen sich besonders gut mit Elementen-Räuchermischungen vertiefen.

Experimentieren Sie doch einmal mit den Astro-Räucherstoffen und finden Sie Ihre ganz persönliche Mischung. Oder kreieren Sie diese für Freunde und Bekannte. Wählen Sie für eine Mischung am Anfang nicht mehr als drei verschiedene Räucherstoffe aus. Die Zusammenstellung sollte mindestens ein Harz enthalten.

WIDDER

Element Feuer
21. März bis 20. April
Thymian, Koriander, Zimt, Lorbeer, rotes Sandelholz, Zeder, Kiefer, Estragon, Kardamom, Galgant, Ingwer, Nelke, Aloe, Kalmus, Patchouli, Meisterwurz, Angelikawurzel, Benzoe, Drachenblut, Eisenkraut.

Eine Widder-Mischung wirkt kraftvoll-feurig. Sie unterstützt Tapferkeit, Streben und Mut.

STIER

Element Erde
21. April bis 21. Mai
Vetiver, Narde, Myrrhe, Rose, Safran, Sandelholz, Vanille, Guggul, Moschuskörner, Dill, Patchouli, Zyperngras, Tonka, Moos, Kardamom, Propolis, Guajak, Opoponax, Styrax, Aloe, Benzoe, Ambra, Sternanis, Propolis.

Stier-Mischungen duften warm und erdig. Sie unterstützen Stabilität, Ausdauer und Liebesfähigkeit.

ZWILLINGE

Element Luft
22. Mai bis 21. Juni
Mastix, Galbanum, Mädesüßwurzel, Fenchelsamen, Lavendelblüten, Kampfer, Minze, Lorbeer, Muskat, Sandelholz, Verbena, Sternanis, Propolis, Kardamom, Koriander, Zypresse, Dammar, Galbanum, Burgunder-Harz, Rhododendron, Goldcopal, Wüstenbeifuß, Alant, Anis.

Eine Zwilling-Mischung duftet hell und leicht. Sie unterstützt innere Beweglichkeit und Gedankenaustausch.

KREBS ♋

Element Wasser

22.Juni bis 22. Juli

Mastix, Kiefer, Jasmin, Lavendel, Kampfer, Aloe, Lorbeer, Zeder, Rose, Patchouli, Myrte, Zimt, Sandelholz, Narde, Guggul, Elemi, Ambra, Kirschbaum-Harz, Vanille, Kostus, Iriswurzel, Bingelkraut, Holundermark.

Eine Krebs-Mischung duftet süß und gefühlvoll. Sie unterstützt Kreativität, Intuition und Empfindsamkeit.

LÖWE ♌

Element Feuer

23. Juli bis 23. August

Weihrauch, Lorbeer, Safran, Benzoe, Sandelholz, Cassieblüten, Zimt, Nelke, Aloe, Zeder, Muskat, Galgant, Angelika, Sternanis, Kalmus, Eschensamen, Goldcopal.

Eine Löwe-Mischung duftet kräftig. Sie unterstützt Selbstvertrauen und Souveränität.

JUNGFRAU ♍

Element Erde

24. August bis 23. September

Sandelholz, Zimt, Benzoe, Tonka, Myrte, Mastix, Minze, Weihrauch, Nelke, Iriswurzel, Propolis, Styrax, Opoponax, Majoran, Kiefer, Lärche, Salbei, Tanne, Guajak, Beifuß, Kiefer, Fichte.

Eine Jungfrau-Mischung duftet klar und angenehm. Sie unterstützt Reinheit, Genauigkeit und Anpassungsfähigkeit.

WAAGE ♎

Element Luft

24. September bis 23. Oktober

Safran, Rose, Benzoe-Sumatra, Sandelholz, Nelke, Aloe, Cassie, Jasmin, Moschus, Galbanum, Opoponax, Tonka, Zimtblüte, Labdanum, Eichenmoos, Koriander, Vanille, Ingwerlilie, Goldcopal, Ambra.

Eine Waage-Mischung duftet süß und warm. Sie unterstützt Harmonie und Liebesfähigkeit.

SKORPION ♏

Element Wasser

24. Oktober bis 22. November

Adlerholz, Labdanum, Rosmarin, Kostus, Zyperngras, Moschuskörner, Patchouli, Muskatnuß, Vanille, Lupulin, Copal-schwarz, Asant, Narde, Moos, Thuja, Kopaia, Iriswurzel, Drachenblut.

Eine Skorpion-Mischung riecht unergründlich, dunkel und scharf. Sie unterstützt sexuelle Anziehungskraft und verbindet mit den dunklen Seiten der Seele.

SCHÜTZE ♐

Element Feuer

23. November bis 22. Dezember

Nelke, Ysop, Kiefer, Galgant, Koriander, Kardamom, Zimt, Ingwer, Lorbeer, Lavendel, Zeder, Anis, Drachenblut, Angelikawurzel, Benzoe, Kalmus, Aloe, Narde, Meisterwurzel, Nelkenwurz.

Eine Schütze-Mischung duftet feurig und intensiv. Sie unterstützt Entschlossenheit und Expansion.

STEINBOCK ♑

Element Erde

23. Dezember bis 22. Januar

Myrrhe, Kalmus, Zypresse, Vetiver, Zeder, Tanne, Wacholder, Benzoe-Siam, Eichenmoos, Copal-schwarz, Beifuß, Kopaia, Guajak, Myrte, Weihrauch, Opoponax, Sandarak, Burgunder-Harz, Wüstenbeifuß.

Eine Steinbock-Mischung duftet würdevoll. Sie unterstützt Überblick, Ruhe und spirituelles Denken.

WASSERMANN ♒

Element Luft

21. Januar bis 19. Februar

Zypresse, Majoran, Kiefer, Rhododendron, Minze, Elemi, Kardamom, Koriander, Salbei, Kampfer, Sandarak, Eukalyptus, Kalmus, Myrte, Sternanis, Dammar, Alant, Burgunder-Harz, Wüstenbeifuß, Diktam.

Eine Wassermann-Mischung duftet lebendig und weit. Sie unterstützt Wissensdrang und spirituelles Streben.

FISCHE ♓

Element Luft

20. Februar bis 20.März

Styrax, Kampfer, Benzoe, Sumpfporst, Mastix, Kiefer, Narde, Lärche, Jasmin, Cassie, Opoponax, Vanille, Moschuskörner, Salbei, Fenchel, Eichenmoos, Thuja, Lärche, Propolis, Kopaia, Kostus, Galbanum, Tolu, Lupulin.

Eine Fische-Mischung duftet sinnlich-geheimnisvoll. Sie unterstützt Einfühlungsvermögen, Intuition und Traumvermögen.

1 *Lorbeer*

2 *Iriswurzel*

3 *Myrrhe*

4 *Bernstein*

5 *Weihrauch*

Wirksame Räucherstoffe der griechischen Antike

Zum Räuchern wurden in Griechenland verwendet: Weihrauch, Myrrhe, Mastix, Opoponax, Kostus, Sandelholz, Zimt, Cassie, Balsam, Ambra, Moschus, Styrax, Benzoe, Diktam, Labdanum, Bernstein, Lorbeer, Guggul, Myrte, Safran, Zeder, Schwefel, Meerzwiebel und vieles mehr. Das importierte Räucherwerk aus Arabien, Indien und Ägypten wurde ähnlich wie in den Ursprungsländern verwendet. So werden wir hier nur jene Pflanzen und Räuchersubstanzen als Einzelstudien näher betrachten, die eine eigentümlich griechische Verwendung fanden. Die römische Räucherkultur ähnelt so sehr der griechischen, daß sie in diesem Buch nicht extra besprochen wird.

Iris

Iris germanica var. florentina Dykes
Iris cretica

Die Schwertlilien gehören in Griechenland zu den ersten Frühlingsblütlern. Der wohlriechende Wurzelstock wurde zu Räucherungen, für Salben, Öle und Parfüms verwendet. Auch wurde der Wein in antiken Zeiten mit Iriswurzel aromatisiert. Die griechische Götterbotin Iris geleitet die Sterbenden entlang des Regenbogens ins Land des ewigen Friedens. In der Antike wurde der Duft der Iris benutzt, um Sterbenden ihren Weg in die andere Welt zu erleichtern. Räucherungen mit Iris können eine sinnlich-erotische Wirkung haben, wenn sie mit entsprechenden anderen Räucherkräutern vermischt werden. Mit Mastix und etwas Weihrauch hilft der Duft der Wurzel unsere Aura zu reinigen und den Fluß der feinstofflichen Energien in unserem Körper anzuregen. Es heißt, diese Mischung helfe, in Kontakt mit spirituellen Helfern wie Engeln zu kommen.

Lorbeer

Laurus nobilis L.

Der Lorbeer, ein typisches Gewächs der Mittelmeerregion, birgt in seinen ledrigen Blättern und Früchten besonders viel ätherisches Öl. Die griechische Mythologie berichtet, daß Daphne, die Tochter des Flußgottes Ladon, von ihrer Mutter Gaia zum Schutz in einen Lorbeerbaum verwandelt wurde. Apollo hatte die schöne Nymphe begehrt und verfolgt. Der Lorbeer ist wie keine andere Pflanze mit dem Heilgott Apollo verbunden. Er ist die Pflanze der Reinigung und der Weissagung. Im Orakel von Delphi schliefen die Seherinnen auf Lorbeerlaub und atmeten seinen Rauch ein, bevor sie weissagten. Lorbeer wurde für vielerlei sakrale Zwecke zum Räuchern verwendet: zum Weissagen, atmosphärischen Reinigen und um prophetische Träume hervorzurufen. Auch um die Ansteckungsgefahr bei Seuchen zu verringern, räucherte man mit Lorbeer. Lorbeer galt im antiken Griechenland als eine Art Allheilmittel. Lorbeerblätter und -zweige verbrennen mit einem typischen Prasseln. Lorbeer sollte nur in kleinen Mengen verbrannt oder besser noch mit weiteren Räucherkräutern kombiniert werden. Er bewirkt beim Räuchern eine Erweiterung der Sinne und schärft die Wahrnehmung. Er ist Bestandteil der Räucher-Traummischungen, die vor dem Schlafengehen entzündet werden. Ihr Duft soll bewirken, daß sich Wahrträume einstellen oder daß Träume besser behalten werden.

Bernstein

Succinum

Bernstein ist ein fossiles Harz, das von Bäumen des Tertiär (vor 50 bis 15 Millionen Jahren) tropfte. Es wurde von Flüssen ins Meer gespült und dort unter Sediment begraben. Nach Millionen Jahren gab das Meer das einstmals flüssige Harz in Form von Bernstein frei, da die Sedimente abgetragen wurden. Bernstein wurde im antiken Griechenland *Elektron* genannt. Das Wort Elektrizität hat darin seinen Ursprung. Das Harz lädt sich bei Reibung elektrostatisch auf. In Griechenland galt Bernstein, wie im alten Ägypten, als großes Heilmittel gegen Harnbeschwerden, Geisteskrankheiten, Fieber, Magenbeschwerden, Halskrankheiten, Schmerzen und vieles mehr. Das Wissen um die Heilkraft des Bernsteins hat sich bis in unsere Zeit bewahrt. Noch heute kann man in der Apotheke Bernsteinöl, Oleum succini rct., kaufen, das als Rheumamittel und in Kosmetika zur Revitalisierung der Haut dient. Zum Räuchern wurde Bernstein in Griechenland viel verwendet. Der Sonnenstein, wie man das Harz auch nannte, verband die Menschen mit den Göttern der Sonne, schaffte eine Atmosphäre der Erneuerung und geistigen Erwärmung. Bernstein war beliebter Bestandteil der Tempel- und Heilräucherungen. Wir können Bernstein heute als Bernsteinbruch, zum Beispiel im Mineraliengroßhandel erstehen.

REZEPTE FÜR GRIECHISCHE RÄUCHERUNGEN

Griechischer Tempelweihrauch

Weihrauch	2 Teile
Myrrhe	1 Teil
Zedernholz	1 Teil
Bernstein	1/4 Teil

(Statt Bernstein kann als Ersatz Lärchen- oder Pinien-Harz verwendet werden.) Weihrauch und Myrrhe im Mörser fein zerstampfen. Bernstein extra zu Pulver im Mörser verarbeiten. Geraspelte Zedernholzspäne (im Handel erhältlich) verwenden. Alles gut miteinander vermischen.

Der Tempelweihrauch schafft eine Atmosphäre der Andacht, Würde und Ruhe. Er eignet sich für Gebet und Meditation. Er beruhigt und entspannt tief, besonders bei starker nervöser Erregung und bei Krämpfen. Die Mischung hat einen balsamisch-warmen Duft.

Pythia

Opoponax	5 Teile
Mastix	5 Teile
Labdanum	1 Teil
Diktam	1 Teil
Lorbeerblätter	1 Teil
Kampfer	1 Teil

Eine Mischung mit vielschichtigem Duft. Würzig, frisch, balsamisch, kräuterig, geheimnisvoll wie die Seherin des Orakels von Delphi. Die Mischung soll bewirken, daß man zukünftige Dinge sieht. Sie dient als Begleitung für Orakelbefragung wie I Ging oder Tarot. Der Duft regt unsere Traumtätigkeit an und kann, vor dem Schlafengehen geräuchert, bewirken, daß wir unsere Träume bewußter wahrnehmen. Die Räuchermischung beflügelt Intuition und Phantasie.

Chiron

Iriswurzel	1 Teil
Myrtenblätter	1 Teil
Mastix	4 Teile
Safranfäden	1/2 Teil
Salbei	1 Teil

Iriswurzel fein zermörsern oder Pulver verwenden. Mastix grob im Mörser zerschlagen. Myrte und Salbei zwischen den Händen fein zerreiben. Mischen und Safranfäden zufügen. Eine Räuchermischung, die mit ihrem Duft die Heilung unterstützt. Bei innerer Zerrissenheit und Verletztheit, emotionalem Schmerz und Trauer kann diese Mischung die inneren Selbstheilungskräfte anregen. Prisenweise auf Räucherkohle zu gebrauchen.

Nachmittag eines Faun

Sandelholzpulver	4 Teile
Moschuskörner	4 Teile
Styrax	1 Teil
Safranfäden	1/2 Teil
Benzoe	1/2 Teil
Nelken	1/2 Teil
Propolis	1/2 Teil

Benzoe im Mörser mit den Moschuskörnern und Propolis fein zerreiben. Labdanum mit dem Messer fein schaben und zufügen. Nelken extra zerstampfen. Alle Zutaten gut miteinander vermischen. Falls Styrax in einer mehr flüssigen Konsistenz ist, kann er zum Kneten der übrigen Räucherstoffe verwendet werden. Man erhält dann etwa erbsengroße Räucherkugeln. Safranfäden und Nelken sind im Gewürzhandel erhältlich. Moschuskörner, die Samen einer Hibiskusart, findet man im Kräuter- oder Räucherwarenhandel.

Pan, der Faun, der griechische bocksfüßige Gott der Natur, weckt mit diesem Duft unsere Sinne. Er umschmeichelt mit dem erotischen Duft unsere Sinnlichkeit, lädt ein, unseren Körper sinnlich zu spüren. Schließen Sie die Augen und versetzen Sie sich mit dem Duft in eine warme Mittelmeerlandschaft. Rekeln Sie sich genüßlich. Lassen Sie Wohlbefinden Ihren Körper warm durchströmen.

Ich habe keine Lust , Verse zu schreiben,

also zünde ich die Räucherpfanne an

mit Myrrhe, Jasmin und Weihrauch,

und die Verse wachsen in meinem Herzen

wie Blumen in einem Garten.

Nach einem Schüler von Hafis (15. Jh.)

7 Arabien

Weihrauch und Wüste

Ich war den ganzen Tag geritten. Mein Körper schmerzte, die Sonne ließ die Haut in meinem Gesicht spannen. Das Pferd war erschöpft. Wir hatten den Paß erreicht. Jetzt erblickte ich unten im Tal das schwarze Nomadenzelt. Die Planen aus dunkler, gefilzter Wolle duckten sich über dem trockenen Geröllboden wie große Schwingen. Das Pferd blähte die Nüstern. Eine sanfte Brise trug ein Gemisch vom Duft heißer Steine, trockener Erde und Kamelmistglut herauf. Und dann erreichte mich der feine, balsamische Wohlgeruch des Weihrauchs. Sie hatten uns gesehen und kündigten ihre Gastfreundschaft im Schutz des sicheren Zeltes an. Sie hatten Weihrauchkörner auf die Feuerstelle geworfen, und der köstliche Duft überbrachte mir mit dem Wind ihren Willkommensgruß.

KARAWANE INS UNBEKANNTE LAND

Eines der bestgehüteten Geheimnisse der Antike war der genaue Standort von Weihrauch- und Myrrhebäumen. Die Ägypter scheinen im Laufe ihrer Pharaonenzeit den Ursprungsort der kostbaren Bäume zeitweise vergessen zu haben. So war die Reise der Pharaonin Hatschepsut eine Reise in unbekanntes Land. Den Griechen und Römern in der Antike ging es nicht besser. Keine der unzähligen Liebhaberinnen und Liebhaber der göttlichen Harzdüfte wußte, wo diese ihren Ursprung hatten. Wir können uns vorstellen, daß dies Gerüchte und phantastische Geschichten nährte. Herodot, der sonst recht zuverlässige und weitgereiste Berichterstatter der Antike, berichtet gar von geflügelten Schlangen, die Weihrauch- und Myrrhebäume bewachen.

Hinter dem wohlgehüteten Geheimnis vom Ursprung des Weihrauch- und Myrrhe-Harzes stand eine geschickte Vernebelungstaktik der arabischen Besitzer dieser kostbaren Bäume. Der Weihrauchhandel war zum Staatsgeheimnis und Staatsmonopol gemacht worden, von Ländern, die es mit den kostbaren Harzen zu großem Reichtum gebracht hatten. Neugierige sollten mit furchterregenden Geschichten und einer Mauer des Schweigens ferngehalten werden. Ein geschicktes Kontrollsystem, das den langen Weg des Weihrauchs vom Ursprungsort zum Verbraucher begleitete, verhinderte jegliches erfolgreiches Nachforschen. Die Spur der schwankenden, mit Duftharzen beladenen Kamele verlor sich im endlosen Sand der Wüste.

Die Karawanen folgten dem Pfad der uralten Weihrauchstraße, einer der ältesten Welthandelsstraßen der Menschheit. Wenn die Handelskarawanen an ihren Zielorten wie Memphis in Ägypten, Gaza am Mittelmeer, Aleppo oder Damaskus im heutigen Syrien ankamen, hatten sie einen unendlich mühsamen und gefährlichen Weg durch glühendheißen Wüstensand und karge Geröllsteppen hinter sich. Der lohnende Transport von Harzen war erst durch die Domestizierung des einhöckrigen Kamels möglich gemacht worden, da dieses in seinem Körper Wasser speichert und deshalb lange Zeit ohne Tränkung auskommen kann. Der zuvor verwendete Esel als Lasttier braucht öfter Wasserstellen, die eine Karawane im Zickzackweg durch die Wüste aufsuchen muß. Das Kamel ermöglichte eine Abkürzung und bahnte so dem Welthandel einen Weg. Eine Kamelkarawane bestand aus 100 bis 400 Tieren und war manchmal kilometerlang. Sie beförderte tonnenweise kostbare Räucherharze, aber auch Gewürze, Edelsteine und wertvolle Stoffe wie Seide und Brokat. Die Seidenstraße, aus dem fernen Orient kommend, vereinte sich mit der Weihrauchstraße und bereicherte den Harzhandel mit den Schätzen Chinas und Indiens. Auch Seehandelsrouten waren mit der Weihrauchstraße verbunden.

Wenn wir das Geheimnis der duftenden Harze ergründen wollen, sollten wir uns auf unserer Räucherreise durch die Kulturen solch einer Karawane anschließen, auf ihrem Rückweg ins Unbekannte, zum Ur-

Rast nach einem langen Marsch durch die Wüste

sprungsort des Weihrauchs. Die unermüdlichen Kamele werden uns von Oase zu Oase tragen, und wir können sicher sein, bei jeder Rast am Kamelmistfeuer den spannendsten Erzählungen lauschen zu können. Von Gaza kommend, dem wichtigsten Umschlagplatz der arabischen Waren am Mittelmeer, lernen wir zuerst die geheimnisvolle Felsenstadt Petra kennen und treten von dort den langen Weg durch die Wüste an. Unterwegs werden wir in Oasen vom Volk der Nabatäer Waren und Lebensmittel kaufen können und erfahren, daß sie die mit Harzen beladenen Karawanen auf ihrem Durchzug nach Gaza schon hoch besteuert haben. Wie wir hören, hat sich der Preis der Weihrauch- und Myrrhe-Harze vom Ursprung bis zum Ende der Reise um das Hundertfache gesteigert. Wir werden mindestens drei lange Monate mit der Karawane unterwegs sein, die Hitze wird uns quälen, Stürme werden uns den Sand in alle Falten des Körpers blasen. Wir werden in Beduinenzelten bewirtet, und bei unserem Eintreffen werden Weihrauchkörner aufs Feuer geworfen. Je weiter wir in Richtung Weihrauchland kommen, um so großzügiger wird diese duftende Willkommensgeste sein. Doch der klare Sternenhimmel, das Wüstenlicht und die grenzenlose Weite werden uns die Schönheit der Wüste schenken und alle Strapazen der Reise vergessen lassen.

Wir sind auf dem Weg ins geheimnisvolle Reich der Sabäer, deren sagenhafter Reichtum von Weihrauch- und Myrrhebäumen kommt, die nur hier wachsen möchten – in steinigen Wüsten, im Windschutz der Gebirge und auf einem Boden, der sonst nichts anderes gedeihen läßt. Dort, im heutigen Jemen und Oman, liegt der Ursprung aller begehrten Düfte, nicht nur von Weihrauch und Myrrhe, sondern auch von Balsam,

Cassia und Zimt, die zu jener Zeit auch dort heimisch waren. Später nannten die Römer ganz Arabien wegen dieses Reichtums *Arabia Felix*, glückliches Arabien. Staunend lauschen wir am Feuer den Geschichten über Belakis, der Königin von Saba, der wunderbaren Herrscherin des glücklichen Weihrauchlands.

IM REICH DER BELAKIS

Im heutigen Jemen und Oman, an der Südküste der arabischen Halbinsel, lag vor drei Jahrtausenden das sagenumwobene Königreich der Sabäer, das Reich der Königin von Saba, deren Reichtum die Weihrauch- und Myrrhebäume waren. Die damals gefährliche, mühselige und strapaziöse Reise durch die Wüste begann in Marib, der Hauptstadt ihres Königreiches. 3500 Kilometer Wüstenwanderung lag vor den Kamelkarawanen, wenn sie die Stadt Richtung Mittelmeer verließen. Marib lag am Ostrand der Ausläufer des Hochlands von Jemen inmitten eines großen Wüstengebietes. Riesige Mauern umgaben die Stadt. Diese lag eingebettet in eine 90 Quadratkilometer große Oase. Das Land wurde durch einen gigantischen Staudamm mit 16 Meter hohen Stauwällen das ganze Jahr über bewässert. Der Staudamm von Marib zählte zu den antiken Weltwundern. Die kluge Königin hatte diesen Staudamm mit den Einnahmen aus dem Weihrauchhandel etwa 1000 Jahre vor der Zeitenwende errichten lassen. Viel später, im Jahre 24 n. Chr., wollte das Heer von Kaiser Augustus das stolze Marib erobern, doch die Mauern hielten dem Ansturm stand. Die römischen Truppen zogen ab, rächten sich jedoch für ihre Niederlage mit der Zerstörung des Staudammes.

Von den schützenden Mauern Maribs aus machte sich damals Belakis, Königin von Saba, auf die beschwerliche Reise nach Jerusalem, um König Salomon zu begegnen. In der Bibel, im Buch der Könige, wird von ihrer Reise berichtet: *Und als die Königin von Saba die Kunde von Salomo vernahm, kam sie, um Salomo mit Rätselfragen zu prüfen. Und sie kam nach Jerusalem mit einem sehr großen Gefolge, mit Kamelen, die Spezerei trugen und viel Gold und Edelsteine. . .* Wie man später feststellen konnte, hat die Begegnung der beiden den Handel mit Duftwaren schwunghaft ansteigen lassen. Die Königin wollte sich vermutlich von König Salomon eine Nichteinmischung in ihre Handelsgeschäfte mit dem ägyptischen Reich zusichern lassen. Salomon, dessen Reich am Schnittpunkt der großen Handelswege lag, hätte die Handelsrouten nach Ägypten, besonders jene nach Memphis, sperren lassen können. Die arabische Halbinsel war unter seiner Herrschaft bereits gefallen. Salomon befehligte ein starkes Heer und machte sich außerdem das mächtige Ägypten durch die Heirat mit der Tochter des ägyptischen Pharaos zum Verbündeten. Die Königin Belakis hatte nicht in eine nennenswerte Streimacht investiert. So wandte sie ihr großes Wissen um die Wirkung der Düfte an, wie nach ihr auch Kleopatra, um einen kampfbereiten Herrscher für sich zu gewinnen. Wir wissen, daß ihr dies gelang. Ihre Schönheit, Klugheit und ihre Düfte scheinen Salomon zu einem der schönsten Liebesgedichte der Weltliteratur inspiriert zu haben. Wenn wir das *Hohelied der Liebe* (Kapitel *Israel*) lesen, können wir uns vorstellen, wie intim die Begegnung der beiden vermutlich war. Der Wind hat viel Sand über die Spuren der Karawane der Königin geweht, doch selbst nach drei Jahrtausenden steht der Weihrauch noch in Verbindung mit der weisen Belakis von Saba.

Bei den Weihrauchbäumen

Kehren wir noch einmal zurück ins Reich der viel beneideten Sabäer. Jetzt, wo wir das Geheimnis vom Ursprung der göttlichen Harzbäume kennen, können wir uns die geheimnisvollen Bäume näher betrachten. In der steinigen, wüstenähnlichen Landschaft begegnen wir diesen so außerordentlichen Bäumen. Sie wachsen nicht höher als sechs Meter, und ihre Äste sind manchmal bizarr geformt. Jeder Baum ist eine eigene Persönlichkeit. Alles an ihnen wirkt zusammengezogen von der unbarmherzigen Sonneneinstrahlung. Regengüsse würden die Bäume zerstören. Sie haben ihren Standort im Windschatten der Berge gewählt, wo sie nur der Tau am Morgen befeuchtet. Die Niederschläge müssen unter 100 Millimeter im Jahresmittel liegen, um ihr Gedeihen zu sichern. Der Weihrauchbaum ist sehr wählerisch, was die Bodenbeschaffenheit anbetrifft. Er wächst nur auf dem sogenannten *Weihrauchgürtel*, einem 15 Kilometer breiten Landstreifen, der Kalksteinablagerungen mit einer ganz bestimmten Mineralienzusammensetzung aufweist. Die Bäume gedeihen bevorzugt auf Steinhalden entlang der Ränder von canyonartigen Wadis, den meist eingetrockneten Flußbetten. Der hier ansässige Weihrauchbaum, *Boswellia carteri*, erhielt seinen Gattungsnamen Boswellia von dem Botaniker Johann Boswell aus Edinburgh. Den Artnamen steuerte der englische Schiffsarzt H.J. Carter bei, der 1846 die erste Beschreibung des Weihrauchbaumes verfaßte. Von den vielen verschiedenen Weihraucharten sind hauptsächlich die folgenden drei im Handel:

- *Boswellia sacra,* aus Südarabien, dort auch Buchur genannt,
- *Boswellia carteri,* aus Somalia und Oman,
- *Boswellia serrata,* aus Indien, dort Guggul genannt.

Die Bäume wachsen wild. Die Eigentümer sind oft Nomadenfamilien, die das Harz ernten oder die Bäume zur Nutzung verpachten. Heute gibt es in Somalia Weihrauchgenossenschaften, die das Sammeln organisieren.

Der Weihrauchbaum hält in seinen Harzgängen unter der Rinde eine milchig-weiße, klebrige Flüssigkeit bereit, die bei Verletzung des Stammes austritt, zu Harz gerinnt und eine Art Wundversorgung bildet. Zur Weihrauchernte wird ein Baum an vielen Stellen des Stammes und der Äste eingeritzt. Der Milchsaft erhärtet sich durch die Sonneneinstrahlung und wird mit einem spatelähnlichen Schaber abgekratzt. Das erste und das zweite austretende Harz, das nach etwa einem Monat zu sehen ist, wird meist nicht gesammelt. Erst die dritte Harzansammlung gilt als beste Qualität. Pro Baum können bis zu zehn Kilogramm Harz geerntet werden.

Von der Gattung der Weihrauchgewächse gibt es circa 25 verschiedene Arten, deren Harze jeweils eine andere Duftnuancierung aufweisen. Schon ein kleiner Standortunterschied zwischen den einzelnen Weihrauchbäumen bewirkt eine feine Veränderung des Duftes. Wir können die Weihrauchbaumarten mit verschiedenen Apfelsorten vergleichen. Auch die Art der Ernte, der Trocknung und Lagerung wirkt sich erheblich auf die Qualität des Weihrauchs aus. Nach einer drei- bis viermonatigen Erntezeit läßt der Baum einen besonders reinen, weißen Milchsaft fließen. Dies ergibt die beste und feinste Qualität von Weihrauch-Harz, die seltener im Handel ist. Sie hat im Duft eine helle, reine zitrusartige Note, während eine schlechte Qualität muffig und

Weihrauchbaum

dumpf riecht. Es ist dies oft Harz von einer schnellen Ernte, das danach nicht gut abgelagert wurde. Das heutige Weihrauch-Harz kommt hauptsächlich aus Oman und Somalia.

Weihrauchbäume lieben Wärme und trockene Luft, das gleiche gilt für ihr Harz. Die beste Duftentwicklung beim Räuchern erhält man in einem wohltemperierten Raum oder draußen in der Natur an einem warmen oder heißen Sommertag. Kälte und Feuchtigkeit lassen dem Weihrauch-Harz keine Möglichkeit, seine ätherische zarte Duftblüte beim Verräuchern zu entwickeln.

Viele Menschen haben eine anfängliche Abneigung gegen den Weihrauchduft. Sie verbinden Weihrauch mit Tod und unangenehmen Kindheitserinnerungen. Leider wird in der Kirche nicht immer die beste Qualität von Weihrauch verbrannt. Teilweise ist er künstlich aromatisiert. Der heutige Kirchenweihrauch besteht meist aus einer fertigen Mischung verschiedener Harze. Im Groß- und Einzelhandel werden etwa zehn bis 15 eingeführte Kirchen-Weihrauchmischungen angeboten mit Namen wie Drei-Königsmischung, Gewürzmischung, Edelmischung, Bunte Mischung, Arabisch hell Pontifikal, Palästina-König, Lourdes-schwarz, Gloria, Angelus. Auch der Goldweihrauch wird angeboten. Seine einzelnen Weihrauchkörner sind mit Goldbronze beschichtet. Sie dienen zur optischen Verschönerung der Räuchermischungen. Zur Basis von Weihrauch, Myrrhe und Benzoe werden Gewürze wie Zimt, Nelken oder Blüten wie Lavendel und Rosenblätter gegeben. Besonders wertvolle Mischungen enthalten eine bessere Qualität von Weihrauch-Harzen. Der Großhandel bietet außerdem reines Weihrauch-Harz in verschiedenen Qualitäten an wie Weihrauch Eritrea, Granen naturell, Erbsen naturell, Pulver hell, first choice, Weihrauch Aden gilt zur Zeit als beste Provenienz. Auch Somalia I. Qualität, Mushaad genannt, und Oman, I. Qualität sind empfehlenswert. Aden-Weihrauch duftet am harzigsten, da er den höchsten Gehalt an α-Pinen hat. Falls Sie Einzel-Harze von guter Qualität erstehen konnten, können Sie sich Ihre eigene Weihrauchmischung mit Zutaten wie Gewürzen, Blüten und verschiedenen anderen Räuchermitteln selbst herstellen. Gönnen Sie sich jedoch einmal ein pures Stückchen zitronenklaren, reinen Weihrauchs bester Qualität. Verräuchern Sie es und genießen Sie seinen wunderbaren ätherischen Duft. Große Harzstücke sind übrigens teurer als kleine Stückchen.

Wenn wir uns die vielen Vorteile und Annehmlichkeiten der Weihrauch-Räucherung vergegenwärtigen, ist es kaum zu verstehen, warum er nicht mehr und zu weiteren Anlässen verwendet wird. Gerade in neuester Zeit stellt die Wissenschaft weitere wunderbare Wirkungsweisen des Weihrauchs fest. Amerikanische Forscher haben vor kurzem herausgefunden, daß sich in einem mit Weihrauch beräucherten Raum der Schall der menschlichen Stimme besser überträgt als ohne diese Beduftung. So half der Weihrauch in früheren Zeiten, bevor elektrische Mikrofone und Lautsprecher eine Ansprache oder Predigt verstärkten, zur deutlichen Laut-Übertragung in Kirchen und Tempeln.

Weihrauchbaum mit austretendem Harz

Von der Heilwirkung des Weihrauchs

Die kleinen, bizarren Bäume in der steinigen Wüste schenken uns mit ihrem Milchsaft ein Heilmittel mit großem Wirkungsbereich. Weihrauch wirkt keimtötend, desinfizierend, zellerneuernd, wundheilend, antirheumatisch und insektenabtötend. Bei einer Räucherung treten besonders die psychoaktiven und desinfizierenden Wirkungen in den Vordergrund. Der Weihrauch half, die Antsteckungsgefahr bei großen Menschenansammlungen wie zum Beispiel in Tempeln und Kirchen zu verringern. Gerade in Zeiten der Not, wenn ansteckende Krankheiten und Seuchen die Menschen heimsuchen, werden solche Orte für die bittende Zwiesprache mit dem Göttlichen besonders häufig aufgesucht. In Santiago de Compostela, wo die Pilger auch in der Kirche schlafen, gibt es riesige Räuchergefäße, die große Räucherungen erlauben und so die unangenehmen und eventuell krankmachenden Ausdünstungen verringern.

Weihrauch wird in den arabischen Ländern in Moscheen und Heiligtümern abgebrannt. Aber auch in Häusern und Zelten dient er zur täglichen Reinigung und zum Fernhalten schädlicher Einflüsse.

Die durchblutungsfördernde, antirheumatische Kraft des Weihrauchs hat man sich auch im Westen bis weit in unsere Zeit hinein mit Räucherungen zunutze gemacht. In den älteren Kräuterbüchern finden wir noch genaue Rezeptangaben. Mastix, Lavendelblüten und Weihrauch-Harz wurden zu gleichen Teilen gemischt und verräuchert. Rheumakranke hielten ihre schmerzenden Glieder über den Rauch oder setzten sich auf einem Stuhl mit durchbrochenem Sitz über die Räucherpfanne und umhüllten alles mit einem großen Tuch. So konnte der ganze Körper im wohltuenden Rauch *baden.*

In arabischen Ländern kennt man noch heute vielfältige Heilwirkungen des Weihrauchs. So wird er zum Beispiel bei Zahnschmerzen und zur Fiebersenkung verräuchert. Avicenna, der große arabische Arzt des 11. Jahrhunderts, bezeichnete den Weihrauch als kühlendes Heilmittel und empfahl ihn bei allen hitzigen, entzündlichen Erkrankungen. In den letzten Jahren ist auch die westliche Wissenschaft auf die antirheumatische Kraft des Weihrauchs aufmerksam geworden. An der Universität München konnte in einer Studie die Wirkung von Weihrauch bei Gelenkschmerzen belegt werden. Ein uraltes Heil- und Räuchermittel kann so vielen Menschen, die an der Zivilisationskrankheit Rheuma leiden, zur Hoffnung und Hilfe werden. An der Universität Tübingen wurde die entzündungshemmende Wirkung von Weihrauch durch Versuche nachgewiesen. Weihrauch hat, wie pharmakologische Untersuchungen zeigen, einen starken entzündungshemmenden Effekt. Demzufolge könnte er ein natürliches Heilmittel für Polyarthritis, Rheuma Schuppenflechte oder auch Asthma sein.

Petra, Jordanien

Die Menschen kannten früher noch viele weitere nützliche Anwendungsarten dieses kostbaren Duftstoffes. Weihrauch ist ein natürliches Insektizid. Schon im alten Ägypten wurde im Getreidespeicher geräuchert, um Getreidemotten fernzuhalten. Weihrauchdämpfe können schädliche Insekten in Lebensmitteln abtöten.

Auch zur täglichen Hygiene wurde und wird noch heute der Weihrauch verwendet. In arabischen Ländern, besonders auch in manchen Teilen Afrikas, parfümieren und reinigen sich die Frauen, indem sie sich täglich über ein kleines dampfendes Weihrauchgefäß stellen, um so Körper und Kleider dem Rauch auszusetzen. In Somalia werden Wasserbehälter und Trinkgefäße über aufsteigendem Weihrauch desinfiziert und parfümiert. Noch heute werden Gäste der Nomaden in der Wüste Arabiens mit Weihrauchkörnern, in die Kamelmistglut geworfen, willkommen geheißen und geehrt. In einigen afrikanischen und arabischen Ländern ist noch die Sitte lebendig, Gästen die Gewänder mit Weihrauch zu beduften.

Daß Weihrauch auch eine erotische Komponente in seinem Wohlgeruch verbirgt, erfahren wir aus vielen orientalischen Geschichten. Um ihm diesen Duft zu entlocken, wurde er meist mit Sandelholz, Zimt und anderen sinnlichen Räucherdüften vermischt.

Weihrauch zum atmosphärischen Reinigen

Weihrauch reinigt nicht nur von Keimen und unangenehmen Gerüchen, sondern er ist einer der stärksten atmosphärischen Reiniger. Wenn in Räumen gestritten wurde, wenn dicke Luft sich ausbreitet, wenn in Krankenzimmern, Warteräumen und Prüfungsräumen viele Menschen ihre Sorgen hängengelassen haben wie Mäntel an einer Garderobe, dann kann eine Räucherung mit einem Stück guten Weihrauchs für eine gereinigte, klare Atmosphäre sorgen. Eine Weihrauch-Räucherung ist sinnvoll zum Reinigen, bevor wir ein neues Haus oder eine neue Wohnung beziehen um Altes zu be-reinigen. Auch Heilsteine oder andere Gegenstände, die zum Heilen benutzt werden, können über den aufsteigenden Weih-Rauch gehalten werden. Sie erhalten so ihre ursprüngliche Kraft und Frische wieder.

Der Duft des göttlichen Weihrauchs galt seit Jahrtausenden als eines der stärksten Stimulanzien für den menschlichen Geist, der sich für das Göttliche öffnen möchte und eine Kommunikation mit höheren Schwingungsebenen sucht. Für uns heute eignet sich der Weihrauch besonders gut als begleitender Duft bei Gebet, Meditation und innerer Sammlung. Er reinigt unsere inneren Räume, die feinen Energiekanäle, um uns empfänglich für heilende, geistige und kosmische Schwingungsmuster zu machen. Der Weihrauch ist außerdem ein sehr wirksames Anti-Streß-Mittel. Er kann erhöhten Muskeltonus beruhigen und so ein Gefühl angenehmer Wärme und Schwere erzeugen.

Von der Sinnlichkeit der Erde: Myrrhe

Die Kamele der Karawanen waren mit einem weiteren, noch kostbareren Harz beladen, von dem man in der Antike nicht weniger begeistert war als vom Weihrauch. Das Myrrhen-Harz, manchmal doppelt so teuer wie Weihrauch, bildete zusammen mit dem Weihrauch ein Paar des *göttlichen Wohlgeruchs*. Weihrauch symbolisierte den männlichen, die Myrrhe den weiblichen Teil. Weihrauch war dem Geist und dem Himmel zugeordnet, Myrrhe dem Körper und der Erde. Myrrhe, so hieß es, ist der Duft der Sinnlichkeit der Erde. Wenn wir zum

Myrrhe

Vergleich zwei gleich große Harzbrocken beider Arten in unsere Hände nehmen, werden wir am Gewicht spüren, daß Myrrhe schwerer ist. Das Harz des Weihrauchs ist hell, gelblich und oft klar, das der Myrrhe ist dunkelbraun bis karneolfarben und meist nicht transparent. Myrrhe beinhaltet in konzentrierter Form die Energie der Erde. Deshalb wirkt Myrrhen-Harz erdend, beruhigend, verlangsamend, zusammenziehend und verdichtend. Eine Myrrheräucherung eignet sich hervorragend, um uns Erdenfestigkeit zu verleihen, um uns wieder auf die Beine zu stellen und unseren verwirrten oder angestrengten Geist zu beruhigen. Myrrhe sollte jedoch nicht bei Depressionen verwendet werden, denn sie kann sonst traurig stimmen.

Myrrhe, Duft der Mutter Erde, galt in verschiedenen antiken Kulturen als Symbol für den Schoß der Erde und die weibliche Sinnlichkeit. Im alten Ägypten sollten Myrrheräucherungen die Frauen sinnlich stimmen. Bei den Hebräern bereiteten sich die zukünftigen Bräute durch tägliche Einreibungen mit Myrrhenöl ein ganzes Jahr auf die Hochzeit vor. Für sinnliche Räucherungen wird Myrrhe mit anderen Räucherwaren wie Sandelholz, Labdanum, Benzoe, Cassia und Aloeholz gemischt. Myrrhe, so glaubte man, kann in das Mysterium der weiblichen Gottheiten einweihen und die Menschen mit diesen Kräften verbinden. Sie ist das Harz der alten Göttinnen.

Die Myrrhe war wie der Weihrauch seit der Antike ein bekanntes und sehr geschätztes Heilmittel und wurde im Altertum sogar mit Gold aufgewogen. Bei uns im Westen ist sie weniger bekannt. Myrrhe wirkt wundheilend, gewebestärkend und narbenbildend. Deshalb war Myrrhe ein gebräuchliches Wundheilmittel. Die Myrrhetinktur kann das Zahnfleisch stärken, Paradontose vorbeugen und den gesamten Mundraum desinfizieren. Myrrhenzubereitungen sind ein wirksames Mittel, um unreine Haut zu reinigen. Zu diesem Zwecke badeten orientalische Frauen im Rauch des Myrrhen-Harzes. Die im Rauch enthaltenen Duftstoffe können bei Bronchitis zur Heilung beitragen. Dafür hat man in den Krankenzimmern sanfte Räucherungen mit dem Myrrhen-Harz vorgenommen. Verschiedene wissenschaftliche Untersuchungen von Myrrhen-Harz kommen zu dem Ergebnis, daß es einen tumorhemmenden Effekt auf den menschlichen Körper hat. Man vermutet, daß dies auf den Gehalt von Sesquiterpenlactone zurückzuführen ist. Weitere Untersuchungen werden uns vielleicht die Myrrhe als ein eventuelles Krebsheilmittel darstellen. Eine antike Arznei könnte in unserer Zeit eine neue Indikation erhalten.

Im Mittelalter wurde das Myrrhen-Harz zu *Pestpillen* verarbeitet und gegen Seuchen und Infektionskrankheiten verordnet. Die desinfizierende Kraft des Harzes war also bekannt. Die heilige Hildegard von Bingen beschreibt die Myrrhe als eine fiebersenkende Medizin. Erst in den letzen Jahren ist die Myrrhe als sehr wirksames Mittel zur Behandlung von Pilzbefall, besonders Hefepilzen (*Candida*) im Verdauungstrakt und in der Mundhöhle, erkannt worden. Eine Kur mit Myrrhe kann die Pilze abtöten, ohne die natürlichen Darmbakterien zu zerstören. Wieder, wie bei Weihrauch, kann ein uraltes Heil- und Räuchermittel bei einer unserer Zivilisationskrankheiten hilfreich sein.

Die Myrrhefrau wächst dort, wo auch ihr Partner, der Weihrauchmann, gedeiht. Sie liebt karge, trockene Standorte auf felsigen Hügeln in mittleren Höhenlagen. Sie wächst als Baum oder Strauch und kann bis zu zehn Meter hoch werden. Mit starken Sproßdornen gut bewehrt, kann sie sich gegen Abbiß von Tieren wehren. Wie der Weihrauch wächst sie in zusammengezogener, gedrungener Gestalt. Sie wirkt fast verkümmert. Ihr Stammesdurchmesser beträgt maximal 30 Zentimeter. Die knorrigen Äste sind mit schütterem Laub aus kleinen, einfachen oder dreizähnigen Blättern bedeckt. Die Blüten des Myrrhenbaumes sind klein und unscheinbar, von weißlicher bis hellgrüner Farbe und stehen in hängenden Rispen. Man sieht sie nur Ende August bis Anfang September. Die Früchte ähneln kleinen Oliven. Wenn ihr glatter Stamm eingeritzt wird, tritt sogleich das dickflüssige Sekret aus, das einen bitteren Geschmack hat. Daher leitet sich ihr Name ab, denn bitter bedeutet im Arabischen *murr*. Ein Myrrhebaum liefert jährlich etwa vier Kilogramm Harz.

DÜFTE AUS TAUSENDUNDEINER NACHT

Das Königreich von Saba war eine Keimzelle für die weitere arabische Duftkultur, die noch heute lebendig ist. Kaum ein Volk bekennt seine Liebe zu Düften kunstvoller und kultivierter als die Araber. Berühmte Dichter und Gelehrte schrieben Bücher über Duftsalben, Parfümrezepte und duftbetonte Sinnesfreuden. Der Orient konnte sich zu allen Zeiten der natürlichen Freude an Düften

hingeben, denn der sinnliche Genuß wurde nicht durch strenge religiöse Moral oder enge Moralvorstellungen beschränkt oder verdammt. Im Gegenteil, die Freude am vielfältigen Duft wurde oft mit einem innigen und mystischen Göttererleben verbunden. So konnte sich eine sehr hoch entwickelte Duftkultur entfalten.

Bei der Lektüre von *Tausendundeiner Nacht* umwehen uns die köstlichsten und verführerischsten Düfte. Die Begeisterung am Duft wird hier in allen Lebensbereichen ersichtlich. Es gibt die Düfte der Basare, der Speisen, der Harems, der Parfüms, der Moscheen und vieles mehr.

Im Orient liebt man schwere, süße, erotische Düfte. In einer Räuchermischung befindet sich mindestens eine Zutat, die diese Duftrichtung erzeugen kann: balsamisch-süßes Sandelholz, vanillig-süßes Benzoe-Harz, würzig-warmer Zimt, samtig-schweres Ambra und harzig-balsamisches Adlerholz. Die süßen Düfte können nicht nur das Herz erfreuen, so heißt es in Arabien, sondern sie schützen vor dem bösen Blick. Die Nomaden Marokkos räuchern mit Benzoe-Harz, da sie diesen Duftstoff als eines der besten Schutzmittel betrachten, um die unsichtbaren Mächte, die das Leben der Menschen beeinflussen können, gnädig zu stimmen oder auf Distanz zu halten. Wichtige Ereignisse wie Geburt, Heirat oder Vertragsabschlüsse werden von süß-duftenden Räucherungen begleitet. In der Hochzeitsnacht räuchert der Bräutigam mit Benzoe-Harz und Sandelholz, um unsichtbare gute Geister als Gäste am Hochzeitsfest zu erfreuen. Auch die Gebete werden in arabischen Ländern meist von Räucherungen oder Düften begleitet. Eine der umfangreichsten Weihrauchmischungen wird in der 27. Nacht des Fastenmonats Ramadan verwendet, da es heißt, daß sich zu diesem Zeitpunkt alle negativen Kräfte entfalten können und durch einen besonders guten Duft befriedet werden müssen.

Mohammed, der Prophet des Islam, nennt drei Dinge, die ihm in dieser Welt die liebsten sind: Frauen, schöne Düfte und das Gebet. Sein Lieblingsduft war der Moschus, den man für Parfüms, Salben und Räucherungen verwendete. Moschus stammt aus der Duftdrüse des Moschushirsches (*Moschus moschiferus*). In frischem, unverdünntem Zustand riecht das Sekret nach Urin und Ammoniak, süßlich und fäkalisch. In sehr starker Verdünnung jedoch duftet es erdig und sinnlich. Der Moschushirsch ist eine vom Aussterben bedrohte Tierart und darf nicht mehr gejagt werden. Die große Liebe zum Moschusduft führte zur Dezimierung des Tieres. Moschus gehört zu den Duftstoffen mit der geringsten Flüchtigkeit, das heißt, sein Duft bleibt sehr lange haften. Moschus wurde mit dem Mörtel der Moscheen vermischt und erfüllte noch nach Jahrhunderten die Räume mit seinem Duft. Dazu mischt sich der Wohlgeruch von Rosenwasser, das in den Moscheen versprüht wird. So verbindet sich auf angenehme Weise Duft und Gebet. Moschuskörner und -Öl sind zwar noch erhältlich, jedoch zu einem sehr hohen Preis. Sie sollten aber meiner Meinung nach nicht verwendet werden, um die restlose Ausrottung des Moschushirsches nicht zu fördern. Da synthetischer Moschusduftstoff als krebserregend gilt, sollten wir auch darauf verzichten. Tierische Düfte werden ohnehin in der Räucherheilkunde nicht verwendet. Als Ersatz für echten Moschus gelten die Samen einer Hibiskusart, die Moschuskörner.

Mystische Düfte der Sufis

Die Dichter der Sufis, dem mystischen Orden des Islam, wie Rumi, Hafis, Saadi, haben die Düfte in wunderbaren Versen gepriesen und besungen. Die Sufis wußten von der spirituellen Energie der Wohlgerüche, Räucherungen und Duftöle als Hilfsmittel für ihre mystischen Erfahrungen. Den Düften waren bestimmte Seelenzustände und Entwicklungsgrade zugeordnet. Das Symbol des Sufismus stammte aus dem Reich der duftenden Pflanzen. Es war die mystische Rose, die als *Mutter der Düfte* galt. Der *Vater der Düfte* hingegen war für die Sufis der Amber. Dabei handelt es sich entweder um das Stoffwechselprodukt des Wals, um Styrax oder um das Harz einer bestimmten Kiefernart, *Picea succinfera*. Die Sufis schätzten dieses Harz, das sie im frischen wie auch fossilen Zustand, Amber genannt, Millionen Jahre in der Erde gelagert, verwendeten. Kleine, geraspelte Stücke wurden zum Räuchern genommen. Es waren verschiedene Qualitäten bekannt, wobei der afghanische Amber am meisten geschätzt wurde. Amberräucherungen, die warm, balsamisch und süß duften, galten als Heilmittel für alle Störungen des Herzens.
Avicenna, arabisch Ali Ibn-Sina (980 bis 1037 n. Chr.), der große Arzt und Mystiker, beschreibt in seinen Werken *Canon medicinae* und *Abhandlungen über die Seele* aromatische Harze wie Weihrauch, Styrax, Galbanum, Amber, Asant, Adlerholz und Myrrhe als wirksame Heilmittel. Er bringt diese Duftstoffe auch mit den verschiedenen Zuständen der menschlichen Seele in Verbindung. In den Düften wohnt die Seele der Pflanzen, die auf die Seele der Menschen heilsam einwirken kann.

Wirksame Räucherstoffe der Araber

Die Liste der verwendeten Räucherwaren im Orient, aller Wohlgerüche Arabiens, wie Shakespeare diese Düfte nannte, ist lang. Noch in unserer Zeit werden circa 150 verschiedene pflanzliche Duftstoffe verwendet. In unzähligen Rezepturen wurden und werden sie miteinander vermischt: Rose, Moschus, Amber, Weihrauch, Myrrhe, Mekkabalsam, Adlerholz, Zimt, Sandelholz, Benzoe, Styrax, Koriander, Labdanum, Kampfer, Zimt, Mastix, Jasmin, Asant, Pinien-Harz, Safran, Mastix-Distel, Sandarak, Duftmuschel und Narde.

Rose

Rosa damascena Mill.

Arabien ist das Land der Rosen. Von dort aus brachten Kreuzritter die ersten gefüllten Edelrosen nach Europa. Der persische Dichter Saadi (1189–1291 n. Chr.) besingt in seinem Werk *Gulistan* (Rosengarten) die Rose, Mutter der Düfte, in bezaubernder Sprache. Seine Heimatstadt Schiraz war zu seiner Zeit ein Hauptanbaugebiet der Duftrosen neben Isphahan, wo das feinste Rosenwasser hergestellt wurde. Der Rose Duft entfaltet sich im Rosenöl und Rosenwasser am besten, durch das Räuchern verliert sie viel ihres Aromas. Doch in einer richtig dosierten Mischung, eingebunden in den Duft von Harzen kann sie sich auch im Rauch entwickeln und verleiht einer Mischung eine blumige, zarte und sinnliche Nuancierung. Die Rose, so wußte man in Arabien, hat eine starke Wirkung auf unsere Emotionen. Sie galt als Symbol des romantischen Verlangens und wurde deshalb ganz gezielt eingesetzt, um sinnliche, bezaubernde oder verführerische Stimmungen zu erzeugen. Bei den Sufis war die Rose jedoch auch Symbol der Liebe zu Gott, des Verlangens nach seiner Nähe und der mystischen Vereinigung mit dem Göttlichen. Sie wurde hierfür, mit Harzen gemischt, als Begleitung für mystische Gottesverehrung verwendet. Im Rezept *Rosa mystica* ist diese mystische Kraft der Rose eingefangen. Avicenna widmete der Rose ein eigenes Werk. Er soll als erster das echte Rosenöl destilliert haben. Ge-

Rose

trocknete Rosenblätter verleihen einer Mischung Herzensduft. Der Duft öffnet das Herz und hilft, schmerzhafte Verletzungen auf Herzensebene loszulassen. Auf feinstofflicher Ebene kann er auf das Herzchakra stärkend wirken. Zum Räuchern verwendet man die kleinen Blütenknospen der Damaszener-Rose. Die Blütenblätter werden fürs Räuchern vorsichtig abgezupft. Der innere, harte Teil wird nicht verwendet.

SANDARAK

Tetraclinis articulata (Vahl) Mast. (Syn. Callitris quadrivalis)

Der Sandarakbaum, auch Gliederzypresse genannt, gehört zur Familie der Zypressengewächse, *Cupressaceae*, und gedeiht in Marokko, Algerien, Tunesien und Südost-Spanien bis Malta. In den Heimatländern dieser Zypressenart wird ihr Harz, Sandarak genannt, zum Räuchern sehr geschätzt und von dort aus in andere Länder exportiert. Heute kennt man in westlichen Ländern das Sandarak-Harz nur noch als Rohstoff zur Lackherstellung. Meist verwendet man dazu das Harz von australischen Sandarak-Baumarten (*Callitris collumelaris*). Die Ureinwohner Australiens nehmen das Harz dieser Bäume ebenfalls zum Räuchern her. Zur Harzgewinnung wird der Baum am Stamm und an den Zweigen eingeritzt. Das austretende Harz erhärtet zu kleinen Stalaktiten. Diese werden abgekratzt. Das helle, zitronengelbe oder rötliche bis bernsteinfarbene Harz wird in kleinen stalaktitartigen Tropfen auf orientalischen Märkten verkauft. Im Bruch ist es glasartig glänzend. Es verströmt einen warmen, balsamischen, weihrauchähnlichen Duft. Oft wird es in einer Mischung mit Koriandersamen, Benzoe und Mastix angeboten. Sandarak gilt in der Volksmedizin von Marokko und Algerien als wirksames Mittel der Hebammen, die es bei schwierigen Geburten einsetzen . Wahrscheinlich wirkt es durch seine stark beruhigende und krampflösende Eigenschaft entspannend. In Nordafrika wird Sandarak mit Poleiminze bei Bauchschmerzen von Kindern verräuchert. In Arabien wird der Rauch noch heute zur Behandlung von Schnupfen und Katarrh verwendet. Innerlich wird das Harz gegen Spul- und Bandwürmer eingesetzt. Der warme, balsamische Duft von Sandarak eignet sich für Abendräucherungen, die beruhigen, entspannen und entkrampfen. Der Duft wirkt stark auf unser vegetatives Nervensystem. Er hilft bei Schlafstörungen, die durch Anspannung und Streß hervorgerufen werden. Sandarak wird im Harzhandel noch selten angeboten. Er stammt aus Marokko, wird als *Gummi Sandarak* gehandelt und in Tränen oder als Pulver verkauft. Häufiger findet man im Handel Sandarak von australischen *Callitrisarten.* Er kann als Ersatz für marokkanischen Sandarak verwendet werden, hat aber keine so starke Wirkung wie dieser. Sandarak dient außerdem zum Kitten, für Pflaster und zur Herstellung von Lacken. Das feine Sandarakpulver eignet sich zum Glätten von radiertem Papier. In Arabien wird Sandarak zum Strecken oder Fälschen von Ambra des Pottwals verwendet. Sandarak verbreitet einen weihrauchartigen, balsamischen, leicht fruchtigen Duft. Er erinnert etwas an bestes Copal-Harz. Eine Räucherung mit Sandarak wirkt klärend, kräftigend und innerlich reinigend. Er kann krankmachende Schwingungsmuster in Räumen und dicke Luft neutralisieren. Da er beim Verbrennen viel Rauch erzeugt, wird Sandarak meist in Mischungen und nicht als Einzelräucherung verwendet.

AMBER

Picea succinfera, Ambra, Succinum

Unter Amber, auch Ambra genannt, versteht man meist das Stoffwechselprodukt des Pottwals. Er bildet sich im Darm des Tiers und dient dazu, die Wunden, die durch die scharfen Zähne der gefressenen Tintenfische (*Elodone moschata*) entstehen, zu heilen. Amber wird vom Wal in Form von Klumpen ausgeschieden. Sein spezifisches Gewicht liegt unter 0,9, deshalb schwimmt er auf dem Wasser und kann als Treibgut an den Strand angeschwemmt und aufgelesen werden. Meist wird er aber im Darm eines erlegten Wals gefunden. Schon immer war Ambra, die in den Farben Schwarz, Grau und Weiß vorkommt, ein kostbarer Duftstoff, den sich nur wenige leisten konnten. Amber duftet warm, weich, animalisch, balsamisch und gilt als einer der sinnlichsten und betörendsten Düfte. Tierische Ambra wird in der heutigen Räucherheilkunde nicht verwendet. Eine Nachfrage könnte die weitere Dezimierung der Wale vorantreiben.

Die Ambra der Sufis und auch das im Alten Testament beschriebene, stammt von der Bernsteinkiefer, *Pinus succinifera Schub.*, deren austretendes Harz, aber auch das pulverisierte Holz, ambraartig, warm, weich und honigartig duftet. Im Westen kann man sie nur selten erstehen, in arabischen Ländern oder in Asien wird sie dagegen oft auf Gewürzmärkten angeboten. Amber, wie er im Westen in den Handel kommt, wird oft mit synthetischen Duftstoffen, die den Duft des Ambers nachahmen, angereichert, deren Verbrennung jedoch gesundheitsschädlich ist. In Indien findet man eine ayurvedische Zubereitung, Amber Dhoop, die aus gepreßten, fein zermalenen Kräutern, Amber-Harz, Pimentholz, Sandelholz, Styrax und manchmal Moschus und Kautschuk besteht. Diese Mischung kann als Ersatz für Bernsteinkiefer-Harz verwendet werden. Allein geräuchert oder in Mischung mit anderen Räuchersubstanzen wie Sandelholz, Zimtblüten und Adlerholz verströmt sie einen sehr angenehmen Duft.

Das Harz wurde für alle Störungen des Herzens als Heilmittel empfohlen. Amber, der Vater der Düfte, hilft bei Unruhe und Schwäche des Herzens bei Traurigkeit und Depression. Ja, selbst bei Geisteskrankheit sollte er helfen. Er schafft mit seinem Duft eine Atmosphäre des Trostes. Mit Sandelholz und Zimt ergibt Ambra eine warm-erotische Räucherung. Noch stärker wirksam ist der Amberstein, der Bernstein, *Succinum,* genannt wird, bei dem es sich um fossiles Amber-Harz handelt. In feinen Spänen oder als Pulver wird er als starkes Heilmittel zum Räuchern eingesetzt. (Siehe auch Kapitel *Griechenland*) . Im Räucherwarenhandel ist Bernstein-Bruch erhältlich.

ADLERHOLZ, AGARHOLZ

Aquillaria agallocha Roxb.

Im Orient kennt man die außerordentliche Wirkung des Duftes von Adlerholz. Der persische Dichter Saadi beschreibt in *Gulistan* den ganz besonderen Zauber, den der Duft von Adlerholz hat. Das Holz, das zum Räuchern verwendet wurde, oder das ätherische Öl fanden selten ihren Weg in den Westen. Auch heute ist es hier nur Eingeweihten oder Kennern der besonderen Düfte bekannt. Es ist, als habe das Morgenland das Geheimnis des *Ud*, wie Adlerholz dort genannt wird, eifersüchtig für sich gehütet. *Ud* gilt im Orient als ein Mysterium, mit dem man die Seele auf ihren allerhöchsten Entwicklungsstufen begleiten und unterstützen kann. Adlerholz findet man auf orientalischen Märkten. Das kostbare Räucherholz, *Ud* oder *Oud*, wird in circa drei Zentimenter langen Stückchen angeboten und in kleinen Splittern verräuchert. Es wird als Einzelstoff oder in Mischungen verwendet. Seinen unbeschreiblichen Duft sollten Sie selbst erleben und in Ihre lebendige Duftwahrnehmung aufnehmen. Sandelholz gilt als Duft für Anfänger in der Räucherkultur, Adlerholz jedoch ist ein Schatz für Eingeweihte. *Ud* wird besonders an großen islamischen Festtagen verwendet, wie am 27. Tag des Ramadan, dem Geburtsfest des Propheten, oder zum Abschluß des Fastenmonats. Das Holz wird hierfür mit anderen Räucherzutaten kombiniert. In Marokko wird am Tag der Namensgebung für ein Kind besonders gute Qualität von *Ud* verbrannt. Das Öl oder die Räucherung mit *Udholz* dient bei den Sufis zur Vertiefung von Exerzitien, die die menschliche Seele in tiefe Mysterien einweihen sollen. Auch hat man die Exotik des Duftes geschätzt und *Ud*-Holzsplitter oder -Pulver in verschiedene Räuchermischungen gegeben. Die Geschichten von *Tausendundeiner Nacht* schweben in Duft von Adlerholz, Jasmin, Amber, Rose und Moschus. Ein dort öfter erwähntes Parfüm der orientalischen Damen ist *Naad*, das aus Moschus, Amber und Adlerholz besteht. Wer könnte diesem Duft widerstehen?

SAFRAN

Crocus sativus L.

Das goldgelbe oder tieforange Safranpulver stammt von den getrockneten Blütennarben einer blaulilafarbenen Krokusart. Die Pflanze gehört zur Familie der Irisgewächse, *Iridaceae*. Safran ist einer der teuersten Gewürz- und Duftstoffe. Für zehn Gramm Safranpulver müssen etwa 1500 Blütennarben von Hand gesammelt werden. Das heutige Wort Safran leitet sich vom persischen *Zaffer* ab. Die Blütennarben duften süß, warm, würzig, blumig und einhüllend.

Safran wird als edles Gewürz oder als starker Farbgeber für vielerlei Speisen der orientalischen Küche verwendet. Das extrem kostbare Öl dient als Parfüm. Einige Staubfäden fügt man Räuchermischungen bei. Safranpulver war Bestandteil ganz besonderer Duftkugeln aus Räucherwerk, die nicht verbrannt, sondern mit Perlen und Goldschmuck zu Ketten aufgefädelt wurden. Am warmen Körper getragen verströmten sie ihren betörenden Duft. Zu einem besonderen Anlaß konnten diese kostbaren Duftperlen dann verräuchert werden. Die Safran-Weihrauchkugeln knüpfen an die ägyptische Tradition der Räucherkugeln an. Vom galanten Gebrauch der Duft- und Räucherkugeln berichtet das Gedicht des persischen Dichters Saadi.

Es war im Bad, als aus meiner Geliebten Hand eines Tages ein Parfümierter Stein in die meine gelangt. Seid ihr denn Moschus oder Amber war mein Wort, daß Euer Duft allein so sehr meine Seele betört. . .

Safran gilt im Volksbrauchtum arabischer Länder als starkes magisches Mittel, das bestimmte religiöse Riten bei Geburt, Hochzeit und Todesfall begleitet. Safran wird bei den Nomadenvölkern oft zusammen mit Weihrauch der Braut vor der Hochzeit überreicht. Safran wird hier als fruchtbarkeitssteigerndes Mittel angesehen. Räucherungen von Safran, Nelken, Benzoe, Ingwer und Sandelholz gelten als *Liebesräucherungen*, welche die Zuneigung der Eheleute füreinander wachrufen sollen. In manchen ayurvedischen Räuchermischungen ist Safran ebenfalls enthalten.

ZIMT

Cinnamomum verum Presl.
Cinnamomum cassia Blume

Zu Zeiten der Königin von Saba wuchs in Arabien der Zimtbaum. Seine Rinde wurde über Karawanenstraßen exportiert. Arabische Händler bezogen aber auch Zimt und Cassia aus Ceylon und Indonesien und beförderten sie nach Israel, Griechenland, Rom usw. Sie verbreiteten Schauergeschichten über die Gewinnung der kostbaren Duftrinde, um jeden Neugierigen von der wertvollen Quelle des lukrativen Produktes fernzuhalten. Sie erzählten den staunenden Römern und Griechen, daß die Zimtrinde in steilen Felsklippen aus den Nestern des Vogels Phönix mit Pfeilen heruntergeschossen werden muß. Eine andere Zimtart werde in unheimlichen Sümpfen von geflügelten Schlangen oder von Fle-

1 *Goldweihrauch*

2 *Zimt*

3 *Weihrauch, 1. Qualität*

4 *Weihrauch, gereinigt*

5 *Safranfäden*

6 *Bernsteinkiefer*

7 *Myrrhe*

8 *Adlerholz*

9 *Asant-Pulver*

10 *Sandarak*

11 *Rosenknospen*

dermausungeheuern bewacht, was die braven und gut zahlenden Kunden aus Rom oder Athen staunen ließ. Zimt ist einer der Lieblingsdufte orientalischer Nasen. Seine Süße verleiht er vielen Räucherrezepten, ja, er macht den typischen orientalischen Duft aus, den wir im Westen als süß und schwer bezeichnen. Zimt mischt sich für solche Rezepte gut mit Sandelholz. (Siehe auch die Kapitel *Indien, Ägypten, Japan.*)

ASANT

Ferula assa-foetida L.
Ferula narthex Boiss.

Asant

Der Asant, welcher auch Teufelsdreck genannt wird, ist eine Pflanze, die zu der Familie der Doldengewächse, *Apiaceae*, gehört. Sie ist eng mit dem Liebstöckel verwandt. Asant gedeiht im Iran, Irak, in den GUS-Staaten und Afghanistan und wurde im Orient als Räuchermittel verwendet. Von dort aus wurde er in der Antike nach Ägypten, Griechenland und Rom exportiert. Die Pflanze hat eine weißliche Doldenblüte und fedrige Blätter, die jenen der Karotte ähnlich sind. Nach fünf Jahren wird sie im Sommer dicht über dem Boden abgeschnitten. Das austretende Harz wird eingesammelt und getrocknet. Das Gummiharz wird auf den Märkten des Orients in großen Klumpen angeboten. Der Harzhandel im Westen bietet Asant als *Gummi Asafoetida* an. Man kann ihn als Pulver oder in Stücken erstehen. Beides ist von gelbbrauner Farbe. Die Bruchstelle der Harzbrocken ist weiß und färbt sich rot, später braun. Da er heute noch in der indischen Küche verwendet wird, kann man ihn in speziellen Lebensmittelläden finden. Die klassischen Völker kannten zwei Arten von Asant, den wohlriechenden und jenen, der keinen guten Duft erzeugt. Der wohlriechende Asant ist seit Jahrhunderten verschwunden, wir können ihn nur noch in der Literatur finden. Die Griechen nannten ihn *Sylphion*, die Römer *Laserpitium.* Wir können nicht mehr genau rekonstruieren, von welcher Pflanze er tatsächlich stammte. So müssen wir uns mit dem etwas nach Knoblauch duftenden Asant begnügen, den man schon im Altertum für medizinische Räucherungen, als Nervenheilmittel verwendete. In der orientalischen Küche wird Asant als blähungswidriges Mittel gelobt. Wir im Westen kennen ihn nur als Zusatz in der echten Worcestersauce. Asant wurde in der Räucherheilkunde oft und als starkes Nervenmittel bei Panik, Angst und Nervosität eingesetzt. Der Duft kann helfen, Krämpfe zu lösen. Er galt als kräftigendes Mittel für die Nerven. In der ayurvedischen und tibetischen Medizin ist der Asant ein Heilmittel bei Psychosen und gilt außerdem als ein Aphrodisiakum. Asant riecht etwas nach Zwiebeln und Knoblauch. Sein scharfer Geruch ist nicht immer beliebt. Er sollte zum Räuchern mit anderen Räucherstoffen vermischt werden, die eine ähnliche Wirkung haben. Aber gerade sein stechender Geruch, so heißt es im Orient, kann bösartige Geister vertreiben. Vielleicht sind diese Geister jene Angstneurosen oder Psychosen, die man früher rational nicht deuten konnte und deren Ursprung man deshalb im Magischen suchte. In Marokko verbrennt man noch heute Asant in der Nähe eines Besessenen oder geisteskranken Menschen. Die krankmachenden Geister, so heißt es, lassen dann von ihrem Opfer ab. Asant gilt als bester Schutz vor psychisch krankmachenden Einflüssen. Bei starker innerlicher Erregtheit oder auch bei Schock empfiehlt die Nomadenheilkunde das Verbrennen von Asant und Myrrhe zu gleichen Teilen gemischt.

REZEPTE FÜR RÄUCHERUNGEN AUS TAUSENDUNDEINER NACHT

Räuchergefäß aus Meerschaum

Flug der Seele

Mastix	1 Teil
Sandarak	1 Teil
Weihrauch	2 Teile

Die Harze im Mörser in kleine Teile (aber nicht zu Pulver) zerstampfen. Es ist eine Mischung mit reinem, sehr feinem ätherischem Duft. Sie läßt uns die Sehnsucht nach dem Höheren spüren, lädt ein zu Gebet, Meditation und zum inneren Verweilen. Die Mischung hat eine große, innerlich reinigende Kraft. Bei zu starken Gefühlen kann dieser Duft helfen, uns zu harmonisieren und die Seele zu glätten.

Rosa mystica

Weihrauch	3 Teile
Myrrhe	2 Teile
Styrax	1 Teil
Labdanum	2 Teile
Rosenblätter	1/2 Teil
Sandarak	1/2 Teil
Goldweihrauch	

Weihrauch, Myrrhe, Styrax und Sandarak im Mörser zerreiben. Labdanum mit dem Messer fein schaben und zugeben. Getrocknete, duftende Rosenknospen sind im Handel erhältlich. Die Blütenblätter abzupfen und zwischen den Handflächen verreiben. Alles miteinander vermischen. Sie können eventuell noch einige goldfarbene Weihrauchkörner, im Räucherwarenhandel erhältlich, zufügen. Sie glänzen hell in der dunklen Weihrauchmischung. Der Duft der mystischen Rose der Sufis wirkt auf die feinstofflichen Energien unseres Herzens. Er führt uns zu Gebet und Meditation, die mit der Liebesenergie verbunden sind. Warm, tief und samtig kann der Duft unsere Seele öffnen und unser Herz berühren.

Gulistan – Der Rosengarten

Sandelholz	5 Teile
Adlerholz	1 Teil
Rosenblätter	1/2 Teil
Moschuskörner	1/2 Teil
Zimtrinde	1 Teil
Safran	1/4 Teil
Nelke	1/2 Teil
Benzoe	1 Teil

Sandelholz im Mörser zu Pulver zerstampfen oder direkt als Pulver verwenden. Adlerholz, Moschuskörner, Nelke, Zimtrinde und Benzoe zu Pulver zerstampfen. Rosenblätter gut getrocknet und vom Kelch gezupft zufügen.

Der Mischung enströmt ein warmer, sinnlicher Duft, der uns in einen wunderbaren Rosengarten entführt. Sinnlich und verführerisch umschmeichelt er unsere Sinne zum Entspannen und Loslassen, Träumen und Zärtlichsein. Die Räucherung weckt unsere Inspiration und nimmt uns mit auf den Schwingen der Phantasie.

Karawane mit arabischen Händlern, Miniatur - 13. Jhd.

Wer ist sie,

die da aus der Steppe heraufsteigt

in Säulen von Rauch,

umwölkt von Myrrhe und Weihrauch,

von allen Wohlgerüchen der Händler?

Ein Lustgarten sproßt aus dir,

Granatbäume mit köstlichen Früchten,

Hennadolden, Nardenblüten,

Narde, Krokus, Gewürzrohr und Zimt,

alle Weihrauchbäume,

Myrrhe und Aloe,

allerbester Balsam.

Die Quelle des Gartens bist du,

ein Brunnen lebendigen Wassers,

Wasser vom Libanon.

Nordwind,erwache! Südwind herbei!

Durchweht meinen Garten,

laßt strömen die Balsamdüfte!

Das Hohelied der Liebe (Bibel 3,6 und 4,13-16)

8 ISRAEL

Was die Heiligen Drei Könige brachten

Sie öffnete einen kleinen Salbentopf aus fein gemasertem Alabaster. Sicher kam dieser aus dem fernen Ägypten. Woher sie ihn wohl hatte? Ein wunderbarer Duft entstieg dem Gefäß. Würzig, schwer und geheimnisvoll. Wir wußten sofort: Das ist der Duft des Öls der Könige. Schwerer Nardeduft und warm-würziger Balsamgeruch von kostbarstem Räucherwerk, dem Balsam von Gilea, verströmte der dunkelbraune Inhalt des Gefäßes. Magdalena hatte diesen kostbaren Duft, mit dem nur Könige gesalbt werden, von ihrem Vater erhalten. Er hatte den einzigen Balsambaumwald Israels besessen. Er war vor einigen Jahren gestorben. Sie goß etwas davon auf ihre Hände, beugte sich nach vorn und salbte Seine Füße.

DES KÖNIGS LIEBE FÜR DÜFTE

Halten Sie beim Lesen des *Hohenliedes der Liebe* gelegentlich inne, schließen Sie die Augen und lassen Sie sich in Ihrer Vorstellung von den köstlichen Düften aus Zuneigung, Liebe, Sinnlichkeit und Freude berühren: warm-samtener Zimt, balsamischer Weihrauch, süßer Safran, blumig-süße Hennablüten, würziger Kalmus, wärmend weicher Balsam, geheimnisvolle Aloe mit tiefer Würze. Während Sie diese Düfte genießen, streift der warme Südwind sanft Ihren Körper, und eine feine Quelle murmelt im Gras. . .

In der Bibel finden wir die ausführliche Dichtung über die Sinnlichkeit und den Charme der Düfte. Das *Hohelied* des Alten Testaments gehört zu den bezauberndsten Beschreibungen über die Wirkung von Wohlgerüchen in der Weltliteratur. Wir verdanken dieser Hymne an die Düfte eine beinahe präzise Aufzählung von Gewürzen und Duftwaren, die die Israeliten 1000 v. Chr. verwendeten. Wir werden beim Lesen eingeladen zu einem duftenden Spaziergang durch die antike Pflanzenwelt. Zu Zeiten König Salomons, der als Autor des *Hohenliedes der Liebe* gilt, blühte der Handel mit Duft- und Räucherwaren. Sein Königreich lag an einem wichtigen Handelsknotenpunkt. Der Handel florierte, der Reichtum des Königs und des ganzen Volks mehrte sich. Jerusalem war eine Hauptstadt der damaligen Parfümeurskunst. Die Parfümeure, Salbenhersteller und Räucherwaren-Handwerker hatten dort sogar eine eigene Straße. König Salomon selbst scheint ein großer Liebhaber der Düfte gewesen zu sein und sicher hatte er genügend Erfahrung auf dem Gebiet der duftenden Erotik. Er soll neben seiner schönen Gemahlin noch unzählige weitere Frauen beglückt haben. Liebe, Erotik und Duft waren zu dieser Zeit eng miteinander verwoben; die Liebe selbst wurde mit Duftsymbolik ausgedrückt. Die Damen der damaligen Zeit scheinen sich nicht wie heute mit einem Tupfer Parfüm hinter dem Ohr begnügt zu haben, sondern sie rieben ihren gesamten Körper so lange mit Duftöl ein, bis Haut und Duft eins geworden waren und weder durch Waschen der Haut noch durch eine andere Art voneinander getrennt werden konnten. Sechs Monate lang salbten sie den Körper mit Myrrhen- und Balsamöl, und weitere sechs Monate lang pflegten sie sich mit duftenden Bädern, die mit Myrrhe oder Labdanum parfümiert waren. Sinnenfreuden und Duft waren zu diesen Zeiten untrennbar miteinander verbunden. Doch verlassen wir König Salomon beim Genuß seiner Räucher-

Die Ruinen von Marib

waren, und beginnen wir mit der Geschichte des hebräischen Räucherwerks von Anfang an.

Vom Räucherrezept Gottes

Die Hebräer waren von den sie umgebenden Kulturen stark beeinflußt worden, deren Duftkultur sie übernahmen. Sie selbst kannten als einfaches Hirtenvolk kaum den Gebrauch von Räucherwerk, Parfüm und Duftsalben für sakrale und profane Zwecke. Aus der Zeit der frühen Hebräer sind uns wenig Spuren einer Räucherkultur überliefert. Die ersten Propheten sprechen von vielen Möglichkeiten, wie man Jahwe, ihren Gott, gnädig stimmen kann, sogar von Kinderopfern. Düfte jedoch werden noch nicht erwähnt. Josef, der von seinen Brüdern an ismaelitische Gewürz- und Duftwarenhändler verkauft worden war, hatte verschiedene Parfüms und Räucherwaren nach Israel geschickt, die es dort nicht gab. *Die trugen Würze, Balsam und Myrrhe und zogen hinab nach Ägypten* (1. Moses 37,26). Doch in der langen ägyptischen Gefangenschaft hatten die Juden viele Kenntnisse über sakrale und profane Räucherungen erlangt. Als sie Ende des 2. Jahrtausends v. Chr. endlich in ihr Land zurückkehrten, begannen sich auch hier das Wissen und der Gebrauch von Räucherwerk zu verbreiten. Moses erhielt nun von Gott eine Anweisung für das erste bekannte biblische Räucherrezept. Damit er auch alles richtig ausführe, wurden Moses vom Herrn genaue Mengenangaben mitgeteilt mit der Anweisung, wie die verschiedenen Ingredenzien zu verarbeiten seien. Dies ereignete sich circa 1500 v. Chr. Das Rezept war Bestandteil des Gebotes Gottes, worin er befahl, man solle ihm Räucherwaren opfern, und war auch gleichzeitig mit einem Verbot verbunden: Wer diese Räucherung aus weltlichen Gründen für sich selbst durchführe, solle von seinem Volk ausgerottet werden. Das von Gott Moses eingegebene Rezept für den Tempelweihrauch können wir im Buch Exodus (30,34–37) nachlesen. Der Herr sprach zu Moses: *Nimm dir Duftstoffe, Balsam, Stakte, Galbanum und reinen Weihrauch, von einem soviel wie vom anderen und mache Räucherwerk daraus. . . Und du solltest es zu Pulver stoßen und sollst etwas davon vor die Lade mit dem Gesetz in die Stiftshütte bringen, wo ich dir begegnen werde. . .* Moses wurde weiter vorgeschrieben, wie ein Räucheraltar nach den Gesetzen Gottes aussehen sollte: *Du sollst auch einen Räucheraltar machen, zu räuchern, von Akazienholz. Und du sollst ihn mit feinem Golde überziehen, seine Platte und seine Wände ringsherum und seine Hörner. Und sollst einen Kranz von Gold*

ringsherum machen (Moses 30, 1–3). Der Altar, den Moses baute, war 45 Zentimeter lang und breit, ungefähr einen Meter hoch, und sein Akazienholz war mit Goldplatten bedeckt.

VOM RAUCHOPFER

Im Buch Exodus wird uns zum erstenmal die sakrale Bedeutung des Rauchopfers bei den Hebräern erklärt, gemäß den Worten Jahwes, die Moses empfing. Der aufsteigende Rauch ist *ein Bild für den Odem und den Namen des Herrn.* Das Räuchern war so zu einer Kommunikationsmöglichkeit zwischen Menschen und Gott geworden, zu einer Botschaft an den Himmel. Das Rauchopfer galt als hochheilig. Der Duft des Tempelweihrauchs und des heiligen Salböls, dessen Rezept Moses ebenfalls von Gott eingegeben wurde, galt als Präsenz Gottes und als Garantie der Verbindung zwischen Gott und Mensch.

Aber Gott sei gedankt, der uns allezeit Sieg gibt in Christus und offenbart durch den Wohlgeruch seine Erkenntnis an allen Orten!
(2. Korinther 2, 14–16)

In der Kabbala werden die vier Bestandteile des heiligen Tempelsräucherwerks in ihrer mystischen Bedeutung erklärt. Sie stehen für die vier Elemente Wasser, Erde, Luft und Feuer. In der christlichen Auffassung symbolisieren sie die vier Formen des Gebetes: Bitte, Fürbitte, Lobpreisung und Dank. Balsam, Myrrhe, Galbanum und Weihrauch sollten auch die vier innerlichen Haltungen Demut, Glaube, Liebe und Hoffnung ausdrücken, die sich im aufsteigenden, duftenden Rauch vereinen. Die Oberpriester räucherten morgens und abends auf dem Räucheraltar, um heilige Handlungen zu unterstützen.

Im Laufe der Zeit jedoch wurde das strenge Gesetz aufgelockert und das Räuchern wurde auch zu anderen Zwecken praktiziert. In den ersten Jahrhunderten des Christentums durfte der göttliche Rauch für einen gewissen Zeitraum die heiligen Handlungen jedoch nicht begleiten. Das Räuchern war für 200 Jahre als heidnischer Brauch aus den Kirchen verbannt worden. Zur Zeit Konstantins des Großen (280–377 n. Chr.) siegte jedoch das menschliche Empfinden für die Heiligkeit der sakralen Düfte, und der Weihrauch wurde wieder in den Gottesdienst aufgenommen und ein fester Bestandteil der Kulthandlungen der römischen und griechischen Kirche. Die überschwengliche Nutzung von Weihrauch führte jedoch zu einem Raubbau, und das kostbare Harz wurde knapp. Papst Pius V. gestattete deshalb den Gebrauch von Perubalsam für Räucherungen als Ersatz für Weihrauch. Trotzdem hat sich der Weihrauch bis in unsere Zeit als heilige Räucherung in der katholischen Kirche erhalten. Der heute nach Deutschland importierte Weihrauch wird hauptsächlich für gottesdienstliche Anwendungen und zur Herstellung von Duftkerzen gebraucht. Das schwingende Räuchergefäß, *turibulum, thymaterium* oder auch *incensorium* genannt, das duftende Rauchschwaden entweichen läßt, ist uns allen wohlbekannt. Es

Hebräischer Räucheraltar

wurde erst im 9. Jahrhundert entwickelt. Zuvor wurden die aromatischen Substanzen in offenen Gefäßen verbrannt. Das schwingende Räuchergefäß ist über Jahrhunderte zu einem Kunstobjekt der Handwerkskunst auserkoren worden. Besonders kunstvoll waren die Gefäße der italienischen und spanischen Gotik. Selbst den Engeln legte man die Ketten der Räuchergefäße in ihre zarten Hände, wie zahlreiche Plastiken und Malereien zeigen. Im Münster von Freiburg zum Beispiel schwingt ein Engel fleißig den Weihrauchkessel in einem Bleiglasfenster.
Auch die Gefäße zur Aufbewahrung des kostbaren Weihrauchs, *acerra* oder auch *busta* genannt, wurden kostbar gestaltet und drücken den hohen materiellen und mythischen Wert des Weihrauchs aus. In den Schatzkammern der Kathedralen befinden sich goldene Weihrauchschiffchen, in denen der Weihrauch ab dem 13. Jahrhundert aufbewahrt wurde, und auch goldene Löffel, mit denen er von den Priestern auf die glühende Kohle gestreut wurde. Daß beim überschwenglichen Gebrauch von Weihrauch schon so mancher Ministrant umkippte, läßt sich auf die psychoaktiven Wirkstoffe in diesem Harz zurückführen. Weihrauch enthält wie Marihuana Tetrahydrocannabinole, die eine bewußtseinserweiternde Wirkung haben. So kann eine besonders kräftige Weihrauchräucherung leichte Bewußtseinsänderungen verursachen.

VOM DUFT DER KÖNIGLICHEN KLEIDER

Kehren wir zurück zu den Hebräern, die nach der Aufhebung der strengen Gesetze in Düften schwelgen konnten. Weiteres Räucherwerk fand seinen Einzug in den Gottesdienst und die Haushalte. Den Frauen wurden ganz bestimmte Reinigungsriten vorgeschrieben, zu denen der Gebrauch von Duft- und Räucherstoffen gehörte. Beliebt war es zum Beispiel, Gewänder und Decken zu parfümieren. Hierfür legte man zwischen die Textilien, die in Truhen lagen, duftende Pflanzen und Harze. Man hielt die Kleidung aber auch über ein Räuchergefäß, und der aufsteigende Rauch beduftete diese. Von König David heißt es, daß er seine königlichen Gewänder parfümierte, um die Königstöchter benachbarter Reiche zu verführen. *Von Myrrhe und Aloe, von Kassia duftet all dein Gewand* (Psalm 45,9).
Neben den für das Räucheropfer genannten Aromata wie Weihrauch, Styrax, Galbanum und Myrrhe (Stakte) nannte der Herr in einem Rezept für eine heilige Salbe weitere vier Duftstoffe: Balsam, Zimt, Gewürzrohr und Zimtnelken, die zusammen die acht Wohlgerüche Moses` ergeben. Doch bald wurden den acht Grunddüften weitere zugefügt. Mehr und mehr schätzte man die Räucherungen und Salben für sakrale, aber auch profane Zwecke.
Das Herz freut sich an wohlriechender Salbe und Räucherwerk. . .
(Sprüche 27,9).

Weitere Wohlgerüche, die von den Israeliten zum Räuchern verwendet wurden, waren: Aloeholz, Mastix, Myrte, Labdanum, Narde, Zeder, Sandelholz und Opoponax.

DIE SCHUTZPATRONIN DER WOHLGERÜCHE

Mit der Narde verbindet sich in der Bibel eine Frauengestalt, die diese Pflanze ganz bewußt in ihrer Symbolik von Wertschätzung und Barmherzigkeit gebraucht. Maria Magdalena salbte die Füße Jesu mit einer Nardenöl-Mischung, zum Entsetzen der geizigen Pharisäer, denn dieses

Salböl stellte damals einen ungeheuren Wert dar. Der Vater Maria Magdalenas war Händler von Duftwaren gewesen und hatte ihr drei Alabasterfläschchen mit dem kostbaren Öl der Könige vererbt. Maria Magdalena wurde so die Heilige der Wohlgerüche. Im Mittelalter war sie in ganz Europa die Schirmherrin der Parfümeure.

Welche Wertschätzung die Öle in der damaligen Zeit hatten, können wir an den Geschenken der Heiligen Drei Könige erkennen. Weihrauch und Myrrhe werden in einem Atemzug mit Gold genannt. Die Könige aus dem Morgenland brachten die drei wertvollsten Gaben ihrer Zeit, zwei davon Räucherharz.

Aber als sie den Stern sahen, wurden sie sehr hoch erfreut und gingen in das Haus hinein und sahen das Kind mit Maria, seiner Mutter. Und sie warfen sich nieder, huldigten ihm, taten ihre Schätze auf und brachten ihm Gaben dar, Gold und Weihrauch und Myrrhe (Matthäus 2, 10–11).

Folgen wir doch den drei Königen mit der Nase ins Duftland der Hebräer, wo wir die Räucherstoffe näher kennenlernen werden.

Wirksame Räucherstoffe der Bibel

Die acht Wohlgerüche Moses

Cassia, Kassia

Cinnamomum cassia Blume

Cassia, auch chinesischer Zimt genannt, war Bestandteil des heiligen Öls und wurde auch als Parfüm verwendet.

Darum hat dich der Herr, dein Gott, gesalbt mit Freudenöl vor deinen Genossen. Von Myrrhe, Aloe, von Cassia duftet all dein Gewand (Psalm 45,8–9).

Cassia wurde manchmal als Bestandteil der heiligen Räucherung im Tempel verbrannt. Auf langen Handelsstraßen aus Ostasien bis nach Israel gelangte Cassia zu den Hebräern. Man verwendete die getrocknete Rinde und die getrockneten Knospen für Räuchermischungen. Zimt und Cassia eignen sich als Bestandteil für weihnachtliche oder sinnliche Räuchermischungen. Cassia wird heute in Indonesien, Vietnam und Japan angebaut (siehe die Kapitel *Indien* und *Japan*).

Weihrauch

Boswellia sacra carteri Birdw.

Dieses Harz, *Levonah* genannt, zählte zu den Tempelschätzen der Israeliten (Nehemia 13,5). Es war Bestandteil des berühmtesten Tempelweihrauchs von Moses, wurde aber auch als Einzelstoff verräuchert. In der Bibel wird Weihrauch 22mal erwähnt. Bis zu Salomons Zeiten wurde Weihrauch ausschließlich für religiöse Zwecke verwendet. Alte Legenden berichten, daß Adam, der Stammvater der Menschen, bei seiner Vertreibung aus dem Paradies Weihrauch mitnehmen durfte. Nach Israel wurde er von den Phöniziern über die Gewürzroute durch Südarabien gebracht. Im Land selbst gedieh der Weihrauchbaum nicht. Die Heiligen Drei Könige brachten Weihrauch wahrscheinlich aus dem Jemen als kostbares Geschenk für das Jesuskind mit. Heute noch wird der Weihrauch, auch *Olibanum* genannt, als Räucherwerk bei Zeremonien und im Gottesdienst der römisch-katholischen Kirche gebraucht. (Siehe die Kapitel *Arabien* und *Ägypten*.)

Balsam

Commiphora gileadensis (L) Engl.
Commiphora opobalsamum (L.) Engl.

Der Balsam dieses Baums wird auch *Mekkabalsam* oder *Balsam von Gilea* genannt. Er gehört zur gleichen Familie wie Weihrauch und Myrrhe, zu den Balsambaumgewächsen, *Burseracae.* Dieser Baum oder Strauch kann in den heißesten Wüsten gedeihen. Seine Blätter, die aus drei bis fünf Fiederblättchen bestehen, wirft er in der Trockenzeit ab. Die kleinen Steinfrüchte enthalten einen gelben, duftenden Samen, den man auskochte und preßte, um eine wachsartige Räucherware zu erhalten. Der Baum wird zur Ernte angeritzt und scheidet einen blaßgelben bis grünen, honigartigen Saft aus, der im Trocknungsprozeß mehr und mehr eine rote oder rotbraune Färbung annimmt und fest wird. Der Balsambaum gedieh zu biblischen Zeiten hauptsächlich in den Wäldern von Gilea und in den Bergen um Mekka, woher sich sein Name Mekkabalsam ableitet. Die beste Qualität erntete man damals in der Gegend um Jericho und im Dorf En-Gedi am Berge Zion. Der Balsambaum stand unter königlichem Monopol und war ein wichtiges und kostbares Handelsprodukt. Zur damaligen Zeit bezahlte man den Balsam-Harz mit dem doppelten Silbergewicht. Neben dem Balsam wurden auch das Holz als Balsamholz und die Früchte des Baums als Balsamkörner gehandelt. Der Duft des Balsams scheint die antike Welt bezaubert zu haben. Plinius schreibt, daß dieser Duft alle anderen übertreffe. Balsam duftet zitronenartig, weich, kräuterig, samtig, balsamisch-warm und rosmarinähnlich. Maria Magdalenas Vater besaß einen Balsamwald, und er war beauftragt, das Salböl für die Könige herzustellen. Im heiligen Salböl wie im Tempelweihrauch war Balsam enthalten. Judäa hielt geschickt über lange Zeit das Monopol über die Balsambäume und exportierte den Balsam in die gesamte antike Welt. Ägypter wie Hebräer benutzten Balsam sowohl als sakrales Räucherwerk wie auch zum Einbalsamieren und zur Herstellung der wertvollsten Parfümsalben. Über die Kreuzritter kam Balsam nach Europa und war auch hier eine der kostbarsten und seltensten Räucherwaren. Doch irgendwann reißt die Duftspur dieses balsamischen Wohlgeruchs ab, und er geriet im Westen in Vergessenheit. Heute ist er kaum mehr bekannt, und es ist (fast) unmöglich, reinen Balsam zu finden.

Balsambaum

MYRRHE

Commiphora abyssinica (Berg) Engl.

Myrrhe wird in der Bibel ebensooft erwähnt wie Weihrauch, scheint jedoch bei den Hebräern vom Duft her dem Weihrauch vorgezogen worden zu sein. Beide wurden bis zu den Zeiten Salomons (960 v. Chr.) nur zu kultischen Zwecken verräuchert. Myrrhe war Bestandteil des heiligen Tempelweihrauchs und wird im Rezept als *Stakte* angegeben. Für dieses Produkt wird frisch geerntete Myrrhe oder Myrrhenrinde mit Wasser gekocht und danach ausgepreßt. *Stakte* wurde in der Antike noch mehr geschätzt als Myrrhen-Harz. Der Preis für *Stakte*, so berichtet uns Plinius in seiner im 1. Jahrhundert erschienenen 37bändigen *Naturkunde*, lag um vieles höher als jener für Myrrhe. So war das Geschenk der Weisen aus dem Morgenland besonders wertvoll, denn sie brachten dem Jesuskind die kostbare *Stakte* und nicht die Myrrhe. Myrrhen-Harz war auch Bestandteil des heiligen Öls und eines der geschätztesten Schönheitsmittel der Hebräerinnen. Myrrhe wurde Jesus zur Geburt, aber auch zu seinem Tode gegeben. Man reichte sie ihm vor der Kreuzigung. Im Altertum war es üblich, dem Verurteilten vor der Hinrichtung Myrrhewein als Betäu-

Myrrhe

bungsmittel zu reichen. Die umfangreichen Reinigungsriten der hebräischen Frauen schreiben den großzügigen Gebrauch von Myrrhe vor. Die Myrrhe wird im Harzhandel als *Gummi Myrrhae* angeboten und stammt zum größten Teil aus Somalia (siehe die Kapitel *Arabien* und *Ägypten*).

ZIMT

Cinnamomum zeylanicum Breyn.

Die Zimtrinde war Bestandteil des heiligen Salböls und diente den Hebräern als Räuchermittel, Parfüm, Raumduft, Aphrodisiakum und Gewürz. Sie wurde von weit hergebracht (siehe die Kapitel *Indien, Japan, Ägypten*).

NARDE

Nardostachys Jatamansi (Wall.) D.C.

Die Narde gehört zur Familie der Baldriangewächse, *Valerianaceae*. Von der Pflanze wird hauptsächlich die aromatische Wurzel verwendet. Ihr Duft ist erdig, moschusähnlich, manchmal an Ziege erinnernd. Plinius nennt die Nardenwurzel *kleine Ziege*. Die Pflanze wächst im Himalaya auf einer Höhe von 3000 bis 5000 Metern. In der Antike hielt man die Nardenwurzel für den Schwanz eines Tieres, denn sie trägt gelockte Haare (Wurzelhaare), welche die längliche Wurzel tatsächlich wie einen Tierschwanz aussehen lassen. Narde wurde in Israel zu Räucherungen und Salbungen verwendet. Die Wurzel wurde manchmal der heiligen Weihrauchmischung im Tempel zugefügt. Im *Hohen Lied* wird sie dreimal erwähnt.

Solange der König an seiner Tafel saß,
gab meine Narde ihren Duft
(Hoheslied 1,12).

Narde war einer der kostbarsten Duftstoffe. Sie galt als Liebesduft, aber auch als eine mit starker mystischer Kraft ausgestattete Pflanze. Man verwendete sie als heiliges Öl zur Salbung von Königen und von Verstorbenen. Sie steht in besonderer Verbindung zu Maria Magdalena.

Da nahm Maria ein Pfund echter,
kostbarer Nardensalbe, salbte Jesus die
Füße und trocknete mit ihren Haaren
seine Füße ab. Das Haar aber wurde
erfüllt vom Geruch der Salbe
(Johannes 12,3).

Der geheimnisvolle und herbe Duft der Narde hat eine starke Wirkung auf unser vegetatives Nervensystem. Je nachdem, wie die Narde mit anderen Räucherstoffen vermischt wird, entfaltet der Pflanzenduft seine ganz spezifische Wirkung. In der Räucherheilkunde ist die Narde seit der Antike als starkes Sedativum zur Behandlung von Nervenkrankheiten bekannt. Bei allen Arten von Unruhe, Angstgefühlen, auch bei nervösen Schlafstörungen und Streßbelastung kann die Narde tiefgehend beruhigen, erden und ausgleichen.

Als Räucherung erdet sie und eignet sich gut bei Nervosität und Streßbelastung durch zuviel Kopfarbeit. Zum Räuchern wird die kleingeschnittene Wurzel auf Räucherkohle oder auf ein Räucheröfchen gelegt. Es ist zu empfehlen, die Narde mit anderen Kräutern und Harzen zum Räuchern zu mischen, da ihr Geruch als Einzelstoff zu streng und scharf ist. Da die Narde ein sehr seltener und kostbarer Räucherstoff war, wurde sie oft durch das ähnlich duftende Kamelgras, *Cymbopogon schoeanthus (L.)*, ersetzt. Dieses wuchs wild im Gebiet der Hebräer. Seine Wurzeln wurden getrocknet und kleingeschnitten.

ADLERHOLZ

Aquillaria agallocha Roxb.

Der Adlerholzbaum wird häufig in der Bibel erwähnt. Leider wird er von den Übersetzern der Bibel oft verwechselt mit der Aloe, einer Pflanze aus der Familie der Affodillgewächse. Es ist teilweise nicht mehr zu rekonstruieren, wann im Bibeltext Aloe oder Adlerholz gemeint ist. Adlerholz stammt von einem Baum, der in Nordindien gedeiht. Das duftende Holz dieses Baumes gehörte zu den kostbarsten Räucherwaren der Antike. Könige benutzten es, um in seinem aufsteigenden Rauch ihre Gewänder und den Bart zu parfümieren und die Gemächer zu beduften (siehe die Kapitel *Japan* und *Arabien*).

ALOE

Aloe ferox Miller
Aloe barbadensis Miller

Aloe ist eine Pflanze mit dicken, schwertähnlichen Blättern, ähnlich der Agave. Sie gehört zur Familie der *Asphodelaceae*, den Affodillgewächsen, früher der Familie der Liliengewächse zugeordnet. Die Blätter sind in den Rändern dornig gezähnt. Der Blütenstengel, der bis zu 60 Zentimeter lang werden kann, trägt röhrenförmige orange-gelbe Blüten. Die dunkelbraunen, kantigen, harz- oder gummiartigen Aloestückchen bestehen aus dem zum Trocknen eingedickten Saft der Blätter. Heute wird dazu meist die Kap-Aloe, *Aloe capensis*, aus Südafrika verwendet. Die Aloe wächst heute in sehr vielen Ländern der Erde. Sie stammt aber ursprünglich aus dem Südwesten Arabiens. Von phönizischen und griechischen Händlern wurde sie weit verbreitet. Seit der Antike wird der Saft frisch oder eingedickt als starkes Abführmittel und zur Darmreinigung verwendet. Der Saft wird über offenem Feuer etwa vier Stunden lang eingedickt. Noch im heutigen Arzneimittelschatz ist die Aloe vertreten. Wenig bekannt ist, daß die

Aloe

1 *Aloe*
2 *Narde*
3 *Zimtblüten*
4 *Weihrauch, gereinigt*
5 *Galbanum*
6 *Adlerholz*
7 *Weihrauch*
8 *Myrrhe*
9 *Goldweihrauch*
10 *Weihrauch*

Aloe zu den klassischen Räucherstoffen gehört. Sie wurde in Mesopotamien, Ägypten und Griechenland sehr geschätzt, wo man sie zum Heilen, Einbalsamieren und Räuchern verwendete. Die Hebräer zählten Aloe zu den heiligen Räucherstoffen und benutzten sie ebenfalls zum Einbalsamieren.

Nachdem Jesu Leichnam ins Grab gelegt worden war, brachte Nikodemus Myrrhe gemischt mit Aloe
(Johannes 19,39).

Aloe entwickelt beim Räuchern einen fruchtig-süßen, schweren, warmen Duft. Er erinnert etwas an reife Pflaumen oder schwarze Johannisbeeren. Beim Verbrennen bilden sich kleine Blasen, die sich wie Boviste öffnen und Rauchwölkchen ausstoßen. Aloe wird in Mischungen verräuchert und verleiht diesen einen warmen, angenehmen Fond. Aloe entspannt, beruhigt und wärmt innerlich.

GALBANUM

Ferula galbaniflua Boiss.
Ferula gummosa Boiss.

Galbanum, ein *Oleo-Gummi-Resin*, stammt von fenchelartigen Doldengewächsen ab, die wild im Iran und Libanon gedeihen. Vom Galbanum gibt es im Handel zwei Arten, den weichen, levantinischen von gelblicher bis oliv-brauner Farbe, der hauptsächlich seines Geruchs wegen geschätzt wird und deshalb zum großen Teil in der Parfümerie Verwendung findet. Die zweite Art von Galbanum-Harz ist von harter Konsistenz und wird auch persischer Galbanum genannt. Diese Art wird wegen ihres hohen Heilwerts geschätzt. Galbanum duftet grün, moosig, holzig, balsamisch, waldig, harzig, moschusähnlich. Er ist im Duft von hoher Komplexität. Aus dem rohen Galbanum-Harz wird das Galbanumresinoid hergestellt, indem man es mit Lösungsmitteln reinigt. Die so entstandene feste Masse wird zum Räuchern verwendet. Galbanum war einst ein geschätztes Heilmittel. Es wurde zur Beruhigung bei starker nervlicher Belastung und bei Angstzuständen, besonders bei Platzangst, eingesetzt. Es beruhigt und entspannt bei verwirrter und angespannter Stimmungslage. Das Galbanum-Gummiharz war Bestandteil des heiligen Tempelweihrauchs. Im alten Mesopotamien war Galbanum ein viel gebrauchtes Räucherwerk, und wahrscheinlich haben die Israeliten während ihrer babylonischen Gefangenschaft seinen Gebrauch kennengelernt. Von dort wurde das Galbanum nach Israel eingeführt. In der Bibel wird Galbanum zweimal erwähnt. Während der Weihrauch nur für sakrale Zwecke verwendet werden durfte, wurden Galbanum und Myrrhe oft in Mischungen auch im häuslichen Bereich verräuchert (siehe auch das Kapitel *Mesopotamien*).

REZEPTE FÜR RÄUCHERUNGEN AUS DEM HEILIGEN LAND

Drei-Königsweihrauch

Weihrauch	3 Teile
Myrrhe	2 Teile
Benzoe	1 Teil
Mastix	1 Teil
Zimtrinde	1/2 Teil

Die Harze im Mörser zerstampfen. Zimtrinde oder Zimtblüte (*Flores Cassiae*) extra zerstampfen und dann den Harzen, eventuell mit einer kleinen Menge Goldweihrauch, zufügen. Dies sind Weihrauchkörner, die mit Goldbronze beschichtet sind. Sie glänzen golden und sehen sehr dekorativ aus in einer Räuchermischung. In der katholischen Kirche wird der Goldweihrauch zu speziellen Anlässen verräuchert.

Er duftet voll und wärmt uns innerlich, stärkt und richtet auf – ein Geschenk für Körper, Seele und Geist. Diese Räuchermischung eignet sich besonders zur seelischen Revitalisierung, wenn wir uns ausgelaugt und ohne Energie fühlen.

Besuch der Königin von Saba bei König Salomon

Schutzengel (*für Simocho*)

Weihrauch	1 Teil
Mastix	2 Teile
Sandarak	1 Teil
Dammar	1 Teil

Die Harze im Mörser zu feinen Stückchen klopfen, nicht pulverisieren. Prisenweise auf Räucherkohle verwenden.

Eine feine, ätherisch duftende Mischung, die uns schützend in ihre Duftaura hüllt. Es heißt, dieser erhabene Duft verbinde mit den helfenden Kräften der Engel – ein Duft, der Gebet, Meditation und Innenschau sanft unterstützt und unsere Seele stärkt. Er neutralisiert negative Energien und schafft eine reine Atmosphäre.

Sehr schöne Texte für Engelmeditationen finden sich im Buch: *Die verlorenen Schriftrollen der Essener* von Dr. Ed. Bordeaux Székely.

Reich der Engel

Mastix	2 Teile
Iriswurzel	1/2 Teil
Myrtenblätter	1/2 Teil
Dammar	1 Teil
Sandarak	2 Teile

Die Harze im Mörser fein zerstoßen, jedoch nicht zu Pulver zermalen. Iriswurzel raspeln oder zermörsern, Myrtenblätter zwischen den Handflächen zerreiben. Alle Zutaten mischen.

Ein Duft voller Zartheit und Licht. Er verleiht uns Flügel, um ins Reich der Engel zu fliegen. Die Mischung aktiviert das Engelbewußtsein, öffnet für spirituelle Energie und unterstützt bei feinstofflicher, heilerischer Arbeit.

König Davids Verführung

Myrrhe	4 Teile
Adlerholz	1/2 Teil
Zimtrinde	1 Teil
Sandelholz	1 Teil

Adlerholz wird im Mörser fein zerstampft, Myrrhe ebenso. Zimtpulver und Sandelholzpulver dazumischen und prisenweise verräuchern.

König David scheint mit Mischungen wie dieser die Damenwelt seiner Zeit verführerisch umschmeichelt zu haben. Über dem aufsteigenden Rauch wurden die königlichen Kleider parfümiert, natürlich auch das Schlafzimmer. Es ist eine samtigwarme Mischung mit einer verführerischen Duftnote für zärtliche Stunden.

Busamé - Der Geheime Garten

Myrrhe	1 Teil
Zimtrinde	1 Teil
Narde	1 Teil
Sandelholz	2 Teile
Mastix	1 Teil
Rosenblätter	

Nardenwurzel fein zerschneiden. Myrrhe und Mastix im Mörser zerstampfen. Sandelholz und Zimt fein zerstampfen und mit den anderen Zutaten vermischen. Einige wenige getrocknete Rosenblätter zufügen.

Ein warmer, tiefer Duft mit feiner Sandelholznote, der einlädt, sich in einen geheimen Garten zu legen, zu träumen und tief zu entspannen. Ein Duft, der innerlich ausgleicht. Bei Streß, innerer Unruhe und Schlaflosigkeit eine Hilfe, um sich zu beruhigen und zu entspannen.

Tempelweihrauch

Styrax	1 Teil
Myrrhe	2 Teile
Weihrauch	2 Teile
Galbanum	1/2 Teil

Die festen Harzteile fein zerstoßen und mit den weicheren Zutaten verkneten. Eventuell erbsengroße Räucherkugeln formen. Diese hebräische Mischung symbolisiert die vier Elemente. Sie verströmt einen balsamischen würdevollen und kräftigen Duft. Sie eignet sich für Gebet, Anrufung und Meditation.

Oh, Großvater Wakan Tanka, sieh uns an!

Auf die heilige Erde lege ich dieses

Dein Gras. Der Rauch, der sich aus Erde und Feuer erhebt,

wird allem gehören, was sich im Universum bewegt:

den Vierbeinern, den Geflügelten und allem, was sich bewegt, was ist.

Dieses Opfer von ihnen geben wir nun Dir, o Wakan Tanka!

Wir werden alles heilig machen, was wir berühren.

Räucherungszeremonie zur Visionssuche
Aus: >>Über dem Rand des tiefen Canyon<<, Dennis und Barbara Tedlock

9 AMERIKA

Pflanzen der Kraft

Ich schaue hinunter. Dort unten liegt die Erde. Gerade erwachend und sanft beleuchtet vom Silberstreif des Morgens am Horizont. Vier Nächte und Tage habe ich gewacht, gebetet und gesungen. Habe tief in mich hinein geblickt und gesucht , war wach nach außen, nach oben. Ich suchte nach meiner Vision. Rang nach etwas, das mir den Sinn meines Lebens enthüllen sollte. Die Nacht war hart gewesen. Meine Ängste hatten mich angefallen wie ein Rudel hungriger Wölfe. Beinahe hätte ich aufgegeben. Doch dann fiel mir der kleine grüne Medizinbeutel meines Großvaters ein, den ich auf ein Stück Rinde gelegt hatte. Er war aus grünem Hirschleder, verziert mit Perlen. In der Nacht tastete ich mit den flachen Händen auf dem felsigen Grund, um ihn zu finden. Er war da; ich öffnete ihn. Er war gefüllt mit duftenden heiligen Kräutern. Großvater hatte mir eingeschärft, diese Mischung nur im äußersten Notfall zu verwenden. Wenn ich Hilfe brauchte, um meine Helfer herbeizurufen. Ich legte eine Handvoll der Kräutermischung auf die heißen Steine meiner kleinen Feuerstelle. Warmer, kräftiger Duft umhüllte mich. In mir glättete sich meine Angst. Mein Geist folgte dem Rauch nach oben und dann war es, als öffnete sich eine Wolkenwand und ich sah alles ganz klar vor mir, ich sah mich selbst, meinen Weg und meine Aufgabe in diesem Leben. Ich danke Wakan Tanka für diese Vision, für dieses Licht, für diese Kräuter der Kraft.

VOM GLEICHGEWICHT DER ERDE

Die indianischen Völker des amerikanischen Kontinents haben bis heute ein Wissen bewahrt, das vom Vater Himmel, der Mutter Erde und von allen Lebewesen als Brüder und Schwestern erzählt. Alles lebt in einem unantastbaren Gleichgewicht, von dem die *Elnog*, die Menschenwesen, ein wichtiger Bestandteil sind. Achtung, Verantwortung und Wertschätzung der Erde, den Pflanzen, den Tieren und den Menschen gegenüber sind eine natürliche Konsequenz aus der indianischen Geistes- und Glaubenshaltung.

Die ins Land eindringenden Weißen belächelten die religiöse Naturverbundenheit der Indianer, denn es war für sie niederes Heidentum, Pflanzen und Tiere wie Brüder und Schwestern zu achten. Sie hielten die Indianer für eine primitive Kultur ohne nennenswerte Schrift, Kunst und Bauwerke, die nicht weiterer Beachtung lohnte. Doch nun ist der weiße Mann mit der westlichen Zivilisation an seine Grenzen gestoßen – eigentlich an jene der Mutter Erde. Die Errungenschaften der Zivilisation haben sich maßlos ausgeweitet und ins Zerstörerische gekehrt: das Wasser der Erde wurde vergiftet, die Luft leblos, und ein immer größer werdendes Ozonloch läßt krebserzeugende tödliche Strahlung in die Atmosphäre eindringen. Erst jetzt haben unsere Wissenschaftler erkannt, daß die Erde ein Organismus ist, der achtsam behandelt werden muß, wie es die Indianer schon damals beschrieben. Die Erde ist ein Wesen, das seine Bewohner nährt, aber auch Achtung und Respekt braucht. Verblüffenderweise sind sich in unserer Zeit modernste wissenschaftliche Methoden und uraltes indianisches Geistesgut sehr nahegekommen. Ob wir doch Brüder und Schwestern sind, wie Häuptling Seattle in seiner Rede 1855 an den Präsidenten in Washington sagte. . .

Eine Annäherung der ungleichen Geschwister könnte eine Rettung aus dem derzeit bedrohlichen, näherrückenden Zusammenbruch des gesamten Ökosystems der Erde sein, denn erst durch Achtung und Wertschätzung der Mutter Erde und aller ihrer Lebewesen können wir das nötige Verständnis für einen nichtzerstörerischen Umgang mit der Natur wachsen lassen.

SPIRITUELLE WEGBEGLEITER

Das Räuchern mit indianischen Pflanzen kann uns für eine tiefere und respektvollere Art mit Pflanzen in Kommunikation zu treten, öffnen. Der heutige Umgang mit Heilpflanzen in westlichen Zivilisationen beschränkt sich oft auf ein enzyklopädisches Wissen, ein Sammeln von Fakten über Inhaltsstoffe und Wirkungsweisen. Daher kann der Pflanzengeist, das Wesen der Pflanze, nicht mehr zu uns sprechen. Wir können bei einem mehr intuitiven Pflanzenwissen selbst erleben, daß Heilpflanzen Träger von Kraft, Heilung und Wissen sein können. Die

Pflanze selbst kann uns Dinge lehren, die nicht in Büchern zu finden sind. Gerade bei Räucherungen, so heißt es in allen traditionellen Kulturen, offenbart sich das Wissen der Pflanzen den Menschen. Kraft kann dabei von den Räucherkräutern auf denjenigen, der sie anwendet, übertragen werden. Die traditionellen indianischen Räucherpflanzen sind Pflanzen der Kraft, Geschenke der Mutter Erde, die den Menschen in seiner Sehnsucht und auf dem Weg zu seinem Ursprung im Himmel begleiten. Dem aufsteigenden Rauch folgen die Gedanken zu Wakan Tanka, dem Schöpfer aller Dinge. Um richtig und in Frieden über die Erde zu gehen, gibt es Pflanzen, die die Menschen auf ihrem spirituellen Weg unterstützen. Sie können stärken, Furcht nehmen, negative Einflüsse neutralisieren, geistig und atmosphärisch reinigen und die Visionssuche, die Suche nach dem Sinn des Lebens, unterstützen. In Harmonie und Schönheit mit allen Dingen der Schöpfung zu leben, bedeutet in der indianischen Religion, ein guter und glücklicher Mensch zu sein. Pflanzen können den Menschen in seinem Streben danach unterstützen. Duftender heiliger Rauch kann dem Menschen helfen, seinen ganz persönlichen Lebensweg und seine Lebensaufgabe zu erkennen. Räucherungen werden eingesetzt, um Heilungszeremonien zu unterstützen und das innere Heilungspotential zu aktivieren. Sie begleiten außerdem Zeremonien der Initiation, des Übergangs, des Abschieds und des Wachstums. Heilige spirituelle Tänze werden von Räucherungen begleitet aber ebenso Ratsversammlungen und Namensgebungen. Selbst Pferde und heutzutage auch Autos, werden von den Indianern vor einer langen Reise beräuchert. Das Räuchern ist wie in allen anderen archaischen Kulturen der Welt eine Handlung, die die Menschen mit den göttlichen Energien verbindet – es verkörpert die Öffnung für Kosmisches und Göttliches.

Indianische Räucherpflanzen sind oft besonders zähe, kräftige Pflanzen, die unter schwierigen Lebensbedingungen gedeihen, vergleichbar mit jenen des hohen Himalayas. Sie sammeln ihre Kräfte und geben diese bei Räucherungen weiter. Sie wirken oft kräftigend, verbindend mit Erde und Himmel zugleich. Die Weite des Horizonts, die Unendlichkeit der indianischen Landschaft liegt im würzig aromatischen Duft dieser Pflanzen, die dabei neue Horizonte in uns öffnen.

Seit jeher räuchern die Indianer in Tonschalen, in Eisenpfannen, auf heißen Steinen oder in blauschimmernden Muschelhälften, welche mit etwas Sand gefüllt werden, bevor darauf glühende Kohle zum Räuchern gelegt wird. Um die Kohle am Glühen zu halten und den Rauch zu verteilen, werden besonders schöne, große Federn, die oft mit Perlen verziert sind, zum Fächeln verwendet. Die Federn der verschiedenen

Vogelarten stehen symbolisch für bestimmte Weisheiten und Energien, wie zum Beispiel die Adlerfeder für Kraft und Energie, die Eulenfeder für Wissen und Weisheit. Eine ähnliche symbolische Anwendung von Federn finden wir in der tibetischen Kultur.

Die heilige Pfeife

Eine ganz besondere Art des Räucherns entwickelten die Indianer für das Pfeifenritual: die Räucherkräuter werden in einer heiligen Pfeife geraucht. Die Pfeife symbolisiert die Erde mit ihren weiblichen Elementen (der Pfeifenkopf) und den männlichen Elementen (das Pfeifenrohr). Im Verbrennen des Tabaks und im aufsteigenden duftenden Rauch wird das Element des göttlichen Himmels und des Schöpfers sichtbar. Diese Zeremonie verbindet die Erde und die Menschen mit dem Himmel, denn der aufsteigende Rauch trägt die Gedanken und Wünsche der Ratsuchenden wie eine Botschaft zum Schöpfer. Bei der Pfeifenzeremonie wird die Pfeife zuerst den sechs Himmelsrichtungen dargeboten, dann wird damit die Erde berührt und anschließend wird sie nach oben zum Himmel gehalten. Danach beginnt das zeremonielle Rauchen reihum, von Gesängen und Gebeten begleitet. Zum Rauchen wurde Tabak oder eine Mischung, *Kinnick Kinnick*, verwendet. Diese traditionelle Mischung enthält neben Tabak auch Pflanzen wie Königskerze, Yerba Santa, Rotweide, Sweetgrass, Bärentraube, Osha-Wurzel, Passionsblume, Sassafrasrinde, Birkenrinde und Piment. Tabak wächst wild in Nord- und Südamerika und gilt als heilige Pflanze mit sakraler Bedeutung, weil sie die Menschen mit den Göttern verbindet. Aber auch Heilanwendungen zur Behandlung von Lungenkrankheiten, Zahnschmerzen, Wechselfieber und vieles mehr waren bekannt. Die weißen Siedler übernahmen den Tabak als Heilpflanze, doch der Mißbrauch als reines Genußmittel setzte sich immer mehr durch. Die alte Kraftpflanze wurde verbraucht und nicht mehr gebraucht, die krankmachende Umkehrwirkung setzte ein.

Tipi für Zeremonien

Pfeife für Zeremonien

Indianische Reinigungs-Zeremonien

Indianische Räucherzeremonie

Eine einfache Räucherzeremonie zur inneren Reinigung und Zentrierung eignet sich sehr gut zum Zusammenkommen im Beginn von Seminaren, Zeremonien, Schwitzhüttenritualen, Besprechungen, Heilungen und ähnlichem. Wir sitzen dabei im Kreis. In einer Räucherschale oder der Räuchermuschel werden die Räucherkräuter entzündet. Die Leiterin oder der Leiter der Zeremonie geht nun im Uhrzeigersinn von einer Person zur anderen, setzt oder stellt sich vor diese und bietet ihr den Rauch zur Reinigung an, während der Rauch ihr dabei sanft mit einer Feder zugefächelt wird. Man zieht den Rauch mit den Händen zum Herzen, über den Kopf, die Arme und zum Schluß Richtung Erde und stellt sich dabei vor, daß der Kräuterrauch innerlich reinigt und stärkt. Zum Schluß wird die Räucherschale nach draußen auf die Erde gestellt, so lange, bis Kräuter und Kohle verbrannt sind. So bieten wir den Rauch als Gabe an den Platz und seine feinstofflichen Energien an. Einfache Lieder oder Gebete können die Zeremonie unterstützen.

Wirksame Räucherstoffe der Indianer Nordamerikas

Salbei, White Sage

Salvia apiana

Der Salbei gehört zu den gebräuchlichsten Räucherpflanzen der Indianer. In Nordamerika gedeihen verschiedene Arten des Salbeis, welche von den jeweiligen Stämmen der verschiedenen Regionen verwendet werden. Salbei wird zum Räuchern wie auch für viele verschiedene heilende Anwendungen gebraucht. Die Navajos zerreiben die Blätter und behandeln damit Verbrennungen. Bei rheumatischen Beschwerden gebrauchen viele Stämme den Salbei zur Räucherung und als heißen Umschlag. Indianerstämme, die in heißen, wüstenähnlichen Gegenden leben, verwenden Salbeitee, um den Flüssigkeitsverlust durch Schwitzen zu reduzieren. Salbei wirkt schweißhemmend und hält das Wasser im Körper, deshalb sollen die Apachen in Kriegszeiten so lange in der Wüste überlebt haben. Eine der beliebtesten Salbeiarten zum Räuchern ist der *Weiße Salbei, Doh-loo-na,* heute *White Sage* genannt. Er gedeiht in den Küstengegenden des südlichen Kaliforniens in der Region zwischen Santa Barbara und der Baja California. Diese kräftige Salbeiart hat Blätter, die weißlich behaart sind, was der Pflanze ihren Namen verlieh. Die blauen Lippenblüten stehen in schönem Kontrast zu den silbrig-weißen Blättern und Stengeln. Dieser Salbei gilt bei den Indianern als atmosphärisch stark reinigende Pflanze, die zum Beispiel vor Heilungsritualen, für Schwitzhüttenzeremonien und rituelle Feste verwendet wurde und wird. Aber auch Räume und Gegenstände werden mit Salbeiräucherungen gereinigt. Beim Räuchern entwickelt diese Pflanze einen herb-frischen Duft. Sie erfrischt den Geist und soll das Gedächtnis stärken. White-Sage-Räucherungen unterstützen unseren Weg zur Weisheit und geistigen Klarheit. Statt des Weißen Salbeis kann auch eine andere Salbeiart verwendet werden. Wichtig ist, daß der Salbei gut getrocknet ist, da er feucht einen muffigen Geruch erzeugt. Man kann ihn im Topf oder im Garten leicht kultivieren. Manche Duft- und Heilpflanzengärtnereien bieten verschiedene Salbeiarten, die sich zum Räuchern gut eignen, an, wie:

Gartensalbei

Salvia officinalis L.

Diese Salbeiart ist ursprünglich in Mittelmeerländern heimisch. Da sie nicht winterhart ist, muß sie in Gegenden mit rauhem Klima im Haus überwintern. Der Gartensalbei entwickelt beim Räuchern einen krautig-süßen typischen Salbeiduft.

Räuchersalbei

Salvia repens var. repens

Diese Salbeiart stammt aus Afrika. Sie trägt besonders schöne und üppige blaue Blüten. In Südafrika werden die Blätter zeremoniell verräuchert. Der Räuchersalbei verströmt beim Räuchern ein starkes harziges Aroma. In Duftgärtnereien ist die Pflanze erhältlich und läßt sich problemlos kultivieren.

Russischer Salbei

Perovskia abrotanoides Karel
Perovskia atriplicifolia Benth.

Diese Pflanze ist botanisch kein Salbei, wird aber wie Salbei verwendet und hat ähnliche Inhaltsstoffe. In Rußland gebrauchte man die Pflanze seit altersher zum Räuchern und als Kräutertabak. Sie hat den sehr intensiven fruchtig-krautigen Salbeiduft und eignet sich gut als Zugabe in Räuchermischungen. Die Pflanze ist in Duftgärtnereien erhältlich und leicht zu halten.

Die Ernte sollte an einem warmen Sommertag erfolgen. Zum Trocknen von Salbei schneidet man die einzelnen Ästchen ab, die dann auf ein Tuch gelegt oder in kleinen Büscheln aufgehängt werden können.

Salbei wird bei den Indianern traditionellerweise oft mit Wacholderspitzen und Süßgras zum Räuchern gemischt. Salbeiräucherungen eignen sich sehr gut zum Reinigen von Räumen, Gegenständen und besonders zur Begleitung von Heilungszeremonien. Auch im europäischen Mittelalter wurden Krankenzimmer mit Salbei ausgeräuchert. Salbei gehört in den traditionellen Pflanzenschatz der Räucherheilkunde vieler Völker, denn er erzeugt eine Atmosphäre des Heil-Seins und gibt Impulse zur Heilung. Die Indianer kennen den Salbei als ausgleichende Pflanze bei Streit, Haß und Uneinigkeiten. Seine desinfizierende und lungenstärkende Kraft macht den Salbei auch zu einer Räucherpflanze, die bei chronischen Bronchialerkrankungen die Heilung unterstützt.

WACHOLDER, HOO-NA

Juniperus monosperma Sarg.

Der Wacholder gehört zu den traditionellen Räucherpflanzen der Indianer. Zum Räuchern werden die immergrünen Zweigspitzen verwendet, die einen süß-warmen Duft verströmen. Er wirkt aufbauend, heilend, zentrierend und innerlich reinigend, zudem stärkt er unsere innere Würde. Die bekannten Zedernspitzen der indianischen Räuchermischungen sind in Wirklichkeit Wacholderspitzen. Wacholderräucherungen werden heute noch von Indianern viel angewendet. Sie begleiten heilige Zeremonien, dienen als Willkommensgruß für einen Gast, unterstützen bei einer Peyotezeremonie. Mit Wacholder werden noch heute Pferde und Autos abgeräuchert. Wacholder-Räucherungen, so heißt es, dienen besonders gut als Begleitung für Gebete und heilige Lieder, da ihr würdevoller Duft diese zum Schöpfer aller Dinge trägt, und er wird bei Schwitzhüttenzeremonien auf die heißen Steine gelegt. Der Wacholder der Hochwüsten, zum Beispiel in New Mexico, Arizona und Utah, hat eine besonders kräftige, warme, aromatische Note. Er war bei den Indianern schon immer sehr geschätzt. Sein Duft weitet den Geist, er öffnet, schafft inneren Raum und ein Gefühl der Klarheit. Dieser Wacholder eignet sich für jede Art des Räucherns.

Statt dieser Wacholderart werden von den Indianern Nordamerikas auch die getrockneten Nadeln oder das Holz der Weihrauch-Zeder, *Calocedrus decurrens*, ein Baum, der zur Familie der Zypressengewächse gehört, verwendet. Dieser Baum, der hauptsächlich in der Sierra Nevada, in der Baja California und im Norden Oregons verbreitet ist und etwa 30 Meter hoch wird, gilt wie der Wacholder als heiliger Baum der

Wacholderbaum im Canyon Chelly

Kraft, der über das Räuchern einen Platz oder einen Wohnraum mit stärkender Energie aufladen kann. Indianischen Wacholder kann man meist als indianische *Zedernspitzen* im Räucherfachhandel beziehen.

SÜSSGRAS, SWEETGRASS

Hierochloe odorata (L.) Wahlenb.

Das nach Vanille duftende Süßgras, das auch Senecagras oder Mariengras genannt wird, gehört zur großen Familie der Süßgräser, *Pocaceae*, die circa 9000 Arten zählt. Viele Vertreter dieser Familie, wie Palmarosagras, Citronellagras, Vetiver, Ingwergras, haben einen hohen Anteil an duftendem ätherischem Öl in ihrem Pflanzengewebe und ergeben so beim Verbrennen einen aromatisch duftenden Rauch. Das Süßgras gedeiht in den großen Prärieebenen der USA, aber auch in Kanada, und selbst in Europa wächst ein duftendes Süßgras (siehe Kapitel *Nordeuropa*). Es liebt feuchten Boden, seine langen Grashalme sind am unteren Ende rötlich gefärbt. Pflanzen von Süßgras aus Amerika und Europa werden in Duftgärtnereien angeboten und sind sehr leicht im Topf oder Garten zu halten. Die Indianer flechten aus den langen Gräsern Zöpfe, lassen diese trocknen und verwenden sie so zum Räuchern. Dazu wird der Graszopf an einem Ende angezündet und sanft wieder ausgeblasen. Er glimmt langsam weiter und verbreitet so seinen Duft. Man kann das trockene Süßgras zum Räuchern im Zopf verwenden, aber auch kleinschneiden, um es so zum Beispiel mit anderen Räucherkräutern besser mischen zu können. Süßgras verströmt beim Räuchern einen angenehmen leichten Duft, der etwas an Waldmeister und frisch gemähtes Gras erinnert. Es wirkt atmosphärisch reinigend und wird bei den Indianern ebenfalls zur Schwitzhüttenzeremonie und verschiedenen Reinigungszeremonien verwendet. Auch für eine Tabakmischung für die heilige Pfeifenzeremonie wird Süßgras gebraucht, das dann mit der Rinde der Weide vermischt wird. *Gute hilfreiche Geister lieben den Duft von Süßgras*, heißt es in der indianischen Tradition, das Verbrennen von Süßgras zieht positive Energien an. In Zeremonien, die zur Heilung dienen, die eine positive Verbindung von Lehrer und Lehrling schaffen sollen, die zum Reinigen eines Platzes und zur Visionssuche dienen, und für vieles mehr, wird der süße und angenehme Duft des Süßgrases geschätzt. Traditionell wird zuerst mit Salbei geräuchert, um einen Platz atmosphärisch grob zu reinigen, denn *Salbei macht die bösen Geister krank*. Danach räuchert man mit Süßgras, um eine positive Atmosphäre zu schaffen. Süßgras zieht die hilfreichen Geister an.

Süßgras ist ein Wellness-Duft für die Seele. Es schafft eine angenehme reine Atmosphäre, in der inneres Loslassen, Heiterkeit, Leichtigkeit und Heilung geschehen. Es verbündet die Räuchernden mit den positiven Kräften eines Platzes, einer Zeremonie. Süßgrasräucherungen können hilfreich sein, damit sich Menschen in einer Gruppe besser aufeinander einstimmen können. Wie wäre es, eine Konferenz mit einer Süßgrasräucherung zu beginnen?

WÜSTENBEIFUSS

Artemisia tridentata Nutt.

Im Südwesten Amerikas gedeiht eine Beifußart, die dort fälschlicherweise

als Wüstensalbei, *desert sage*, bezeichnet wird. Die Pflanze liebt trockene, sandige Böden. In den Hochwüsten zwischen den silbrigen Wüstenbeifußsträuchern lebt auch der Coyote, er ist ein heiliges Tier bei den Indianern, das oft als Totemtier verwendet wurde. Er steht für Wissen, List und die Kraft, auch in schwierigen Situationen zu überleben. Der Wüstenbeifuß gilt als Pflanze des Coyoten, der in der indianischen Mythologie mit dieser Pflanze das Wasserungeheuer besänftigt. Bei ganz bestimmten heiligen Zeremonien, so zum Beispiel beim Sonnentanz, wird der Wüstenbeifuß von den Tänzern an der Kleidung, der Maske und an Fuß- und Armgelenken getragen. In der Tradition der Indianer gilt der Wüstensalbei als Schutzpflanze vor dem Einfluß krankmachender Geister und Energien. Seine reinigende Kraft wirkt auf Körper und Geist zugleich. Wüstenbeifuß wird bei den Indianern eingesetzt, um Plätze von negativen Einflüssen zu reinigen. Der Boden der Schwitzhütte wird oft mit Wüstenbeifuß ausgelegt, so daß während der Zeremonie der Duft die Schwitzhütte erfüllt. Zeremonielle Gegenstände wie die Heilige Pfeife, Medizinbeutel, Gebetspfeile, Schilde usw. reinigt man im aufsteigenden Rauch des Wüstensalbeis. Diese Pflanze wird von den Indianern zu Räucherstäben, circa zehn Zentimeter lang und zwei bis drei Zentimeter im Durchmesser gebunden, die getrocknet zum Räuchern dienen. Wüstenbeifuß wird einzeln wie in Mischungen zum Räuchern verwendet. Der Duft dieser Pflanze gibt Kraft in Zeiten, in denen wir uns innerlich geschwächt fühlen, er hilft uns, zu unserer eigenen Kraftreserve zurückzufinden. In unserer hektischen Zeit, wo wir oft unsere inneren Grenzen überschreiten, uns veräußerlichen und verausgaben, kann eine Räucherung mit dieser uralten Kraftpflanze hilfreich sein, zu den Grenzen unserer eigenen Kraft zurückzufinden.

HEILIGES KRAUT, YERBA SANTA

Eriodictyon californicum Benth.

Yerba Santa gedeiht im trockenen Klima der Bergregionen Arizonas, New Mexicos, Mexikos und Kaliforniens. Deshalb trägt die Pflanze auch den Namen *Mountain Balm.* Sie wächst als zäher, etwa ein Meter hoher Strauch, dessen dunkelgrüne, ovale Blätter weißlich behaart sind. Am Ende der Zweige stehen in Ständen von sechs bis zehn die weißlichen bis blauen Blüten. Bei starker Sonneneinstrahlung scheidet die Pflanze an Blättern und Stil eine gummiartige Flüssigkeit aus, die von starkem aromatischem Duft ist. Der Name dieser Pflanze verrät auch, daß es sich hier um eine heilige Kraftpflanze der Indianer handelt. Traditionell wird sie im Medizinbeutel aufbewahrt, gilt als Sitz großer heilender Kräfte und wurde für vielerlei Zwecke verwendet. Man sagt, die Pflanze könne negative Einflüsse und krankmachende Kräfte neutralisieren. Ihr Duft schafft eine Atmosphäre der Heilung und des Heilens, deshalb wurde Yerba Santa, das Heilige Kraut, zum Räuchern für Heilungszeremonien und am Krankenbett verwendet. Es kann, so heißt es in der indianischen Überlieferung, innere Schwäche, Ängste, innere Verletzungen mindern und helfen, diese in Stärke und Vertrauen zu verwandeln, und unterstützt einen inneren Reifeprozeß. Es eignet sich, um in einem Raum, die negative Atmosphäre, die durch Streit, Angst, Agression entstanden ist, zu neutralisieren und die Luft der Heilung einkehren zu lassen. Yerba Santa kann helfen, Fehlverhalten, das zu Krankheit geführt hat, zu korrigieren und besser auf uns selbst zu achten. Heute wird diese Pflanze auch in der kalifornischen Blütentherapie verwendet, um Selbstliebe zu fördern, die dann zu einem inneren Reifeprozeß führen wird.

In der indianischen Heilkunde wurde Yerba Santa als bevorzugtes Heilmittel bei allen Erkrankungen der Atemwege verwendet. Man bereitete daraus einen Tee, machte Umschläge und räucherte. Das Kraut soll besonders gut helfen bei chronischer Bronchitis, Heuschnupfen, Asthma, Lungenentzündung und Tuberkulose. Es galt aber auch als großes Heilmittel bei rheumatischen Beschwerden und Lähmungen. Es hilft bei allen degenerativen Erkrankungen. Der Name Yerba Santa wurde dieser Pflanze von spanischen Mönchen gegeben, die über die Indianer auf die großen Heilkräfte aufmerksam gemacht wurden.

Yerba Santa entwickelt beim Räuchern einen warm-würzigen Duft. Als Einzelräucherung sollte man nur ganz kleine Mengen nehmen, am besten verwendet man Yerba Santa zusammen mit anderen Pflanzen als Mischung.

Rezepte für indianische Räucherungen

Heilung – Na-Ho-Chldzl

Weißer Salbei	2 Teile
Sweetgrass	1 Teil
Yerba Santa	1 Teil

Falls Sie keinen weißen Salbei haben, können Sie diesen durch den gewöhnlichen Gartensalbei, *Salvia officinalis,* ersetzen. Das Sweetgrass mit der Schere fein schneiden und Yerba Santa in kleine Stückchen brechen. Diese Mischung eignet sich zum Räuchern im Krankenzimmer, für Heilungszeremonien, zur Schaffung einer Atmosphäre der Heilung bei innerem Verletztsein und Trauer, zum guten Zusammenkommen nach Uneinigkeit, Streit, und für Zusammenkünfte, wie Seminare und Kongresse. Das Navahowort für Reinigung, Be-Hozho-Na Ho Glachl, bedeutet wörtlich übersetzt: etwas, das einen wieder in den ursprünglichen Zustand der Schönheit und Harmonie bringt.

Kraft und Klarheit – Be-Ah-Dzill

Wacholderspitzen	10 Teile
Sweetgrass	2 Teile
Wacholderbeeren	1 Teil
Weißer Salbei	1 Teil
Wüstenbeifuß	1 Teil

Die Wacholderspitzen (*Juniperus monosperma*) werden, wie bereits erwähnt, oft fälschlicherweise als Zedernspitzen bezeichnet. Sweetgrass, Wüstenbeifuß und Weißen Salbei kleinschneiden. Wacholderbeeren des *Juniperus monosperma* haben einen süß-aromatischen Duft, der viel angenehmer ist als jener der Beeren des europäischen Wacholders, *Juniperus communis.* Falls Sie aber die amerikanischen Wacholderbeeren nicht finden können, ersetzen Sie diese durch einheimische. Diese Mischung duftet warm, holzig, kräuterig. Sie stärkt und weitet unseren Geist und schafft eine Atmosphäre der Klarheit, sie läßt uns den inneren Kraftplatz finden und unterstützt uns auf der Suche nach Ruhe. Sie eignet sich für viele Zwecke: für Rituale, zum Reinigen von Plätzen, Gegenständen, Wohnräumen, als Willkommensgruß oder zum Abschied, für eine kleine persönliche Räucherung, um sich zu sammeln, zu stärken, bei starken Emotionen und um innerlich klar zu werden.

Eingang Zeremonienraum, Pueblo-Indianer

Reinigung – Be-Hozho-Na Ho Glachl

Wacholderspitzen	4 Teile
Weißer Salbei	2 Teile
Sweetgrass	2 Teile

Alle Teile gut zerkleinern und mischen. Eine Räuchermischung zur atmosphärischen Reinigung in Räumen, in denen zum Beispiel therapeutisch gearbeitet wird oder auch in Wartezimmern. Überall dort, wo Krankheit, Angst, Streit usw. wie dicke Luft im Raum hängt, für eine versöhnende, klärende Räucherung nach einem Streit, zur Klärung einer verworrenen Lebenssituation, zur Reinigung von Gegenständen, die zum Heilen dienen, ist diese Mischung geeignet.

Oraibi

Weißer Salbei	1 Teil
Wüstenbeifuß	1 Teil
Boldoblätter	1 Teil
Wacholderspitzen	3 Teile

Alle Zutaten, trocken und fein zerrieben, gut miteinander mischen. Eine Mischung mit einem würzigen, frischen, kräftigen Duft. Sie dient als Begleitung von Zeremonien, sie öffnet unseren Geist und schenkt ein Gefühl der Weite und Erhabenheit. Boldoblätter gibt es im Kräuterhandel oder in der Apotheke, die anderen Zutaten sind im Räucherfachhandel erhältlich. Oraibi ist eines der drei Hopidörfer und die älteste kontinuierlich bewohnte Siedlung Nordamerikas. Der starken Kraft des Ortes, seiner tiefen Mystik entspricht die Wirkung dieser Räuchermischung.

Hopi

Weißer Salbei	1 Teil
Wacholderspitzen	1 Teil
Wüstenbeifuß	1 Teil
Copal (weiß oder gold)	2 Teile

Die Kräuter zwischen den Handflächen fein zerreiben, Copal im Mörser zerstampfen und alle Zutaten gut miteinander mischen. So entsteht eine stark wirksame Räuchermischung, die eine Atmosphäre der Heilung, Kraft und Stabilität erzeugt, die für Zeremonien, zum Heilen, Beten und Meditieren sehr gut geeignet ist, ebenso um nach einer Schwitzhüttenzeremonie zu räuchern. Die Mischung reinigt innerlich, stabilisiert und unterstützt die Klärung.

1 *Weißer Salbei*

2 *Wüstenbeifuß*

3 *Wacholderbeeren*

4 *Yerba Santa*

5 *Wacholderspitzen*

6 *Süßgras*

IM REICH DER JAGUARSONNE

Im mittleren und südlichen Amerika blühten die Hochkulturen der Mayas, Inkas und Azteken. Das Hochland von Mexiko, die amerikanischen Anden und die Hochebene von Guatemala waren bevölkert von hochstehenden Kulturen, die ihre Hochzeit vom 3. bis zum 16. Jahrhundert hatten. Die Medizin und Pharmakologie dieser Völker hatte einen hohen Entwicklungsstand erreicht.
Vieles wurde von den Konquistadoren zerstört, die in ihrer Gier nach Gold eine ganze Kultur auslöschten. Zum Glück gibt es einige wenige Zeugnisse, die etwas von dem hohen Wissen dieser Kulturen vermitteln. Eines davon sind die Aufzeichnungen des spanischen Arztes Hernandéz, der 1510 von Philipp II. in die neue Welt geschickt wurde, um den altmexikanischen Heilmittelschatz zu erforschen. Hernandéz war erstaunt darüber, daß diese primitiven Heiden über ein medizinisches Wissen verfügten, welches das im damaligen Europa weit übertraf. Über 4000 Heilpflanzen waren in Botanik und Anwendung bekannt. Neben dem Werk Hernandéz wird auch in dem erhaltenen Weisheitsbuch der Maya, dem *Popol Vuh*, Einblick in die Verwendung von Pflanzenstoffen gewährt.
Das Räuchern war in den alten Kulturen Mexikos und Perus ein Bestandteil der Heilkunde. Es diente ebenfalls zum Ritual für die Götter und für komplizierte Zauberzeremonien. Die europäischen Konquistadoren waren von den Einheimischen mit Räucherwerk als Ehrung begrüßt worden, doch leider konnte dies deren Raubzüge nicht aufhalten. Die Zubereitung bestimmter heiliger Räuchermischungen für den sakralen Gebrauch unterstand allein der Priesterschaft. Die Rezepturen kamen direkt von den Göttern, die Priester folgten deren Anweisungen, die sie nach Einnahme halluzinogener Pflanzen empfangen hatten. Der heilige Teonanacatlpilz befähigte, mit den Göttern in Zwiesprache zu treten. Alles stand miteinander in göttlichem Zusammenhang, bestimmte Riechstoffe waren Farben, Tönen, Gestirnen und Steinen zugeordnet. Eine Rezeptur für einen Kranken wurde nach dessen Horoskop erstellt, in Einklang mit einem komplizierten Kalendersystem.
Die duftenden Pflanzen spielten in der Heilkunde eine besonders wichtige Rolle. Mit großen Kräften ausgestattet, haben sie, so wußte man, eine starke seelische Wirkung und können sogar begangene Sünden bereinigen.
Die Wälder Mittel- und Südamerikas bergen ein unerschöpfliches Reservoir an Heil- und Räucherpflanzen. Die heute noch dort lebenden Indianerstämme verwenden die Pflanzen zum Heilen und für magische Zwecke. Vieles davon ist im Westen unbekannt, und in diesem Kapitel möchte ich mich auf diejenigen Räucherpflanzen beschränken, deren Beschaffung für uns im Bereich des Möglichen liegt.

Jaguar-Geschenke

Eine der bedeutendsten Räuchersubstanzen der altamerikanischen Kulturen war das Harz des Copalbaumes. Im heiligen Buch der Maya wird erzählt, daß Copal-Harz von der Erdgottheit aus dem Baum des Lebens gepreßt und den Menschen als Lebensblut geschenkt wird. So war für die Mayas Copal ein himmlisches, heiliges Harz, das die Anwesenheit des Göttlichen verkörperte. Es liefert je nach Art drei verschiedene Harze, ein schwarzes, goldenes und weißes: Copal Negro, Copal Oro, Copal Bianco. Den *Götterweihrauch*, für den alle drei Arten vermischt wurden, opferte man den Göttern. In drei Bündel geknotet, gegen Osten zur aufgehenden Sonne gewandt, brachte man das Rauchopfer dar. Copal-Harz war der Sonne zugeordnet und galt bei den Inkas als Weihrauch für die Götter der Sonne. Auf goldenen Schalen wurde dem Gott *Quetzal-*

Dampfbad bei den Azteken

coatl täglich viermal Copalweihrauch, die Speise der Götter, geopfert. In den Haushalten räucherte man aromatische Kräutermischungen in offenen schönbemalten Terrakottagefäßen. Diese stellte man auf kleine Altäre, die aus Keramik, Bronze oder Stein gearbeitet waren und auf drei Füßen standen. Die Opferschalen für Räucherungen sind manchmal mit Tieren wie Jaguar, Kolibris, Schlangen usw. geschmückt. Jede der präkolumbianischen Kulturen hatte ihre eigenen Gestaltungsmuster entwickelt. Die Räuchermischungen der präkolumbianischen Indianer haben meist einen warmen, sonnigen Duft, so als wären ihre Rezepturen tatsächlich von den Sonnengöttern selbst entworfen worden. Die Sonne, deren Kraft als Tier symbolisch im Jaguar ausgedrückt ist, scheint in den Räuchersubstanzen der Inka-, Maya- und Aztekenmischungen eingefangen zu sein. Die drei Arten des Copals wurden nach der Mythologie der Maya im *Popol Vuh* den Menschen von drei verschiedenen Jaguaren überbracht.

Mixtam-Copal heißt der Copal, den der Jaguar Quitze brachte,
Caniztan-Copal ist der Copal, der Nacht brachte,
Goldener Copal wurde vom Jaguar Mahucutah gebracht.

Jaguarschale

Alle drei hatten sie jeder einen eigenen Copal und diesen verbrannten sie, als sie in Richtung der aufgehenden Sonne räucherten. Süß heulten sie, als sie ihren brennenden Copal schüttelten, der so kostbare Copal. . .

Weitere Mischungen wurden verwendet, um Kranke in einen heilenden Schlaf zu versetzen, eine Methode, die auch in Europa bekannt war. Die Indianer verabreichten zu den Räucherungen auch halluzinogene Pflanzen. Um Träume zu verursachen, die eine heilende und harmonisierende Wirkung auf die Kranken haben, wurden ebenfalls Räucherungen verwendet und mit Kräutern gefüllte Kissen verordnet. Auch den prophetischen Traum konnte man, wie in Griechenland, mit Räucherungen hervorrufen. Besonders reinigende Pflanzen oder Räucherungen waren der Mondgöttin *Tlazolteótl* zugeordnet. Diese wurde auch die *Verzehrerin von Unreinheiten* genannt. Sie verschlang seelische Unreinheiten der Menschen und spuckte diese gereinigt, in Form von Gesundheit und Lebenskraft, wieder aus. Die Schwitzhütte und das Dampfbad, die zum Reinigen von Körper und Seele dienten, galt als die Erfindung der Mondgöttin. Statt aus Zweigen und Fellen erbaut, wie bei den Indianern Nordamerikas, war die Schwitzhütte in Mexiko und Peru aus Vulkangestein, das von außen durch Feuer erhitzt wurde. Bei den Azteken gehörte ein Dampfbad am frühen Morgen zur täglichen Körperpflege. Daher hatte jedes Haus eine eigene kleine Schwitzhütte. Im Innern wurden reinigende Pflanzen verdampft, um so durch ihren aufsteigenden Duft die Wirkung der Schwitzhütte zu verstärken.

Wirksame Räucherstoffe der Mayas, Azteken und Inkas

Copal

Protium copal
Bureseru microphylla

Der Copalbaum wurde von den Indianern *Copalquahuitl* genannt, woher die heutige Bezeichnung Copal stammt. Ursprünglich wuchs der Copalbaum nur in Mexiko, heute wird er jedoch in Westafrika, Indien, Madagaskar, Mosambik, Sansibar, Manila und im Kongo angebaut. Es existieren verschiedene Baumarten, die Copal liefern. Unter Copal wird auch das Harz der australischen Kaurifichte, *Agathis australis hort. ex Lindl*, einem bis 40 Meter hohen Nadelbaum, angeboten. Das ostindische Copal stammt von *Canarium bengalese*, wovon es auch fossile Harze gibt, die gelegentlich im Handel angeboten werden. Das Harz des Dammarabaumes, *Agathis alba,* wird als Manila-Copal verkauft. Der authentische Copal, wie er in den präkolumbianischen Kulturen verwendet wurde, stammt von mittel- und südamerikanischen Bäumen.

Als am wertvollsten galt das Copal-Harz, wenn es von Bäumen stammte, die vom Blitz getroffen ihr Harz absonderten. Der Gott des Blitzes hatte hier seine Kraft geschenkt. Dieses Harz wurde der Sonnengottheit zu ganz besonderen rituellen Festen geopfert. Copal-Harz galt bei den Mayas als so heilig, daß es, einmal auf den Altar gelegt, nur noch mit bestimmten Holzwerkzeugen berührt wurde. Diese uralte Tradition wird noch heute bei den Räucherungen indianischer Stämme fortgeführt. Copal diente den Indianern als Räucherwerk, das eine Initiation begleitete oder zur Divination befähigte. Noch heute wird die Zeremonie der Zukunftsschau praktiziert: Mit Korallen, Kristallen und Maiskörnern wird das Orakel geworfen, während der Copal verbrannt wird. Alle offiziellen Handlungen für die Götter wurden von Copalräucherungen begleitet.

Vom mittelamerikanischen Copal-Harz gibt es drei verschiedene Arten: Gelb-weißer, transparenter Copal mit einem fruchtigen, zitronigen, leichten, hellen, weihrauchähnlichen Duft. Sein Duft ist wie ein Hauch voller Zartheit. Er wirkt innerlich reinigend, unterstützt geistige und spirituelle Arbeit. Weißer Copal wird in flüssigem Zustand geerntet und auf Blättern zum Trocknen ausgelegt.

Schwarzer Copal hat einen kraftvollen, geheimnisvollen, schweren, balsamischen und mystischen Duft. Er gilt als beste Qualität und wird zu einem höheren Preis gehandelt als die anderen zwei. Nacht-Copal, wie er auch genannt wird, trägt die geheimnisvolle Energie der Nacht, er erdet, verbindet uns mit den tiefen Schichten der Seele. Er hat eine beruhigende Wirkung und kann uns behilflich sein, Gegensätze in uns zu erkennen und uns helfen, mit den dunklen Bereichen unserer Seele in Kontakt zu treten.

Bernsteinfarbener Gold-Copal verströmt einen feinen, weichen und warmen Duft. Ihm wird eine sinneöffnende Wirkung zugesprochen. Er wirkt anregend auf Phantasie und Intuition und kann die Kreativität bei musischer Tätigkeit unterstützen. Therapeutische Arbeit mit Imagination und Visualisierung kann durch Gold-Copal hilfreich unterstützt werden. Gold-Copal wurde von den Mayas zu Ehren der Sonne bei Sonnenaufgang verbrannt.

Alle drei Arten haben eine sehr starke heilende Kraft.

Copal-Harz kann einzeln nach Sorte oder auch in Mischung aller drei Arten verräuchert werden. Experimentieren Sie etwas, um herauszufinden, welches dieser wunderbaren Harze Ihnen am meisten zusagt. Jede der drei Arten hat eine starke seelische Wirkung. Das rohe Harz hat fast keinen Geruch, es entwickelt ihn erst durch Hitzeeinwirkung. Copal-Harz wird im Handel aus Süd- und Mittelamerika, Manila und Kongo angeboten.

Perubalsam, Naba

Myroxylon balsamum (L) Harms var. pereirae

Der Perubalsambaum ist im nördlichen Südamerika und in Mittelamerika heimisch und nicht nur, wie sein Name sagt, in Peru. Er wächst besonders in Guatemala, Honduras, Costa Rica, El Salvador und Nicaragua. Der Baum wird 18 bis 20 Meter hoch und wächst in den Regenwäldern. Von den Mayas wurde das Harz zum Räuchern für medizinische Zwecke verwendet. Naba, so nannten sie den Baum, diente als Heilmittel bei Nieren- und Blasenerkrankungen, unregelmäßiger Menstruation und bei Erkältungskrankheiten. Durch Beklopfen der Stämme wird die Balsamproduktion des Baumes angeregt, später die Außenrinde abgeschält, der austretende Balsam, dunkelbraun und sirupartig, mit Lappen aufgesogen, wird dann mit Wasser ausgekocht. Der echte Perubalsam ist nicht fadenziehend und trocknet nicht ein, er duftet angenehm nach Vanille und Kakao. Auch ein synthetischer Perubalsam, *Balsamum perurianum arteficiale*, ist im Handel. Er besteht aus Harzen, Balsamen und synthetischen Estern. Zum Räuchern sollte er nicht verwendet werden. Bitte achten Sie beim Einkauf darauf. Perubalsam ist seit langem Bestandteil europäischer Heilkunde. Im Deutschen Arzneibuch wird der Balsam noch geführt. Er gilt als Heilmittel bei Hautkrankheiten, Flechten, chronischem Blasenkatarrh und als zuverlässiges Mittel bei Krätze. Auch als Räucherstoff hat der Perubalsam eine lange Tradition: Papst Pius V. gestattete im Jahre 1521, den selten gewordenen Mekkabalsam in Räucherungen und im heiligen Salböl durch Perubalsam zu ersetzen.

Perubalsam wird zum Räuchern am besten mit anderen trockenen Räuchersubstanzen verknetet, die ihn binden. Er verströmt einen warmen, vanilleartigen Duft. Perubalsam war Bestandteil der sogenannten *Glücksräucherungen*; es hieß, er ziehe Wohlstand und Glück an und schütze andererseits vor seelischen Übergriffen. Er unterstützt kreative Phantasie und Traumarbeit.

Perubalsam

Tolubalsam

Myroxylon balsamum (L) Harms var. balsamum

Der Tolubalsambaum ist im Norden Südamerikas, besonders in Kolumbien heimisch. Dort, im unteren Stromgebiet des Magdalena, in der Nähe der Stadt Santiago de Tolu, sollen die besten Tolubäume wachsen. Dieser Baum gehört wie der Perubalsambaum zur Familie der Schmetterlingsblütengewächse, *Fabaceae*. Der gerade wachsende Baum wird bis zu zwölf Meter hoch und trägt wechselständige Blätter und kleine weiße Blüten. Alle Teile des Baumes duften aromatisch. Die Rinde wird V-förmig angeschnitten und der ausfließende Balsam in Kalebassen aufgefangen. Tolubalsam ist eine weiche, knetbare, mit Kristallen durchsetzte Masse von dunkelbrauner oder rötlichbrauner Farbe, die mit der Zeit erhärtet. Tolubalsam ist ein traditionelles Heilmittel auch in der europäischen Medizin. Er wird seit 1882 offiziell in Apotheken geführt und gilt als Heilmittel bei Husten- und Erkältungskrankheiten, da er schleimlösende und antiseptische Eigenschaften hat. Auch Kopfschmerzen, Gicht und Magenbeschwerden werden damit geheilt. Den Duft nach Vanille, Zimt und frisch gemähtem Gras verdankt er seinen Inhaltsstoffen wie Vanillin, Zimtsäure und Cumarin. Diese einzelnen Duftnoten sind eingehüllt in einem balsamisch-warmen Grundduftton. Tolubalsam wird seit langem als Räuchermittel verwendet. Sein Duft gilt als heilend und tröstend bei seelischen Verletzungen. Er begleitet Meditationen und Zeremonien, die eine innere Heilung und Verarbeitung seelischer Verletzung und Zerrissenheit bewirken sollen, da er beruhigt, entspannt und harmonisiert. Er eignet sich als Abendräucherung, um die Gedanken zu beruhigen und um sich auf einen erholsamen Schlaf vorzubereiten. Tolu kann in einer Räuchermischung die einzelnen Bestandteile harmonisch miteinander verbinden und herbe Düfte mildern.

Kopaiabalsam, Copaviabalsam

Copaifera reticulata Ducke
Copaifera guyanensis Benth.

Der Kopaiabaum gedeiht in Südamerika, besonders in Venezuela, Brasilien, Kolumbien und Guatemala. Er gehört zur Familie der Schmetterlingsgewächse, *Fabaceae (Leguminosae)*. Die Bäume, die zu den Copaifera-Arten gehören, haben extrem starke Harzkanäle. Der Kopaiabalsam wurde als Heilmittel in Europa bei allen Schleimhaut- und Geschlechtserkrankungen sehr geschätzt. Technisch verwendete man den Balsam bis vor kurzem noch zur Herstellung von Pauspapier, Lackfirnissen und in der Porzellanmalerei verwendet. Manche Bäume können bis zu 50 Liter Balsam liefern. Der Balsam ist eine dickliche, klare, gelbliche bis gelbbraune Flüssigkeit, die bevor sie in den Handel kommt, über Filtern gereinigt wird. Capaiabalsam duftet balsamisch, holzig, würzig und erinnert etwas an Patchouli. Man kann mit dem Balsam andere trockene und pulverisierte Räucherpflanzen zu Räucherkugeln kneten.

Pipiltzintzintli, Wahrsagesalbei

Salvia divinorum

Die heilige jahrtausendealte Kulturpflanze der Azteken, der Wahrsagesalbei, mit dem für uns schier unaussprechlichen Namen, gehört zur Familie der Lippenblütler, wie sein naher Verwandter, der Salbei. Die Pflanze läßt sich nicht aus Samen kultivieren, woraus man schließt, daß sie schon über lange Zeit von den Menschen als Kulturpflanze gezüchtet wurde, und man dabei ganz bestimmte Eigenschaften der Pflanze förderte. Heute noch wird die Pflanze von den Nachfahren der Azteken, den mexikanischen Oaxacan, vermehrt und seit Generationen weitergegeben. An streng geheimgehaltenen Plätzen wird die Pflanze in Wäldern kultiviert. Noch heute wird sie verwendet, um Visionen zu erzeugen, zum Beispiel dienen die Blätter dazu, bei Marienfesten die Jungfrau Maria erscheinen zu lassen. Erst in den sechziger Jahren entdeckten amerikanische Ethnobotaniker die Pflanzen. Mit der Erlaubnis der Oaxacan-Priester brachten sie einige Pflanzen zum Kultivieren nach Kalifornien. Inzwischen liefern auch europäische Duftgärtnereien den Wahrsagesalbei. Er braucht einen humusreichen Boden und hohe Luftfeuchtigkeit zum Gedeihen und ist nicht winterhart. Die indianische Mythologie erzählt, daß diese Pflanze den Menschen von den Göttern geschenkt wurde, um sie zu befähigen, mit ihnen in Kontakt zu treten. Die Pflanze soll die Wahrnehmung der Menschen für spirituelle und kosmische Energien ermöglichen und fördern. Sie gehört zu den heiligen Mysterienpflanzen der Menschheit und sollte mit Achtung und Dankbarkeit verwendet werden.

Zacatechichi, Traumkraut

Calea zacatechichi

Die Mysterienpflanze der Mayas, das Traumkraut, wird noch heute von den Indianern als Wahrsagepflanze verwendet. Sie soll den Menschen befähigen, im Traum Ratschläge und Heilmittel von den Göttern vermittelt zu bekommen. Wie im antiken Griechenland suchten die Menschen im Traum nach Antworten auf wichtige Lebensfragen und Heilmittel für ihre Krankheiten. Wissenschaftler haben herausgefunden, daß Zacatechichi tatsächlich die Traumphasen im Schlaf verstärkt. So könnte diese alte, heilige Mayapflanze vielleicht ein Hilfsmittel zur Traumanalyse und Traumforschung werden. Wenn Sie Lust haben, Ihre Träume als

1 *Benzoe*
2 *Tolu*
3 *Tonka-Bohnen*
4 *weißer Copal*
5 *dunkler Copal*
6 *Gold-Copal*

Ratgeber oder Pforte zu Ihrem Unbewußten zu verwenden, experimentieren Sie doch einfach einmal mit dieser Pflanze. Räuchern Sie am Abend vor dem Schlafengehen mit einer Traummischung, stellen Sie sich bewußt auf Ihre Träume ein, notieren Sie diese und benutzen sie zum Nachdenken, Nachforschen, kreativ Arbeiten oder einfach zum Erleben.
Zacatechichi ist ein Busch, der bis zu 1,50 Meter hoch wird. Er läßt sich leicht in Töpfen aus Samen ziehen, ist jedoch nicht winterhart und sollte deshalb im Winter im Haus gehalten werden. In Mexiko gedeiht er in hohen Zonen der Nebelwälder, wo man ihn zwischen Kiefern und Eichenwäldern findet.

BOLDO

Peumus boldus Mol.

Der kleine immergrüne Boldobaum wird bis zu sechs Meter hoch und wächst in den chilenischen Anden. Bei den Indianern gilt er als großes Heilmittel und wird bei Wurmerkrankungen, Durchfall, Blasenleiden, Höhenkrankheit, Gebärmutterleiden usw. verwendet. Auch in der europäischen Medizin ist er ein anerkanntes Heilmittel und wird hier besonders bei Lebererkrankungen eingesetzt. Die Indianer räuchern mit Boldoblättern, die sie mit dem Harz von Copal, Pinie oder Kiefer vermischen. So soll er bei Atemwegserkrankungen und nervösen Einschlafstörungen helfen. Boldoräucherungen wirken beruhigend, innerlich reinigend und ausgleichend und helfen deswegen bei Nervosität und Schlafstörungen. Die Blätter duften aromatisch nach Minze, Kampfer, Lorbeer und Trauben.

TONKABOHNE

Dipteryx odorata Willd.

Die länglichen dunkelbraunen Tonkabohnen sind die Samen des Tonkabaumes, der 20 bis 25 Meter hoch wird und zur Familie der Schmetterlingsblütler, *Leguminosae, (Fabaceae)* gehört. Er wächst in Venezuela, auf den Guajanas, in Brasilien und Nigeria. Der Duft der Tonkabohne erinnert an frisch geschnittene Bergwiesen im Hochsommer und entsteht durch den Gehalt an Cumarin, das eine süßkräuterige Duftnote schafft. Die Tonkabohne wird auf einer Muskatreibe fein geraspelt und in kleinen Mengen Mischungen zugefügt. Sie wirkt stimmungsaufhellend, seelisch erwärmend und ausgleichend.

Boldo

Rezepte für südamerikanische Indianer-Räucherungen

Goldener Jaguar – Mahucutah

Gold-Copal	1 Teil
Salbei	1 Teil

Der Copal sollte gold- bis bernsteinfarben sein. Er wird im Mörser zu kleinen Stückchen (nicht Pulver) zerstoßen. Für den Salbei kann man den Wahrsagesalbei oder auch den nordamerikanischen Weißen Salbei, *Salvia apiana* (siehe Kapitel *Nordamerika*), verwenden.
Den trockenen Salbei mit den Händen fein brechen, reiben und mit Copal zu gleichen Teilen mischen. Diese Mischung reinigt und öffnet für Meditation und Innenschau und eignet sich als Begleitung von Licht-Meditationen. Sie beruhigt bei innerer Unruhe und hilft bei Situationen, in denen wir Klärung brauchen. Sie macht frei von den kleinlichen Sorgen des Alltags.

Jaguar der Nacht – Caniztan

Gold-Copal	3 Teile
Dunkler Copal	1 Teil
Myrrhe	1 Teil
Tolu	1/2 Teil
Vanillepulver (nicht künstlich)	1/4 Teil

Harze im Mörser fein zerstoßen und Vanille zufügen. Der Jaguar der Nacht entführt in die exotische Sinnlichkeit einer warmen tropischen Nacht. Samtig umschmeichelt der Duft unsere Sinne und streichelt unsere Seele. Er läßt unsere Phantasie spielen und lädt zum Träumen ein. Ein Räucherwerk für den Abend und für die Nacht. Dieser Duft hat eine sehr beruhigende Wirkung und eignet sich zur Behandlung von starken Streßsymptomen. Nur messerspitzenweise verräuchern.

Aztekische Räucherschale

Mondgöttin

Pipiltzintzintli	1 Teil
Copal, gold oder weiß	4 Teile
Boldoblätter	1 Teil
Benzoe	1 Teil

Die Harze im Mörser zu feinen Stückchen zerstampfen, die trockenen Kräuter zwischen den Handflächen fein zerreiben und alles gut mischen. Eine Mischung mit feinem ätherischem und kräuterigem Duft. Sie beflügelt unsere Intuition und schärft unsere Sinne. Diese Räuchermischung soll Wahrträume hervorbringen und helfen, Zukünftiges zu erschauen. Unterstützend bei heilerischer, feinstofflicher Arbeit. Als Begleitung bei divinatorischer Arbeit, zum Beispiel I Ging, Tarot, Runenlegen usw.

Götterweihrauch

Copal Nero	1 Teil
Copal Oro	1 Teil
Copal Bianco	1 Teil
Goldweihrauch	1/2 Teil

Alle drei Copalarten im Mörser zu ganz feinen Körnern zerstampfen (kein Pulver) und Goldweihrauch zugeben. Eine Mischung mit balsamisch-harzigem, würdevollem Duft. Eine enorm stark wirkende Räucherung, die uns mit göttlichen Schwingungen verbindet. Für Zeremonien, Gebete und Heilrituale.

Traum-Kolibri

Zacatechichi	1 Teil
Weißer Copal	3 Teile
Schwarzer Copal	1 Teil

Die Harze im Mörser zu feinen Körnchen zerstampfen. Das Traumkraut, getrocknet, zwischen den Handflächen zerreiben und alles gut miteinander vermischen. Diese Mischung kann unseren Träumen Klarheit verleihen und uns helfen, uns diese besser zu merken und sie zu verstehen. Räuchern Sie direkt vor dem Schlafengehen, lüften Sie danach gut und legen Sie sich mit dem Wunsch nach klaren Träumen ins Bett. Schreibzeug sollte am Bett bereitliegen, um das Geträumte aufzuzeichnen. Nehmen Sie sich am darauffolgenden Tag etwas Zeit, um den Traum zu überdenken.

Das Parfüm fragt die Blume:

Wer kann mir sagen, warum ich existiere?

Verlier nicht den Mut, mein Freund,

in der vollkommenen Morgenröte verbindet sich Dein Leben

mit allem Leben, und Du wirst, endlich, deinen Sinn verstehen.

Rabindranath Tagore

10 INDIEN

MUTTER DER DÜFTE

Indien ist ein Ozean der Düfte. Wellen von Wohlgerüchen gleich entströmen sie Blüten, Bäumen, Räucherwerk, Parfüms, Duftpuder, Opferungen und Räucherstäbchen. Oft sind sie von schwerer Süße und manchmal kaum ertragbar im Angesicht des Elends auf der Straße. Wenn ich Indien mit dem Flugzeug erreiche, werde ich schon am Flughafen vom Duft Indiens, der Mutter aller Düfte, empfangen. Wohlgeruch warmer Gewürze mischt sich mit süßen Räucherstäbchen und dem Duft trockener Erde. Dann, auf dem Weg zur Stadt mischt sich Dieselgeruch der überfüllten Straßen mit dem sinnlichen Hauch der Jasminblüten, die die Wege säumen. Ich schließe die Augen. Mutter India, Du umarmst mich mit Deinem warmen, sinnlichen Duft.

AUS DER FÜLLE DUFTENDER FLORA

Kein Land der Erde besitzt diese unermeßliche Fülle an duftender Flora wie Indien. Die *Mutter der Düfte* erstreckt sich von den höchsten Berghöhen des Himalayas bis hinab zum Kap am Indischen Ozean. Viele verschiedene Klimazonen liegen dazwischen, die jede ihre eigenen Gewächse hervorbringt und uns duftende Blüten, balsamische Hölzer und aromatische Harze schenkt. Kein Wunder, daß in Indien die Duftkultur höchst entwickelt ist, und Düfte seit Jahrtausenden für das religiose Leben in Form von Räucherungen, für die Heilkunde als vielfältig zubereitete Medikamente und für den täglichen Gebrauch in Form von Parfüms und Körperpflegemitteln verwendet werden. Indische Duftkultur hat den ganzen asiatischen Raum beeinflußt. Das Leben der Menschen ist in Indien fast immer von Düften begleitet, sie sind stets verfügbar. In Indien kann man beim *gandhika*, dem Händler von Duftwaren, Räucherwaren der verschiedensten Arten einkaufen. In duftenden Haufen, offenen Säcken, großen Holzkisten und Zeitungstüten bietet er Sandelholzspäne, Duftharze, Vetiverwurzeln und oft auch Räucherstäbchen an. Jede Straße einer Stadt hat ihren eigenen Duft, manchmal sogar jede Häuserecke. In den unzähligen Tempeln und Tempelchen, in Dörfern und Städten glimmen fast immer duftende Räucherstäbchen und Räucherwerk. Wer über das weite Land reist, wird umspült von ständig wechselnden Duftwellen. Rudyard Kipling, der große englische Schriftsteller, der Indien bereist und in seinen Romanen wunderbar beschrieben hat, behauptete, er sei in der Lage, jede Gegend Indiens an ihrem speziellen Geruch zu erkennen.

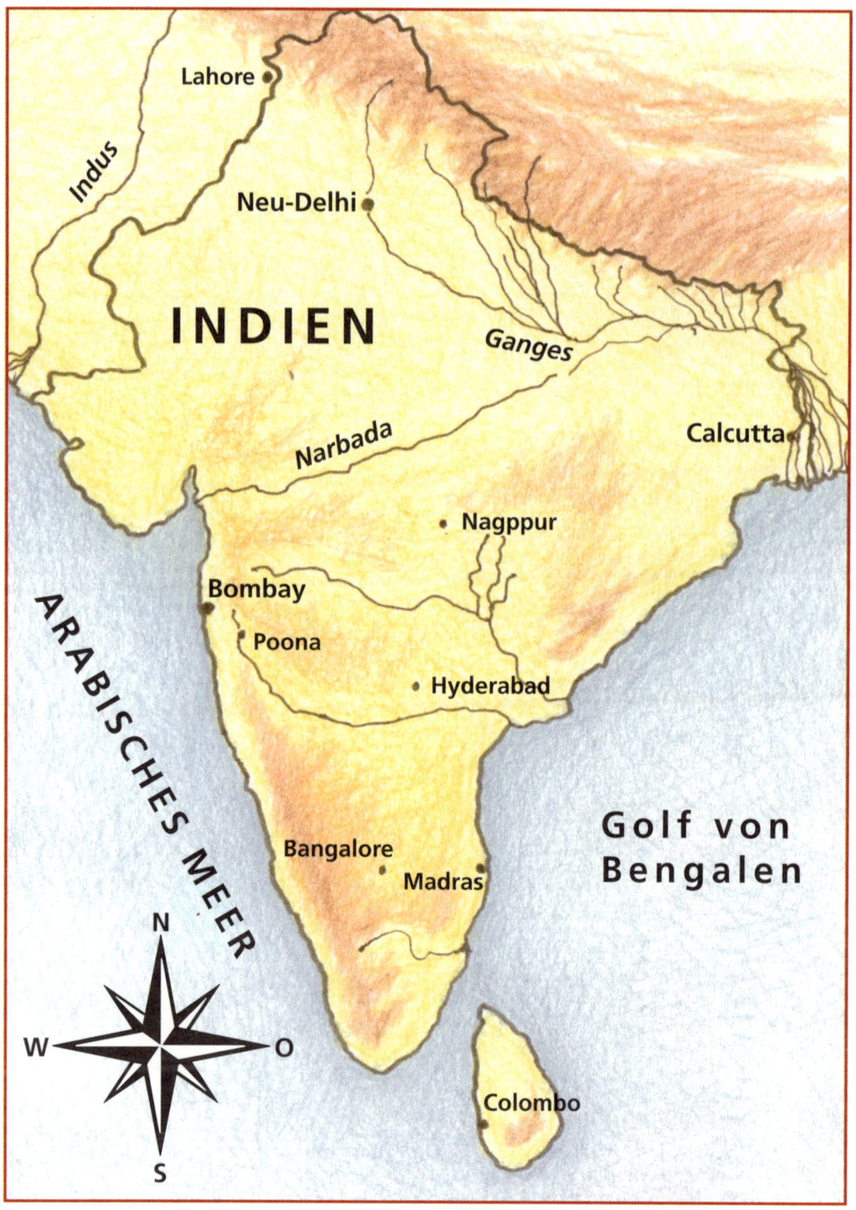

Wir wollen uns bei unserem Besuch in Indien auf jene Düfte beschränken, die zum Räuchern dienen und die unendliche Vielfalt an duftenden Gewächsen, die für Parfüms und anderes gebraucht werden, außer acht lassen. Zum Räuchern verwendet man sowohl einfache Ton- oder Messinggefäße, als auch kunstvoll gestaltete Räucherpfannen in Tiergestalt, meist aus Bronze oder Messing, die an feinen Ketten an der Decke aufgehängt werden. Die religiöse Praxis des Hinduismus ist eng mit Duftstoffen verbunden. Düfte gelten als hilfreich für die göttliche Inspiration. In Tempeln, Heiligtümern und auf Hausaltären werden für die vielfältigen Gottheiten Duftopfer verbrannt. Dem Gott Shiva zum Beispiel wird alle vier Stunden Duft dargebracht. Im Ritual des heiligen Feuers *Agni Hota* entzündet man täglich rituell am Abend und Morgen das Feuer neu, und es wer-

Räucherung im Tempel

den duftende Substanzen auf trockenem Kuhdung, dem allgemein gebräuchlichen Brennstoff, verbrannt. Im *Sakuntala*, dem Werk des Dichters Kalidasa, ist ein Segensspruch für ein Dufträucheropfer überliefert:

Die heil'gen Feuer auf geweihtem Grund, von Holz genährt, mit Opfergras umstreut, lodern auf ihrem Herd um den Altar. Sie mögen mit des heil'gen Opfers Duft die Sünden tilgen und Dich reinigen!

Aus dem Leitfaden der Liebeskunst

Düfte wurden nicht nur als Opferungen für die Götter, sondern auch zur Sinnenfreude eingesetzt. Als Voraussetzung für ein dem göttlichen Prinzip entsprechendes, harmonisches Leben ist gemäß dem Hinduismus nicht nur die religiöse Lebensführung wichtig, sondern auch ein erfülltes, ausgeglichenes Liebesleben. Dafür werden Wohlgerüche großzügig als Unterstützung eingesetzt. Duftende Öle dienen für Massagen, und wohlriechende Bäder erfreuen die Sinne. Räucherungen mit Pflanzen wie Sandel, Aloe und Benzoe sollen die sinnlichen Reize anregen. Befragen wir hierfür noch einmal Kalidasa, den Dichter, der die Freuden der Düfte in seinem Werk über die Jahreszeiten beschreibt:

Zum Freudenfest reiben sich die Schönen mit gelbem Sandelstaube rein und klar, durchwürzen sich den Mund mit Wohlgerüchen und räuchern dunkle Aloe in das Haar.

Im *Kamasutra*, dem Leitfaden der Liebeskunst, das im 4. Jahrhundert. n. Chr. verfaßt wurde, wird das alltägliche Morgenritual eines Hindu der höheren Kaste beschrieben: Der Körper wird mit Duftcreme eingerieben, die Lippen werden mit Wachs und Pflanzensaft gepflegt, die Zähne werden geputzt, eine Blume wird angesteckt und etwas feiner Duftrauch wird eingeatmet. Das *Kamasutra* zählt den kunstfertigen

Gita Govinda, Radha und Krishna

Umgang mit Düften zu den 64 Künsten, die Damen und Herren der gebildeten Klassen kennen und ausüben sollten. Geräuchert wurde mit Räuchermischungen, Pulvermischungen, Dhoop (Kräuter und Harze zu einer knetbaren Substanz zusammengefügt) und mit Räucherstäbchen, *Agarbatti* genannt. Diese werden im duftumwobenen Leben der Inder sehr viel verwendet. Pflanzenteile wie Sandelholz, Aloeholz, Benzoe–Harz, Nardenwurzel, Patchouliblätter und Vetiverwurzeln werden sehr fein pulverisiert und mit einem feuchten Bindemittel wie Tragantschleim oder Gummi arabicum gemischt. Damit sie gut brennen, fügt man Salpeter und/oder gemahlene Kohle dazu und verknetet alles. Von Hand oder mit einer Art Spaghettimaschine werden dünne, circa 10 bis 30 Zentimeter lange Räucherstäbchen geformt und zum Trocknen ausgelegt. Brennende duftende Räucherstäbchen findet man heute fast überall in Indien als kleines Rauchopfer am Altar, im Taxi oder Bus, am Gemüsestand oder im Haus, wo sie die Luft mit süßem Duft tränken sollen. Leider werden in der heutigen Zeit sehr viele synthetische Düfte, oft aus dem Westen stammend, zugefügt, und reine, natürliche Räucherstäbchen sind schwer zu finden.

Das schönste Geschenk Indiens

Folgen Sie mir zuerst an einen der heiligsten Plätze Indiens, nach Benares (Varanasi), wo der mächtige, heilige Fluß Ganges droben vom Himalaya kommend, das ersehnte Ziel jedes hinduistischen Gläubigen ist. In Indien verläuft alles Leben in Kreisläufen, und so ist es nicht ausschlaggebend, ob wir bei einer Geburt oder einer Totenfeier dabei sind. Beides ist für die hinduistische Bevölkerung Indiens der Anfang neuen Lebens. Am Ganges befinden sich Verbrennungsstätten, wo die Körper im Feuer verbrannt werden, und die Asche danach den Wassern des Ganges übergeben wird. Hier begegnen wir manchmal einem der bedeutendsten Duftstoffe Indiens, dem Sandelholz, denn den Hölzern für die Einäscherung reicher Hindus wird oft das kostbare Sandelholz in großen Stücken beigegeben. Sandelholz, heißt es, unterstützt den Weg zu einer besseren Wiedergeburt.

Die verschiedenen Anwendungsarten des Sandelholzes auf dem indischen Subkontinent würden ein eigenes Buch füllen, denn es ist fast untrennbar mit dem indischen Leben verbunden. Sein Duft begleitet alle Stationen des Lebens, die scheinbar nichts miteinander zu tun haben. Eine duftende Beigabe für die Reise ins nächste Leben wie auch ein erotischer Duftreiz für sinnliche Freuden, das Sandelholz wird in Indien auf vielfältigste Weise gebraucht.

Im Sommer parfümieren sich die
schönen Damen
am Hofe ihre Brüste mit Öl vom
Sandelholz,
die Haare mit Jasminöl,
den Körper mit Rosenwasser.
So sind sie bereit für die Liebe.

Kalidasa (5. Jh. v. Chr.)

Das duftende Sandelholz ist eines der schönsten Geschenke Indiens an die Welt des Duftes. Überall dort, wo es eingeatmet wird, hinterläßt es ein Gefühl der Bereicherung, des Wohlgefühls und der Lebensfülle. Warm, weich, sanft, balsamisch, kosend berührt das Sandelholz die Sinne. Es ist ein Duft für die Liebenden und schenkt außerdem wundervolle Träume. In Indien wird es für Körperpuder, Öle, Parfüms, Räucherstäbchen und natürlich auch für Räucherungen seit Jahrtausenden verwendet. Chandan, das Sandelholz wird in der *Nirukta*, dem ältesten Kommentar der Veden (5. Jh. v. Chr.) und auch in Sanskrit-Epen

wie *Ramayana* und *Mahabharata* genannt. Schon im 6. Jahrhundert v. Chr. kannte man die Herstellungsweise des Sandelholzöles. Europäische Nasen sind verhältnismäßig spät in den Genuß des köstlichen Sandelholzes gekommen, erst im 15. Jahrhundert tauchte es in italienischen Apotheken auf. Geben wir uns also dem Genuß dieses orientalischen Wohlgeruchs hin, lassen wir ihn in unsere Seele tauchen. Das Verbrennen eines kleinen Stückchens dieses kostbaren Holzes läßt uns den balsamischen Duft des Baumes unmittelbar erleben.

HEILEN MIT SANDELHOLZ

Dem Sandelholz wird in seinem Ursprungsland eine starke Ausstrahlungskraft und Schutzenergie zugesprochen. Die Menschen in Indien haben schon in frühester Zeit beobachtet, daß das Sandelkernholz nicht von Termiten angegriffen wird, welche in Indien viel Edelholz zerstören. Es gilt deshalb als Sinnbild der Lebenskraft. Das Holz wird in der indischen Ayurvedaheilkunde, die sich *Wissenschaft vom langen Leben* nennt, als Heilmittel verwendet und als bitter, kühlend, beruhigend und zusammenziehend bezeichnet, es wird zur Behandlung von Blasen-Nierenerkrankungen, Atemwegserkrankungen und vielen anderen Leiden empfohlen. Das gepulverte Holz findet als Umschlag bei Entzündungen und Hauterkrankungen Verwendung. In Form einer Paste mit Rosenwasser gilt es als Heilmittel bei Skorpionstichen, entzündlichen Schwellungen, Blutungen, Ekzemen und weiteren Hauterkrankungen. Der Duft des Sandelholzes gilt als Heilmittel bei Kopfschmerzen und ist ein stark keimtötendes Mittel für die Raumbeduftung. Hierfür wird das sehr fein zermahlene Sandelholzpulver mit Butterschmalz zu Kügelchen geformt und auf glühende Kohle gelegt. Sandelholzduft wird in der tibetischen Heilkunde, die von Ayurveda stark beeinflußt wurde, bei Krankheiten der seelischen Auszehrung durch zuviel Kopfarbeit und Gedankenkonstruktionen verwendet. Sandelholzduft schafft eine Atmosphäre des Friedens und unterstützt auf dem Weg zur inneren Ruhe, Einkehr und Balance. Dieser Duft eignet sich ganz besonders gut für Menschen, die in der heutigen Zeit unter Streß und Hektik leiden. Sandelholzduft verlangsamt, ohne schläfrig zu machen. Er dringt tief in unser Gefühlsleben ein, glättet, beruhigt, besänftigt, wirkt spannungslösend und hilft so, wirklich tief im Inneren Kraft zu schöpfen. Eine Sandelholzräucherung lädt unsere Gedanken zu wunderbar erholsamen Duftreisen ein. Als Einzelstoff räuchert man das Sandelholz in Form von Holzchips, Spänen oder Pulver. Für Mischungen eignet sich mehr das Pulver.

Sandelholzzweig

BOTANISCHE STUDIEN IM SANDELHOLZWALD

Doch betrachten wir nun diesen duftenden Wunderbaum, *Santalum album*, einmal aus der Nähe. Ich hoffe, Sie sind nicht enttäuscht zu hören, daß er ein Halbparasit ist, der seine Nährstoffe teilweise anderen Bäumen entzieht. Als ein halber Parasit ist er mit seinen grünen Blättern zur Photosynthese fähig, braucht jedoch zusätzlich Nährstoffe wie Stickstoff und Phosphor, die er mit Saugwurzeln aus anderen

Bäumen unterirdisch absaugt. Als Wirtspflanzen lieben Sandelholzbäume Bambusarten, Palmen, Teak, Guava und Nelkenbäume. Der Sandelholzbaum wird bis zu zehn Meter hoch und kann einen Umfang von ein bis zwei Metern erreichen. Seine immergrünen Blätter sind länglich, lanzettlich und gegenständig an den weichen Zweigen angeordnet. Die kleinen Blüten, zu Rispen angeordnet, sind geruchlos.

Das ätherische Sandelholzöl, der Duftstoff des Baumes, hat sich erst in über 25jährigen Bäumen gebildet. Mit 30 bis 60 Jahren können sie geerntet werden. Der echte Sandelholzbaum, *Santalum album*, wächst in Indien, hauptsächlich in Ostindien in der Region um Mysore und Karnataka, wo er sein bestes Aroma entwickelt. Bei Verpflanzung auf anderen Boden in anderen Gegenden verliert er seinen besonders guten Duft. Der derzeitige Ertrag an indischem Sandelholz, der in Besitz der Regierung ist, beträgt pro Jahr etwa 1000 Tonnen. Das Holz wird an Händler in Indien versteigert. Der indische Staat bemüht sich, den Raubbau an Sandelholz zu verhindern, doch illegale Fällungen und Schmuggel von Sandelholz außer Landes sind in Indien nicht auszuschließen.

Als Sandelholz wird auch das Holz eines weiteren Baumes, *Amyris balsamifera L.*, dem westindischen Sandelholzbaum, gehandelt. Er gedeiht in Venezuela, Jamaika und Haiti. Er gehört jedoch zu einer ganz anderen Pflanzengattung und Pflanzenfamilie (*Rutaceae* – Rautengewächse). Er wird zu einem bedeutend niedrigeren Preis gehandelt, denn seine Duftqualität liegt weit unter jener des Ostindischen Sandelholzbaumes. Er wird seltener zum Räuchern verwendet. Auch ein roter Sandelbaum, *Santalum rubrum*, existiert. Sein rotes Holz wird hauptsächlich medizinisch für den innerlichen Gebrauch benützt, bildet aber eine optisch schöne Zutat in einer Räuchermischung.

Das antilopenfarbene echte Sandelholz ist ein Basisduft für indische Räuchermischungen und Räucherstäbchen. Es wurde einzeln geräuchert oder es wurden andere Räuchersubstanzen je nach Rezept beigemischt. Sandelholz mischt sich gut mit fast allen anderen Düften.

Weitere typisch indische Räucherstoffe sind: Benzoe, Guggul, Narde, Kostus, Patchouli, Galgant, Adlerholz, Kardamom, Vetiver, Nelken, Kopaia, Dammar, Zimt, Elemi, Baummoos, Safran, Kalmus, Tulsi, Muskat, Alant, Galgant, Arura und Moschuskörner.

Sandelholzbaum

Wirksame Räucherstoffe für indische Räucherungen

Elemi

Canarium luzonicum (Miqu) A. Gray

Der Elemibaum gehört zur Familie der Balsambaumgewächse, *Burseraceae.* Er gedeiht im tropischen asiatischen Raum und wird zur Zeit hauptsächlich auf den Philippinen angebaut. Meist kommt das Harz in zähflüssigem Zustand in den Handel. Aus dem Harzsaft wird durch Extraktion das festere Resinoid hergestellt. Die 15 bis 30 Meter hohen Bäume werden zur Harzgewinnung angeritzt. Elemi verströmt beim Verräuchern einen zitrusartigen und waldigen Duft, mit einem Hauch von Fenchel, Weihrauch und Gras. Es wirkt klärend, reinigend, energe-

Elemi

tisierend und regt die geistigen Fähigkeiten an. Elemiräucherungen eignen sich zur Begleitung von Meditationen und Yogaübungen, die man vornehmlich am Morgen ausführt. Es schafft eine Stimmung des Neubeginns und der guten Hoffnung und kann deshalb hilfreich sein, um die Stimmung aufzuhellen. Elemi wird traditionell mit anderen erfrischend und reinigend wirkenden Räucherstoffen gemischt, wie Mastix, Citronellagras und Sweetgrass.

GUGGUL

Commiphora mukul (Hook ex Stocks)
Boswellia serrata Roxb.

Das Harz des indischen Weihrauchbaumes, indischer Weihrauch oder indischer *Bdellium* genannt, in Sanskrit *Guggulu* oder Hindi *Guggul*, wird in Indien wie arabischer Weihrauch verwendet. Guggulbäume wachsen im mittleren Zentralindien, hauptsächlich in Rajasthan und Gujrat. Der kleine Baum ist mit starken Dornen besetzt und sein knorriges Aussehen erinnert an jenes der Weihrauchbäume in Arabien. Das Harz, das durch Einschnitte in der Rinde erzeugt wird, stammt hauptsächlich von wildwachsenden Bäumen. Das Gummiharz der Guggulbäume wird in Indien als Weihrauch für sakrale Opfergaben in Tempeln und Häusern verwendet. Es ist außerdem ein bekanntes Ayurveda-Heilmittel, dessen zusammenziehende und antiseptische Kräfte hoch geschätzt werden. Nach der Ayurveda-Lehre vermehrt Guggul die Pitta-Energie. Auch in arabischen Ländern wird Guggul als magenstärkendes Mittel und als Antirheumatikum zum Einreiben und Räuchern verwendet. Es wirkt außerdem harntreibend und hilft, zähen Schleim bei Atemwegserkrankungen zu lösen und Katarrh zu heilen. In der Ayurveda-Medizin gilt Guggul als Stärkungsmittel für den Uterus und als beruhigendes Nervenmittel. Weiter wird es bei Ischiasbeschwerden mit starken Schmerzen und Arthritis verordnet.Eine Salbe aus Guggul wird zum Einreiben von Knochenbrüchen, Drüsenschwellungen und Geschwüren verwendet und gilt in Indien als eines der besten Mittel, um das Gewebe zu entschlacken und überflüssige Pfunde abzubauen. Hierfür wird Guggul auch innerlich eingenommen. Meist wird es dafür mit anderen Pflanzen gemischt und als Tabletten verordnet (*Naraka guggulu* und *Triphala guggulu*). Auch als gutes Heilmittel gegen Psoriasis kennt die Ayurveda-Medizin eine Rezeptur mit Guggul-Harz (*Guggulu tiktaka ghrta*). Guggul wird in Indien als ayurvedisches Medikament *Sallaki* angeboten, das mit großem Erfolg bei entzündlicher Polyarthritis eingesetzt wird. Dieses Medikament ist in Europa unter dem Namen *H15 Ayurmedica* in Schweizer Apotheken erhältlich.

Im Westen ist Guggul-Harz noch recht unbekannt, obwohl Wissenschaftler es hier untersuchten und feststellten, daß es eine schmerzlindernde und beruhigende Wirkung hat und verspannte Muskulatur schnell lösen kann. Das Guggul-Harz ist von milchig-weißer bis goldener Farbe. Es duftet balsamisch süß und herb-harzig zugleich. Sein Geruch erinnert zart an Vanille. Es kann einzeln oder in Mischungen verräuchert werden. Man verbrennt es auf der Räucherkohle oder auf dem Gitter eines Räucherstövchens. Guggul-Räucherung hilft bei chronischen Katarrhen und Lungenbeschwerden. Es wird hierfür mit getrocknetem Salbei vermischt. Es ist ganz allgemein ein Stärkungsmittel für die Atemwege, zum Beispiel bei starken Rauchern oder zur Luftverbesserung besonders in Stadtwohnungen. Die Räucherungen wirken stärkend auf das Immunsystem. Sie können den Körper reinigen und sind besonders zur Begleitung einer Entschlackungs- und Abmagerungskur geeignet. Der Duft soll, so heißt es in Indien, den Appetit zügeln. Im psychischen Bereich kann Guggul, wie in der altindischen Ayurveda-Medizin empfohlen, als allgemeines Verjüngungsmittel und zur seelischen Revitalisierung eingesetzt werden und schafft ein seelisches Wohlbefinden. Es kann die Aura reinigen und störende Einflüße bei Gebet und Meditation auflösen. Eine Guggul-Räucherung eignet sich deshalb auch bei starker Nervosität, Streßbelastung, nervöser Schlaflosigkeit und zur allgemeinen Revitalisierung. Räuchern Sie damit am Abend mit genügend Zeit zum Entspannen. Guggul wird in Indien oft mit dem Benzoe-Harz vermischt.

BENZOE

Benzoe Siam-Styrax tonkinensis Craib.
Benzoe Sumatra-Styrax benzoin Dryand.

Benzoe wird aus dem ausfließenden Harz (Gummi) des Benzoebaumes hergestellt. Dieser gehört zur Familie der Storaxbaumgewächse, *Stryraceae.* Zum Räuchern wird meist das festere Resinoid verwendet, das durch Extraktion mit Alkohol oder anderen Lösungsmitteln entsteht. Aus drei Kilogramm Harz erhält man etwa ein Kilogramm Benzoe-Resinoid. Benzoeduft wird in Indien sehr geschätzt, da er weich, sinnlich und warm ist. Er verbindet die Zutaten einer indischen Mischung miteinander, gibt Duft-Körper und macht eine Räucherung zusammen mit Sandelholz typisch orientalisch. Benzoe, das in Großindien, also auf Sumatra, Java, in Thailand und in Kambodscha gedeiht, wird in Indien seit langem als Heilmittel bei Atemwegs- und Hauterkrankungen verwendet. Der Rauch soll besonders bei trockenem Husten hilfreich sein. Benzoe gilt in Indien als Tempelweihrauch und wird dort vor den Statuen und Bildern verräuchert, die das Göttliche und seine Dreifaltigkeit symbolisieren und Brahma, Vishnu und Shiva darstellen (siehe Kapitel *Ägypten*).

DAMMAR

Canarium strictum
Canarium prostratum Schiffn.
Shorea wiesneri Schiffn.

Der Dammarbaum wächst in Indien und Südostasien, man findet hier ganze Wälder dieser Baumart. Er gehört zur Famlie der Zweiflügelfruchtgewächse, *Dipterocarpaceae.* Vom Dammar-Harz gibt es verschiedene Qualitäten. Manchmal ist es schwierig, die exakte Qualität festzustellen, denn Dammar wird oft als Sammelname für verschiedene Harze aus Südostasien verwendet. Das Harz kommt als durchsichtige, tropfsteinartige Stücke von gelblicher bis rötlicher Farbe in den Handel. Es gibt auch transparente, farblose Stücke. Die Oberfläche des Harzes ist fein bestäubt. Dammar bedeutet in der malaiischen Sprache Licht. Das Harz hat eine stark lichtbrechende Eigenschaft. Auch im deutschsprachigen Raum bezieht sich der alte Name für Dammar-Harz, Katzenaugen-Harz, auf diese Eigenschaft. Dammarräucherungen wirken erhellend auf unser Gemüt, sie bringen Licht ins Dunkel unserer Seele. Sie eignen sich zum Räuchern bei Traurigkeit, Schwermut und depressiver Stimmung. Dammar, so heißt es, kann hell-sichtig machen, er hilft, mit Lichtwesen wie Engeln in Verbindung zu treten. Dammar duftet zitronig, transparent, feinätherisch.

CEYLONZIMT

Cinnamomum zeylanicum Blume.

Dieser bis zu 20 Meter hohe Baum stammt, wie sein Name schon verrät, aus Ceylon, heute Sri Lanka, und wird jetzt an allen Küsten Indiens angebaut. Er gehört zur Familie der Lorbeergewächse und ist wie der Lorbeer ein immergrünes Gewächs. Seine länglichen, dunkelgrünen, harten Blätter tragen ausgeprägte Blattadern. Die cremefarbenen Blüten sind zu Rispen angeordnet, können sich aber nicht eines feinen

Duftes rühmen. Sie reifen zu dunkelbraunen Beeren heran. Die Zimtbäume in Kultur werden absichtlich kurz gehalten und auf zwei bis drei Meter Höhe geschnitten. Die Rinde wird dann in Handarbeit von den jungen Stockausschlägen abgeschält. Diese werden alle ein bis zwei Jahre geschnitten. Der gute Duft des Baumes liegt in seiner Rinde, die aufgerollt als Zimtstangen in den Handel kommt. Der Wohlgeruch der Rinde stammt vom ätherischen Öl, das einen hohen Gehalt an Zimtaldehyden hat. Es gibt wohl kaum jemand, der den typischen Duft des Zimtes nicht kennt und fast alle Menschen empfinden ihn als angenehm. Warm, weich, sinnlich, süß-duftend erzeugt er ein Wohlgefühl und Behagen von körperlicher und seelischer Natur. Die Rinde des Zimtbaumes, in Sanskrit *Tamalapatra*, in Hindu *Dalchini* genannt, wird in der Ayurveda-Medizin als Heilmittel verwendet und bei Magen-Darmbeschwerden, Übelkeit mit Erbrechen und als Antiseptikum empfohlen. Seine krampflösenden Eigenschaften setzt man bei Kopfschmerzen, Magenkrämpfen und Zungenlähmungen ein. Die pulverisierte Zimtrinde ist eine beliebte Zutat für Räucherstäbchen und Räucherungen in Indien. Der Duft gilt als entkrampfend, beruhigend und gleichzeitig vermischt mit anderen Zutaten als sinnlich stimulierend. (Siehe Kapitel *Ägypten* und *Japan*.)

DRACHENBLUT

Daemenorops draco B.L.
Dracaena draco L.

Die Drachenblutpalmen gedeihen in sumpfigen Gegenden Hinterindiens, auf Java, Borneo, Sumatra und auf den Molukken. Sie gehören zur Familie der Palmengewächse *(Palmae)*. Die Früchte sind von einem Schuppenpanzer umgeben. Zwischen den Schuppen tritt Harz aus, das gesammelt, gereinigt und zusammengeschmolzen wird. Daraus werden Bälle oder Stangen geformt und in den Handel gebracht. Drachenblut, *Sanguis draconis*, ist eine tiefrote, glänzende Masse.Dieses geheimnisvolle Räucherwerk wird seit langem für Rituale verwendet, die sehr negative Energien neutralisieren können. Es gilt als Schutz- und Opferräucherung. Meistens wird Drachenblut mit anderen Stoffen in einer Mischung verwendet, da es als Einzelräucherung einen zu starken dunklen Rauch verursacht. Drachenblut soll die reinigende Wirkung von Weihrauch verstärken. Deshalb fügte man klassischen Kirchen-Weihrauchmischungen einen kleinen Teil bei. Das Harz entwickelt beim Verräuchern einen herb-würzigen, etwas brenzligen Geruch.

Patchouli

1 Drachenblut
2 Vetiver
3 Sandelholzpulver
4 Elemi
5 Sandelholz
6 Benzoe
7 Dammar
8 Guggul
9 Patchouliblätter

PATCHOULI

Pogostemon cablin Benth.
Pogostemon heyneanus Benth.

Die Patchoulipflanze ist eng mit der Minze verwandt und trägt ähnliche Blätter. Beide gehören sie zur Familie der Lippenblütler, *Lamiaceae.* Patchouli wird etwa einen Meter hoch. Am Patchouliduft scheiden sich die Geister, entweder man liebt ihn sehr oder man rümpft die Nase. In Indien sind gepulverte Patchouliblätter eine beliebte Zutat für Räucherstäbchen. Sie passen besonders gut zu Guggul, Vetiver und Sandelholz. Patchouliblätter werden in kleinen Mengen einer orientalischen Räuchermischung zugefügt. Sie geben dieser eine schwere, erdige und sinnliche Note. Patchouli hat einen sehr intensiven, tiefen, holzigen Duft. In den 60er Jahren war er im Westen sehr beliebt. In Indien werden wertvolle Kleidungsstücke und Teppiche mit Patchouli beduftet, um Motten fernzuhalten.

VETIVER

Vetiveria zizanioides (L.) Nash

In Asien ist das Vetivergras aus der Familie der Süßgräser, *Gramineae,* sehr bekannt, da man es dort als Erosionsschutz pflanzt. Seine starken, weitverzweigten Wurzeln können die Erde auch bei sintflutartigen Regengüssen festhalten. Zum Räuchern wie auch als Zusatz für Räucherstäbchen wird die getrocknete und pulverisierte Wurzel verwendet. Sie verleiht in kleinen Mengen einer Mischung den typischen erdig-süßen, schweren und erotischen Duft, der besonders in Asien sehr beliebt ist.

Vetiver

REZEPTE FÜR INDISCHE RÄUCHERUNGEN

Meditation am Morgen

Dammar	3 Teile
Mastix	3 Teile
Kampfer	1 Teil
Elemi	1 Teil
Lemongrass	1 Teil

Die Harze im Mörser zerstampfen. Elemi und Kampfer zugeben und alles gut miteinander im Mörser verreiben. Elemi ist eine zähe Masse, die nur durch gutes Verarbeiten im Mörser gleichmäßig im Räucherwerk verteilt wird. Kleingeschnittenes, trockenes Lemongrass, Riechgras oder Sweetgrass dazugeben. Geeignet für Meditation, Gebet oder Jogaübung am Morgen. Der Duft öffnet unser Bewußtsein, wirkt reinigend und klärend, er hilft, den Tag über das innere Gleichgewicht zu wahren. Prisenweise auf glühende Kohle streuen.

Meditation am Abend

Guggul	2 Teile
Benzoe Siam	1 Teil
Sandelholzpulver	2 Teile

Guggul und Benzoe im Mörser fein zerstoßen. Statt Guggul kann auch Weihrauch verwendet werden. Alle Zutaten gut vermischen und messerspitzenweise auf Kohle verräuchern. Eine Mischung mit einem warmen, feinen Duft, die ausgleichend und beruhigend wirkt und gleichzeitig innerlich wach macht. Ein Duft, der sanft nach innen führt.

Ganges, Varanasi

Shakti

Guggul	4 Teile
Patchouli	1 Teil
Sandelholzpulver	3 Teile
Kostuswurzel	1 Teil
Nelke	1 Teil
Benzoe	1 Teil
Koriander	1 Teil
Moschuskörner	1/2 Teil

Guggul-Harz und Moschuskörner zermörsern. Dieses Harz kann notfalls auch durch Weihrauch-Harz ersetzt werden. Kostuswurzel auf einer Reibe fein reiben oder die Wurzelstückchen im Mörser zu Pulver stampfen. Nelke, Benzoe und Koriander werden ebenfalls im Mörser fein zerstampft. Alles gut miteinander mischen.

Ein orientalisch-süßer und schwerer Duft, der unsere Sinne umschmeichelt, unser Herz öffnet, Hingabe und Liebe fördert. Allein oder zu zweit genießen. Der feminine Duft regt unsere Kreativität und Phantasie an und kann zu musischer Arbeit inspirieren. Genießen Sie diese orientalische Mischung mit einer schönen Hintergrundmusik.

Shiva

Sandelholzpulver	5 Teile
Guggul	2 Teile
Nelken	1 Teil
Drachenblut	1/2 Teil
Kostuswurzel	1 Teil

Guggul-Harz zermörsern, trockene Kostuswurzel auf der Reibe fein reiben oder die bereits geschnittenen Wurzelstückchen fein zerschneiden, Nelken pulverisieren, Drachenblut, falls in Stückchen, im Mörser zerkleinern. Alles gut miteinander mischen. Eine Räuchermischung, die herb-harzig duftet. Sie gibt Energie, Stärke und Vitalität und regt unsere Durchsetzungskraft an. Beim Räuchern können wir uns vorstellen, wie unsere seelische, körperliche und geistige Kraft wächst. Ein Duft für Zeiten, in denen wir neue Energie brauchen.

Der Weihrauch

Des Weihrauchs zarte Säule steigt empor:
Durchsichtig schimmernd wie Kristall,
Duftblau wie ferner Horizont,
Vibrierend wie ein Geigenton.

Ein feiner Schleier senkt sich aus dem Dunkel
Der Wölbung auf den stillen Raum:
Er dämpft der Kerzen warmen Schein,
Er kühlt der Blumen Farbenglut,
Umhüllt des Buddha golden Haupt
und macht es fern.

Drei Mönche aber sitzen selbstversunken
Im nächtlich-stillen Raum:
Sie sehen nicht der Blumen Pracht,
Sie hören nicht der Kerzenflammen knistern,
Sie fühlen nicht den Schlag des Herzens mehr.

Des Buddha golden Antlitz selbst
Ist ausgelöscht in ihrem Geist:
Sie sehen nur des Weihrauchs Säule,
Sie fühlen nur kristallne Klarheit,
Sie hören nur vibrierend Tönen
und ahnen fernen Horizont.

Lama Anagarika Govinda

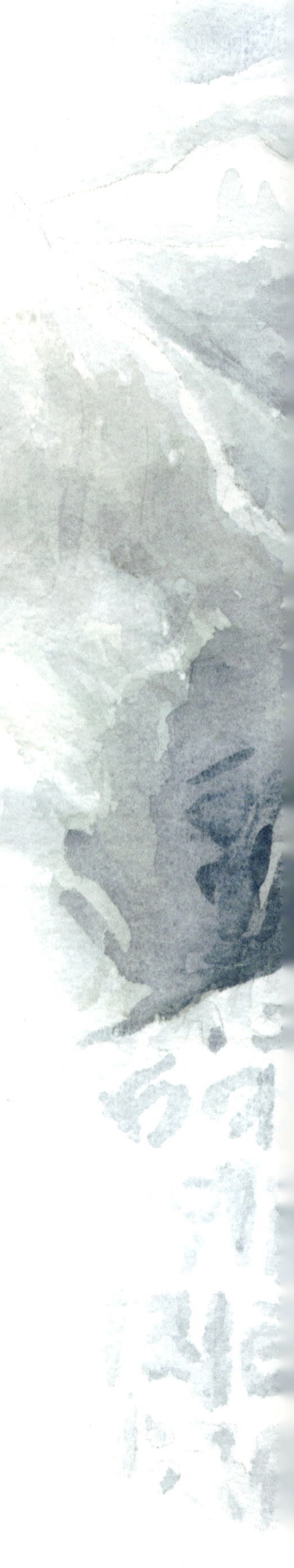

11 HIMALAYA

WOHLGERÜCHE AUS SHANGRI-LA

Hoch oben schimmerte die Felswand. Gebetsfahnen flatterten im Wind. Ein weiter tiefblauer Himmel spannte sich über dem unendlichen Gebirge des Himalaya. Der Wanderer konnte die extreme Höhe des Ortes wie ein feines Flirren in seinen Ohren hören. Dort oben hatte die berühmte Einsiedlerin vor tausend Jahren in der kleinen Höhle am Fuß der Felswand meditiert. Wie war sie bloß dort hinaufgekommen? Der schmale Pfad entlang steil abstürzender Klippen schien schier unüberwindlich. Was würde ihn dort oben erwarten? Jetzt erblickte er eine feine, helle Rauchfahne, die senkrecht an der Felswand zum Himmel stieg. Stunden später saß er an einem kleinen Feuer oben vor der Höhle. Er hatte es geschafft. War es der warme, vertrauensvolle Duft des Feuers, mit Kräutern entfacht, der ihn geleitet hatte, oder der Zauber der großen Meisterin, der diesen abgelegenen Ort noch belebte? Der Hirte, der dort oben ein Rauchopfer entzündet und auf ihn gewartet hatte, warf lachend immer wieder eine Handvoll Räucherkräuter in die kleine Feuerstelle. Sie konnten sich mit Worten nicht verständigen, doch beide schauten gemeinsam, den feinen, duftenden Rauchfäden folgend, nach oben.

VOM DUFT VERBORGENER TÄLER

Brahamaputra Tal, Zentraltibet

Die höchste Bergkette der Welt bildet einen 2500 Kilometer langen Bogen. Durch einen gigantischen Zusammenstoß des eurasischen Kontinents mit dem indischen Subkontinent entstand eine Auffaltung, die den Himalaya zum Dach der Welt formte. Zuvor hatte die Erde schon einmal gebebt, ein Stoß hob den Meeresboden um 4000 Meter an. So bildete sich das Tibetische Hochland. Während der Suche nach Räucherpflanzen wandeln wir eigentlich auf dem Meeresboden. Der Himalaya bildet eine Barriere zwischen zwei völlig verschiedenen Klimazonen und besitzt deshalb selbst eine ungeheure Vielfalt an lokalen Klimagebieten. Jedes einzelne davon bringt wiederum eine bestimmte Flora hervor. Deshalb ist das Himalayagebiet gesegnet mit besonders vielen Pflanzenarten.

Die Südhänge, an denen sich die mit Wasser gefüllten Wolken aus dem indischen Tiefland verfangen, sind vom Monsunregen durchtränkt. In den Nadelwäldern wuchern Farne, scharlachrote Blüten prangen an hohen Rhododendronbäumen, Moose bedecken die Äste, und Flechten hängen von den Bäumen, in deren Halbschatten aromatische Pflanzen wie der Ingwer, Galgant, Traummoos, Kostus und Ingwerlilien gedeihen. Wunderschöne Orchideen ernähren sich von der wassergeschwängerten Luft. Hier gibt es eine Vielzahl an saftigen, aromatischen Heilpflanzen, die auch zum Räuchern verwendet werden können. An den südlichen Berghängen des Himalaya gedeiht die majestätische Himalayazeder, *Cedrus deodora*, deren Harz, Nadeln und Rinde zum Räuchern dienen. Sie breitet ihre Zweige wie blaugrüne Baldachine über den Waldboden und die langen Nadeln umhüllen weich die anmutig geschwungenen Äste. Die Wälder der Himalayazeder an den Hängen des Himalya sollen zu den schönsten Nadelwäldern der Welt zählen.

Fast jedes Tal des Himalaya hat sein eigenes Mikroklima, das eine besondere Pflanzenwelt hervorbringt. Das ergibt sich aus dem nord-südlichen Trocken-feucht-Gefälle und den ost-westlichen Klimavariationen, zum Beispiel bergen manche Täler hohe Schneedecken an ihrem unteren Teil und eine Flora aus tropischen Pflanzen wie Bananen und Mangos im oberen Teil.

Der Nordhang des Himalaya ist karg, kalt und trocken. Im Klima hochgelegener steiniger Wüsten, dem ehemaligen Meeresboden, gedeihen kräftige, trockene, aber sehr starke Pflanzen. Beifuß, Zwergwacholder, Disteln, Zwergveilchen ducken sich vor dem kalten Wind an den Boden. Auch sie liefern Heil- und Räuchersubstanzen. Ihr Duft ruft meist ein Gefühl der Weite und

Klarheit hervor, denn die Räucherung mit diesen Pflanzen trägt die Energie der Landschaft, in der die kräftigen Pflanzen wachsen.

Die Geschichte von Shangri-la, dem versteckten geheimnisvollen Tal, ist im ganzen Himalaya lebendig. Dort, wo die letzten weisen Menschen im verborgenen leben und geistige Schätze hüten, wo ein Königreich versteckt liegt, wo die Zukunft der Erde entsteht und Wunderpflanzen wachsen, liegt das Paradies der Berge. Schon viele sind ausgezogen, Shangri-la zu suchen.

Eine Art Wundertal, dessen Ruf auch in unserer Zeit mit dem Räuchern in Verbindung steht, ist das Lawudo-Tal unterhalb des Mount Everest. Vom Solo-Khumbu aus führt ein kleines Seitental höher und höher, bis sich die Schlucht öffnet und den Blick auf das 4500 Meter hoch gelegene Lawudo freigibt. Vierzehn Tage Fußmarsch entfernt liegt Katmandu. Das Tal ist heilig, so heißt es, und auch eine besonders feine spirituelle Schwingung liegt in seiner klaren Luft. Diese spezielle Atmosphäre hat schon immer Einsiedler angezogen, die hier oben in Höhlen meditierend ihren Geist vervollkommnen. Noch heute werden die Höhlen dieses Hochtales zu Einsiedeleien benutzt. Die tibetische Bevölkerung, die Sherpas, sammelt hier oben eine besondere Kräutermischung für das Lawudo-Räucherwerk, das die heilige, klärende und reinigende Atmosphäre dieses Platzes in sich trägt. Diese Räuchermischung wird besonders bei Geisteskrankheiten und starken Störungen der Psyche eingesetzt. Die Mischung soll ausgleichen, harmonisieren bei starkem Streß, Depression, Unruhe und Schlafstörungen. Sie gilt als sicheres Mittel, um schwierige Durchgangssituationen auf dem Weg zur geistigen Entwicklung zu meistern. Ihr Duft kann krankmachende Energien neutralisieren. Der tägliche Gebrauch dieses Räucherwerks soll helfen, die Psyche zu stabilisieren und das Gefühl des inneren Gleichgewichts zu fördern.

Sitz der Götter

Der Himalaya ist für seine Bewohner wie für jene der angrenzenden Länder ein Sitz der Götter, ein heiliges Gebirge mit majestätischen, schneebedeckten Götterthronen im ewigen Eis. Die unendliche Weite, die majestätische Bergwelt, die dünne, unglaublich klare Luft macht die Bewohner des hohen Himalaya besonders empfänglich für kosmische Energien. Das Leben verläuft dort oft in spürbarer feiner Spiritualität. So werden wir hier, wenn wir nach Räucherkultur suchen, auf eine lebendige, ungebrochene Tradition der *Botschaft an den Himmel* stoßen. Besonders die buddhistisch-tibetische Bevölkerung gebraucht das Räuchern als spirituelle Opfergabe und zur Unterstützung meditativer Praxis. Im klösterlichen Leben werden Düfte ganz gezielt eingesetzt, um die einzelnen Stadien der meditativen Praxis hilfreich zu begleiten. Man hat die Wirkung der Düfte genau studiert. Räucherdüfte werden hier benutzt, um den Geist auf seinem Weg zur Erleuchtung zu begleiten und eine Verbindung zur höchsten Wahrheitsebene aufrechtzuerhalten.

Auch das Alltagsleben ist untrennbar mit dem geistigen Leben verbunden und in diesem Sinne werden die Räucherungen verwendet. In jedem Haushalt vollzieht man tägliche Räucherungen zu Ehren Buddhas und der Schutzgötter, um die Gesundheit zu erhalten und Bitten zu den Göttern zu schicken. Es werden dabei Mantras und Gebete gesprochen. Für die morgendliche Räucherung werden in einem aus Steinen im Freien erbauten Räucherofen großzügig Zweige von Wacholder, Zeder, Salbei und anderes verbrannt. In den tibetischen Klöstern brennen die handgerollten Räucherstäbchen. Sie verströmen ihren typischen Duft, der körperlich erwärmend, stärkend und sehr harmonisierend wirkt.

Bhutan – alter Mann vor Räucherofen

Sicher ein sehr nützlicher Wohlgeruch in der eiskalten Winterzeit des tibetischen Hochlands, die die Mönche oft in ungeheizten Klosterräumen verbringen.
Der emporsteigende Rauch der ausgewählten Räucherpflanzen gilt als heilig. Ihm wird eine besonders hohe und reine Schwingung zugesprochen. Er schützt vor dunklen Mächten, die in die Atmosphäre der Menschen eindringen können, um Krankheit und Unglück zu verursachen. Ein Hausaltar fehlt in keinem Haushalt, da ein Ehrenplatz für das Göttliche auch in der ärmsten Hütte reserviert ist. Vor dem Hausaltar wird täglich Räucherwerk entzündet. Hierfür verwendet man nicht die größeren Wacholderzweige oder Kräuter-Räuchermischungen wie für Räucherungen im Freien, sondern, wenn man es sich leisten kann, feineres Räucherwerk. Es soll dabei nicht so viel Rauch entwickeln wie bei der Räucherung vor dem Haus im Ofen. Vor dem Altar steht ein Gefäß, das mit Sand gefüllt ist. In diesen werden die Räucherstäbchen gesteckt. Für das Räucherpulver werden zerbrochene Räucherstäbchen entzündet und auf deren Glut das Pulver gestreut. Diese Räucherpulver sind nach altüberlieferten Rezepten hergestellt und enthalten unter anderem Sandelholz, Myrrhe, Adlerholz, Wacholderholz, Rhododendron und Zedernspitzen.

Morgentliche Räucherung

Psychosomatische Räucher-Heilkunde

Die tibetische Medizin sieht die Entstehung der Krankheiten in einer gestörten und krankhaften Einstellung des menschlichen Geistes. Die drei Geistesgifte Begierde, Haß und Unwissenheit bilden die Wurzel für eine Krankheit. Daraus entstehen Zustände des Geistes wie Depression, Angst, Niedergeschlagenheit, Unruhe, die dann Krankheiten wie Entzündungen, Verhärtungen und Wucherungen bilden. Zusammenhänge von Körper und Geist, welche die Psychosomatik oder Neuropsychoimmunologie der westlichen Wissenschaft ganz neu erkennen, werden in der tibetischen Medizin seit langer Tradition berücksichtigt und bestimmen die Therapie. Eine große Rolle zur Beeinflussung der gestörten und aus dem Gleichgewicht geratenen menschlichen Psyche spielen in der tibetischen Heilkunde die Räucherstoffe. Für jede Art von Störung der menschlichen Psyche gibt es eine ganz bestimmte Räuchermischung. Der Patient oder die Patientin beugt den Kopf über das Räuchergefäß, bedeckt diesen wie zu einer Inhalation

mit einem Tuch, das auch das Gefäß einschließt, und atmet tief ein. Für den Abend, vor dem Schlafengehen wird eine Räucherung ohne Tuch empfohlen. Es gibt auch allgemein wirksame Mischungen, die man bei psychischer Instabilität anwendet. Dazu gehört die Lawudo-Mischung oder jene, die man in Katmandu bei tibetischen Ärztinnen und Ärzten immer kaufen kann. Diese enthält: Aloeholz, dunkler, heller und rötlicher Qualität, Guggul, Weihrauch, Muskatnuß, Rosinen, Wacholder, drei Arten von Myrobalan-Harz, Sal-Harz und chinesischen Rittersporn. Nach komplizierten Rezepturen hergestellte Pulver, die oft bis zu 30 Inhaltsstoffe enthalten, werden in Form von Räucherungen oder Räucherstäbchen verordnet. Die tibetischen Räuchermischungen eignen sich ganz besonders gut zur Entspannung und zum Ausgleich bei starker nervöser Anspannung. Die Mischungen werden in der tibetischen Heilkunde zur Behandlung von Schlaflosigkeit, allgemeiner Verspannung und emotionaler Instabilität verwendet. Wenn die psychischen Verspannungen bereits so stark sind, daß sich eine Psychose entwickelt hat, wird in der tibetischen Medizin mit starken Räuchersubstanzen wie Asant, Eisenhut oder Muskat geräuchert und massiert. Eine sachgemäße Anwendung der tibetischen Räucherheilkunde bei fortgeschrittenen Erkrankungen der Psyche erfordert jedoch eine genaue Kenntnis der tibetischen Medizin und sollte von Laien auf diesem Gebiet nicht praktiziert werden.

Die Herstellung von Räucherwerk und Räucherstäbchen wird meist von Gebeten und Mantras begleitet. Man glaubt, daß die positive mantrische Energie in die Räucherwaren übergeht und sich beim Verbrennen zum Nutzen der Anwesenden wieder verbreitet. Den Räucherwaren werden neben pflanzlichen und mineralischen Stoffen auch Dinge zugefügt, die eine starke symbolische oder magische Bedeutung haben. So werden zum Beispiel Federn des Pfaus zugefügt. Dieser Vogel gilt als Symbol für starke transformative Kräfte. Es heißt, er könne aus giftigen Stoffen, die er frißt, die schönen Farben seines Federnkleides bilden. Auch Eulen- und Krähenfedern werden fein zerschnitten beigefügt. Dieser Brauch, mit Kraft aufgeladene Dinge zum Räuchern zu verbrennen, läßt sich bis in uralte schamanistische Zeiten zurückverfolgen.

Herstellung von tibetischen Räucherstäbchen

Tibetische Räucherstäbchen, die auch in den Westen importiert werden und meist von Tibetern in Nepal, Darjeeling, Sikkim hergestellt werden, gehören zu den letzten naturreinen Räucherstäbchen. Die überlieferten Rezepte stammen aus einer alten Räuchertradition. Eine

Besonderheit der tibetischen Räucherrezepturen ist außerdem die Beimengung von fein pulverisierten Edelsteinen wie Lapislazuli, Rubin, Türkis und anderen. Die tibetische Medizin kennt eine exakte Steinheilkunde und in überlieferten Rezepturen sind die genauen Mischungsverhältnisse festgehalten.

Wirksame Räucherstoffe der Himalayaregion

Besonders in der tibetischen Heilkunde verwendete Räuchersubstanzen: Rotes und weißes Sandelholz, Wacholder, Rhododendron, Hedychium, Kostus, Narde, Safran, Moschus, Amber, Muskat, Nelken, Adlerholz, Asant, Pfeffer, Farnkraut, Myrobalan, Guggul, Galgant, Ingwerlilie, Nagarmotha, Bergalant, Granatapfelrinde, Kardamom, Zimt, Terminalia, Sughanda Kokola, Kampfer, Tamala, Tagar. Aus der Fülle der Räucherstoffe sind hier die wichtigsten und im Westen erhältlichen beschrieben.

Arura

Arura, Arjuna

Terminalia chebula Retz.
Terminalia arjuna (Roxb.) Wight u. Arn.
Emblica officinalis Gaertn.

Arura gehört zu den bekanntesten Heilmitteln der tibetischen Räuchermedizin. Sie gehört zur Familie der *Combretaceae*. In vielen medizinischen Räucherrezepten ist diese Pflanze enthalten. Sie soll über 400 Krankheiten heilen können. Die gepulverten Früchte des Laubbaums werden bei Asthma verräuchert, aber auch die Rinde und das Holz werden fein zermahlen Räuchermischungen beigegeben. Räucherungen mit Arura sollen Krankheiten heilen können, die durch energetische Blockaden im Körper entstanden sind. Arura verströmt beim Räuchern einen feinen, holzigen und warmen Duft.

Rhododendron

Rhododendron anthopogon D. Don

An den Hängen des Himalaya wachsen etwa 200 Arten des Rhododendrons, der zur Familie der Erikagewächse, *Ericaceae* gehört. Manche werden baumhoch und sind wie Christbäume mit leuchtend roten Blüten geschmückt, andere sind kleinwüchsig und ducken sich unter den schweren winterlichen Schneemassen. Eine der vielen Rhododendron-Arten wird als geschätzte Räucherpflanze verwendet. Der duftende Zwergrhododendron, ein niedriger kleiner Strauch, trägt ledrige, eiförmige Blättchen, die abgezupft und getrocknet werden. Sie verströmen einen weichen, süß-fruchtigen, warmen Duft und sind zusammen mit Bergwacholder Bestandteil der berühmten Lawudo-Räuchermischung. In der tibetischen Räucherheilkunde ist bekannt, daß Rhododendron Herz und Kreislauf anregt. Psychisch vermittelt er ein Gefühl des Vertrauens, nimmt Angst und Beklemmung. Er wird bei emotionaler Instabilität und körperlicher Schwäche eingesetzt. Die kleinen Blätter können einzeln oder in Mischung, besonders mit Wacholderbeeren und Zedernspitzen, verwendet werden. Da Rhododendron anregend auf die Herztätigkeit wirkt, sollte man bei Bluthochdruck nicht damit räuchern.

Himalayazeder

Cedrus deodora G. Don

Himalayazeder

Die Himalayazeder gehört zu der Familie der Kiefergewächse, *Pinaceae.* Holz, Harz und Nadeln dieser Zeder werden im Himalayagebiet zum Räuchern verwendet. Besonders das Harz verströmt den typisch warm-balsamischen Duft dieses majestätischen Baumes. Der Duft stärkt, gibt Kraft und soll Glück und Schutz bringen. Die Himalayazeder hat eine stärkere psychische Wirkung als die Atlaszeder.

Kostus

Sassurea lappa C.B.Clarke

In den Tälern Kaschmirs bis auf eine Höhe von 4000 Metern gedeiht wild

Kostus

die Kostuswurzel, ein Korbblütengewächs, *Asteraceae (Compositae)*, das im Sanskrit *Pushkara* genannt wird. Sie ähnelt der europäischen Kardendistel und trägt wie sie dunkel-lilafarbene Blüten. Sie wird etwa vier Meter hoch. Die Wurzel wird seit alters her als starkes Heilmittel bei Krämpfen, Asthma, Rheuma und chronischen Hauterkrankungen verwendet. In der Antike wurde Kostus von Kaschmir bis nach Griechenland und Rom exportiert. Kostus duftet als Räucherung grün, veilchenartig, etwas erdig, pelzig und animalisch. In Arabien wird die Kostuswurzel in sinnliche Räuchermischungen gegeben, da man sie als Aphrodisiakum schätzt. Auch in der indischen Ayurveda–Medizin gilt sie als Liebesmittel. Ihren Duft empfindet man in Asien als sehr sinnlich. In Japan wird der Duft der Kostuswurzel ebenfalls sehr geschätzt. Sie wird fein zerrieben Räucherstäbchen und Duftkugeln zugefügt. Japan importiert hierfür größere Mengen aus dem Himalayagebiet. Als Räucherung wirkt Kostus psychisch ent-

1 *Wacholdernadeln*
2 *Galgantwurzel*
3 *Arura*
4 *Kostuswurzel*
5 *Lawudo-Mischung*
6 *Rhododendronblätter*
7 *Himalayazedernholz*
8 *Tibet-Räucherstäbchen*

krampfend, entspannend und gleichzeitig aufbauend und revitalisierend. Sie wird in der tibetischen Medizin bei psychischen Schwächezuständen eingesetzt.

WACHOLDER

Juniperus wallichiana Hook
Juniperus recurva Buch.

Auf der nördlichen Hemisphäre kommen etwa 40 Wacholderarten vor. Im Himalaya gibt es Arten, die bis in eine Höhe von 6000 Metern wachsen. In der tibetischen Medizin dient Wacholder als ein Mittel zur Vorbeugung und Heilung von Krebs. In der ganzen Himalayaregion wird der Wacholder als heiliger Baum verehrt. Er hat hohe kultische Bedeutung und wird bei vielen Zeremonien zum Räuchern eingesetzt. Man verwendet Nadeln, Zweigspitzen oder das Harz zum Räuchern. *Dhupi*, wie Wacholderräucherungen genannt werden, dienen als innerlich reinigende Anwendung bei Ritualen, Gebeten und zur täglichen morgendlichen Räucherung und steigern die geistige Achtsamkeit. Bestandteil der berühmten Lawudo-Mischung ist auch Wacholder.

INGWERLILIE

Hedychium spicatum Buch.Ham

Die Ingwerlilie wächst in den niederen Hügeln am Fuße des Himalaya bis auf eine Höhe von 3000 Metern. Sie gehört zur Familie der Ingwergewächse, *Zingiberaceae.* Man kann ihr in vielen verschiedenen Variationen begegnen und es soll im Himalaya 38 verschiedene Arten geben. Besonders reichlich kommt sie in Nepal vor. Im Juli und August trägt sie zart-duftende weiße Blüten. Die Wurzel wird als Räuchersubstanz sehr geschätzt und als *Kapu-Kachali* gehandelt. Beim Verbrennen entwickelt sie einen schwach veilchenartigen, kampferigen Duft. Ingwerlilie ist ein Bestandteil von Abir, einem indischen farbigen Duftpulver, das für religiöse Feste, besonders für das Holifest, gebraucht wird. Auch ist sie Bestandteil von traditionellen indischen Räucherstäbchen. Der Räucherduft der Ingwerlilie wird als Antidepressivum und Tonikum für die Nerven verwendet.

Galgant

Galgant

Alpinia officinarum Hance
Alpinia galanga Willd.

Der Galgant gehört zu den Ingwergewächsen, *Zingiberacea*, und wächst wild in den Wäldern des südlichen Himalaya. Seine schilfähnlichen Blätter werden bis zu zwei Meter hoch, und das Rhizom wird bis zu einem Meter lang. Schon in der Antike wurde Galgant nach Ägypten, Mesopotamien, Griechenland und Rom exportiert und später im europäischen Mittelalter schätzte man ihn als großes Heilmittel. Die Äbtissin Hildegard von Bingen lobt den Galgant in ihrer *Naturkunde*, die sie vor 800 Jahren verfaßte, als Heilmittel bei vielen Krankheiten wie Lähmungen, Milz-, Brust-, Herzleiden, Rückenschmerzen. *Wer am Herzen leidet oder im Herzen unecht ist, nehme genügend Galgant und es wird ihm besser werden.* In der tibetischen und Ayurveda–Heilkunde wird Galgant bei Rheuma, Bronchialerkrankungen und Tuberkulose eingesetzt. Galganträucherungen wirken sehr kräftigend und anregend, sie beleben den Fluß der Energie im Körper, wirken stärkend bei Niedergeschlagenheit und Erschöpfung. Galgant duftet beim Räuchern ingwerartig, pfefferig, wild und leicht an Kampfer erinnernd und wird meist in Mischungen verwendet.

Rezepte für Räucherungen aus dem Himalaya

Lawudo

Himalaya-Rhododendronblätter	3 Teile
Wacholderspitzen	2 Teile
Wacholderbeeren	1/4 Teil

Der Rhododendron ist gelegentlich im Räucherhandel erhältlich. Für die Wacholderspitzen eignen sich auch jene aus Nordamerika, die in den indianischen Mischungen enthalten sind. Die Wacholderbeeren können einheimisch sein. Alle trockenen Zutaten gut miteinander mischen.
Eine Mischung mit herbem, balsamischem Duft. Sie erzeugt eine Atmosphäre der Weite und Klarheit. Sie harmonisiert, stabilisiert, kann Turbulenzen der Gefühle beruhigen und eignet sich zur Begleitung von Meditation und Gebet.

Shangri-La

Wacholderspitzen	1 Teil
Arura	1/2 Teil
Rhododendronblätter	3 Teile

Arurafrüchte auf einer Reibe oder mit dem Messer in feine Späne raspeln. Wacholderspitzen, falls keine vom Himalaya erhältlich, durch solche aus Nordamerika oder Nordeuropa ersetzen. Alle drei Inhaltsstoffe zwischen den Handflächen fein zerreiben. Das ergibt eine Heilmischung, die innere Energiekanäle stabilisieren kann. Bei geistig-seelischen Störungen hilft sie, das Gleichgewicht wieder herzustellen. Bei starken emotionalen Schwankungen und großer Streßbelastung, für Heilzeremonien und Reinigungsrituale wird abends vor dem Schlafengehen geräuchert.

Kailash

Galgant	1 Teil
Guggul	1 Teil
Sandelholzpulver	2 Teile
Zimtrinde	1/2 Teil
Kampfer	1/4 Teil

Diese balsamisch-würzige Mischung regt unsere inneren Kraftreserven an. Sie kann uns auf allen Ebenen revitalisieren, daher hilft sie in Zeiten der Erschöpfung, Überarbeitung und wenn wir nicht mehr in Kontakt mit unserer inneren Kraft sind. Ideal, um einem Burnout-Syndrom entgegenzuwirken.
Galgantwurzel und Zimtrinde im Mörser fein zerstampfen. Guggul, indischer Weihrauch, der im Räucherwarenhandel erhältlich ist, wird ebenfalls im Mörser zerstampft. Sandelholzstücke fein zerreiben oder Sandelholzpulver verwenden, wichtig ist es auf echten Kampfer zu achten. Alle Zutaten gut mischen. Nur in sehr kleinen Mengen auf Räucherkohle verwenden.

... Beim wundervollen Glanz des leicht bewölkten Mondes wehte –

eben hatte es zu regnen aufgehört–sanft der Wind

und ließ einen herrlichen Blütenduft durch die Lüfte schweben.

Ihm gesellte sich in den Palasträumen

der unsagbar feine Duft des Räucherwerkes zu

und schuf eine zaubervolle Stimmung

Aus: >>Die Geschichte vom Prinzen Genji<<
Altjapanischer Liebesroman verfaßt von der Hofdame Murasaki Shikibu

12 JAPAN

DEN DÜFTEN LAUSCHEN

Die Sonne stand hoch. Es war Mittag. Doch das Blätterdach der Urwaldbäume am Fuße des Himalayas hoch über uns ließ nur wenige Sonnenstrahlen zum Boden dringen. Ein diffuses Licht, durchwirkt vom Umriß der Blätter, umgab uns. Ich sog den Duft der Vegetation in mich ein: vom modrigen Moos, den Farnen, der Rinde der Bäume. Der Boden wurde immer sumpfiger und wir sanken mit jedem Schritt bis zu den Knöcheln ein. Sampo schritt voran, mit der Machete einen Weg bahnend. Er spürte, daß ich fast am Ende meiner Kräfte war. Die Moskitos hatten mein Gesicht verstochen, der Schweiß, der mir aus den Poren drang, lockte sie noch mehr an. Die feuchtwarme Hitze lähmte immer mehr meine Schritte. Hier muß es gewesen sein, sagte er endlich. Man konnte sehen, daß da jemand in der Erde gegraben hatte. Mit einem kleinen Spaten, den Sampo im Beutel mitgebracht hatte, entfernte er Moos und Farne vom feuchten Boden. Dann hielt er es in den Händen und zeigte es mir stolz. Es war ein Stück dunkelbraunes Holz, noch schlammig und von Moos bewachsen. Doch es war kostbar wie Gold. Geheimnisvolles Adlerholz. Es birgt in sich den Duft von tausend Welten.

DER UNWISSENHEIT ENTFLIEHEN

Wie in Ägypten und Arabien ist die Duftkultur in Japan mit der Geschichte einer schönen Frau verbunden. Hier rüstete sie nicht eine Expedition ins Duftland Punt wie die Pharaonin Hatschepsut oder begleitete eine Weihrauchkarawane durch die Wüste wie die Königin von Saba, sondern die edle Dame Murasaki verfaßte einen Roman über die Liebe und den Duft in altjapanischer Zeit. In den etwa 1800 Seiten gewährt die Hofdame am Kaiserhof Kyotos Einblick in die höchstentwickelte und feinsinnigste Duftkultur der Welt. Doch bevor die Adligen im alten Japan ihre Sinne mit edlen Düften erfreuen konnten und, wie sie es ausdrückten, am Duft lauschten, mußten die Aromahölzer, die in Japan nicht einheimisch sind, zuerst eingeführt werden. Dies unternahmen buddhistische Mönche. Der erste Teil der japanischen Duftgeschichte spielt nämlich nicht am eleganten Kaiserhof, sondern im Bereich des japanischen Zen-Buddhismus, wo die Sinne nicht angeregt, sondern verfeinert und gezähmt werden sollen. Mit der Lehre Buddhas in der Mitte des 6. Jahrhunderts kam der Brauch des Räucherns von China über Korea nach Japan. Der Mönch

Der Daibutsu Buddha

Bodhidharma soll den Buddhismus in Japan eingeführt haben. Er wird mit weit geöffneten Augen dargestellt, um zu zeigen, daß er völlig wach, klar und aufmerksam ist. *Unwissenheit ist die Wurzel allen Leidens,* lehrt der Buddhismus. Sie erzeugt Haß, Gier, Neid und dadurch Zwietracht unter den Menschen. Der Weg aus der Unwissenheit führt über Achtsamkeit, Geistestraining und Hingabe zum geistigen Erwachen. Die positiven Eigenschaften des Menschen sollen gestärkt werden, um seine eigene Buddhanatur zum Vorschein kommen zu lassen.

Ursprünglich aus Indien kommend, dem Mutterland der Düfte, hat der Buddhismus immer Räucherungen eingesetzt, um den Menschen auf seinem Weg zur Vervollkommnung zu unterstützen, die Meditation anzuregen und den Atem zu vertiefen. Verschiedenen Stufen der geistigen Entwicklungen wurden bestimmte Düfte zugeordnet. Der zum Himmel steigende duftende Rauch diente im Buddhismus als Symbol für die Vereinigung mit den Gottheiten, für die Vergänglichkeit aller Phänomene

und für das Transzendente überhaupt. Er begleitete die Zeit innerer Versenkung und achtsamer Stille. So kann, wie es heißt, der Duft des wohlausgewählten Räucherwerkes helfen, der *Unwissenheit zu entfliehen und die Seele zu reinigen.* Mit scharfer Beobachtungsgabe hatte man die Wirkungen des Duftes auf den menschlichen Geist erforscht und sich die Erkenntnisse zunutze gemacht. Das Räucherwerk kann helfen, den Geist zu beruhigen und friedlich zu stimmen.

In China verband sich der Buddhismus aus Indien mit einer bereits hochentwickelten Duftkultur und erreichte so in der Mitte des 6. Jahrhunderts Japan. Hier stieß er auf die tiefe Naturverbundenheit der Japaner und auf eine Kapazität, das Dufterleben zu vergeistigen, die im Laufe der Jahrhunderte die auf der Welt einmalige und höchst entwickelte Duftkultur entstehen ließ. Ein Zenpriester des 16. Jahrhunderts faßte die vielfältigen Tugenden des Räucherns, Koh genannt, die bis heute überliefert sind, zusammen.

Im ursprünglichen Zen-Buddhismus Japans wurden zum Räuchern fünf bis sieben verschiedene Räuchersubstanzen verwendet: Adlerholz, Sandelholz, Zimt, Nelken, Kampfer, Ingwer und Amber. Die Mischung legte man auf glühende Kohle, die in Räuchergefäßen lag. Erst im 16. Jahrhundert wurde die Kunst der Herstellung von Räucherstäbchen bekannt, wieder aus China kommend. Jetzt pulverisierte man die Substanzen, befeuchtete und formte sie zu Stäbchen. Diese Tradition und Kunst hat sich im Laufe der Zeit in Japan immer mehr verfeinert. Japanische Räucherstäbchen zählen noch heute zu den reinsten und feinsten der Welt. Ihrem *Duft zu lauschen,* wie man in Japan das Riechen bezeichnet, ist ein besonderes Vergnügen.

DIE ZEHN TUGENDEN DES KOH

1. *Räuchern öffnet für das Transzendentale.*
2. *Räuchern reinigt unseren Geist.*
3. *Räuchern reinigt und klärt unseren Geist von weltlichen Verblendungen.*
4. *Räuchern macht uns achtsam.*
5. *Räuchern ist ein Freund und Begleiter in Zeiten der Einsamkeit.*
6. *Räuchern bringt Frieden und Besinnung in einen hektischen Alltag.*
7. *Räuchern verliert seinen Wert nicht, auch wenn man es oft anwendet.*
8. *Selbst mit wenig Räucherwerk erfährt man Zufriedenheit.*
9. *Räucherwerk verliert auch bei langem Lagern seine Wirkung nicht.*
10. *Selbst bei täglichem Gebrauch schadet das Räuchern nicht.*

VOM DUFT DES PRINZEN

Die Wertschätzung, die man dem Räuchern in Japan im Zen-Buddhismus wie im Schintoismus dem Räuchern entgegenbrachte, wurde später für das Leben im Alltag am kaiserlichen Hofe übernommen. Die Adligen jener Zeit fanden soviel Gefallen an den edlen Räucherdüften, daß sie diese nicht nur für sakrale Zwecke, *Sonae-Koh,* verwendeten, sondern begannen, ihren Alltag mit edlen Düften zu verfeinern. Das *soradaki, das nutzlose Räuchern,* wie es abfällig genannt wurde, verbreitete sich immer mehr und erreichte einen ersten Höhepunkt der japanischen Räucherkultur in der Heinan-Epoche (700 bis 1150 n. Chr.). Die Begeisterung für edle Räucherdüfte schenkte der Welt den ersten Liebesroman: Die schöne und sehr gebildete Hofdame Murasaki Shikibu, mit der unsere Geschichte der japanischen Räucherkultur begann,

verfaßte im 11. Jahrhundert den Roman *Die Geschichte vom Prinzen Genji.* Die Hofdame gewährt Ein-

blick in die elegante Welt der Adligen in der Kaiserstadt Kyoto. Wir erfahren von der großen Passion für Musik, Poesie, Liebe und Duft jener Zeit. Wie ein feiner Hauch durchwehen die Düfte die Seiten des Buches. Wir hören von bedufteten Kleidern, die über dem aufsteigenden Rauch aufgehängt wurden, von wunderschönen wehenden Haaren, denen köstlicher Duft entsteigt, und von Kimonoärmeln, die den Duft der Trägerin oder des Trägers verführerisch verströmen. Prinz Genji scheint ein unwiderstehlicher Liebhaber der Damen gewesen zu sein; im Roman führt ihn seine Passion durch viele zarte Liebesabenteuer. Jede Bewegung des Prinzen ließ einen Dufthauch seiner Kleidung verströmen, der die Herzen der ihn umgebenden Damen tief bewegte. Zu jener Zeit entwickelte sich in Japan die Kunst der Zubereitung von Räuchermischungen. Die noblen Adligen nahmen am Wettkämpfen teil, bei denen die beste Mischung prämiert wurde. Diese Wettkämpfe, *Ko-awase*, wurden spielerisch ausgeführt und sind im Roman der Hofdame genau beschrieben. Den Teilnehmern am Spiel wurden verschiedene Inhaltsstoffe wie Adlerholz, Sandelholz, Nelken, Moschus, Safran usw. zugeteilt, aus denen sie eine eigene Mischung kreieren sollten, die dann für den Wettstreit beurteilt wurde. Die Teilnehmerinnen und Teilnehmer hielten sich oft an das beliebte japanische Schema, die Düfte und Mischungen den Jahreszeiten zuzuordnen. Auch ein passender und besonders wohlklingender Name mußte für die Räuchermischung gefunden werden.

Die Räuchersubstanzen wurden gemischt, fein im Mörser zerstoßen und anschließend mit feuchten Substanzen wie Pflaumenmus oder Honig geknetet. Dann wurde die Mischung in ein Tongefäß gefüllt, in der Erde vergraben und einem Gärungs- und Reifeprozeß überlassen. Das Räucherwerk wurde dann zu kleinen Kügelchen geformt und so zum Räuchern verwendet. Noch heute werden in Japan von traditionellen Firmen wie zum Beispiel Shoyeido aus Kyoto Duftkugeln nach dem alten Rezept hergestellt.

DEN JAHRESZEITEN LAUSCHEN

In Japan liebt man den wechselnden Duft der Jahreszeiten, nimmt ihn bewußt wahr und genießt diese Erfahrung. Dem Winter wurden schon zur Zeit des Prinzen Genji ruhige, feine und edle Düfte zugeordnet. Sanft und vornehm sind sie, wie eine zarte Schneeflocke auf einer Kiefernadel im Winter. Der Frühling stand mit intensiven, frischen Düften in Verbindung, die fröhlich stimmen. Den Sommer liebte man seiner süßen, betörenden Düfte wegen und dem Herbst ordnete man einen herb-feinen und fruchtigen Duft zu. Das Gewahrwerden der Düfte der Jahreszeiten kann die Achtsamkeit fördern und die Aufmerksamkeit und Wahrnehmung schärfen. Den Duft der Rhythmen des Jahres bewußt wahrnehmen, kann eine Quelle des inneren Reichtums erschließen für eine stille Freude, die jenseits von materiellen Abhängigkeiten liegt. Dies kann uns helfen, innere Harmonie zu finden und uns im Einklang mit den Jahreszeiten, der Natur zu fühlen. Das bewußte Wahrnehmen und Genießen von Räucherwerk, das den Duft der Jahreszeiten trägt, öffnet unsere

Sinne für die Düfte der Natur. Dieser Sinn ist uns im heutigen Stadtleben fast verlorengegangen. Unangenehme Gerüche begleiten uns nur zu oft in der Stadt, der Gestank der Abgase stumpft unsere Nase ab. Dann wieder sollen uns künstliche Aromadüfte in Lebensmitteln ein Leben in gesunder Natur vorgaukeln. Mit reinem Räucherwerk, das den Duft der Jahreszeiten trägt, kann unsere Nase sich regenerieren, unser Riechsinn sich neu öffnen für elementare Düfte. Mischen Sie sich einmal den Duft einer Jahreszeit. Lassen Sie seinen Rauch emporsteigen, schließen Sie die Augen und lassen Sie dabei die Bilder dieser Jahreszeit kommen. Wie riecht der Frühling? Was berührt der Duft des Herbstes in mir? Wo verbrachte ich meinen schönsten Winter?

DER WEG DES DUFTES

Die höchste Entfaltung kulitivierter Duftwahrnehmung in Japan zeigt sich im *Ko-Doh*, dem Weg des Duftes. *Ko* bedeuted Duft, *doh* = der Weg. Er wurde während der *Ashikaga-Ära* (1350 bis 1500 n. Chr.) entwickelt. Der Shogun Ashikaga Yoshimasa ordnete an, die bis dahin verwendeten Räucherdüfte zu klassifizieren, und es wurden Regeln aufgestellt, wie Räucherstoffe verbrannt werden sollten. Die Ko-Doh-Zeremonie wurde geboren, der Weg, *dem Duft zu lauschen.* Wie beim Bogenschießen, bei der Teezeremonie und beim Ikebana, so soll auch die Ko-Doh-Zeremonie helfen, den menschlichen Geist zu vervollkommnen. Die bewußte Dufterfahrung beim Ko-Doh kann die Seelenwelt erweitern, die Geisteskraft stärken und die Kreativität anregen. Es wird von den Teilnehmerinnen und Teilnehmern absolute Konzentration gefordert, die der Meditationsübung im Zen-Buddhismus gleichkommt. Gleichzeitig können sie lernen, sich dem Spiel der Gefühle, die durch die Geruchserfahrung hervorgerufen werden, hinzugeben, sie zu beobachten und zu genießen. Ko-Doh ist die Kunst, aus dem Duft der kleinen Räucherschale eine ganze innere Welt aufsteigen zu lassen. Das Erleben der Düfte in der Ko-Doh-Zeremonie reicht von der Metaphysik, vom Erfahren des Transzendenten bis zum einfachen, sinnlichen Auskosten der Dufterfahrung. Äußerste Konzentration und Spiel wechseln sich ab. Bei der Ko-Doh-Zeremonie werden Düfte in einen bestimmten Kontext gestellt und oft mit Literatur und Poesie in Verbindung gebracht. Das klingt einfach, ist jedoch eine sehr schwierige

Kirschblüte

Japanische Illustration zur Genji-Geschichte

Aufgabe. Unser Geruchsempfinden ist im Gehirn im limbischen System plaziert, dem Zentrum der Gefühle. Worte, Klassifizierungen und Benennungen entstehen im Großhirn, einer ganz anderen Gehirnregion. Beide Teile bewußt miteinander zu verbinden, eine große Zahl zum Beispiel ähnlicher Düfte voneinander zu unterscheiden, zu benennen und etwa mit Literatur und Poesie zu verbinden, ist eine Aufgabe, die ganz neue geistige Räume eröffnen kann.

Der Ablauf der Ko-Doh-Zeremonie ist genau vorgegeben. Zu Beginn erklärt der Meister den Spielablauf, so daß während der Zeremonie nicht mehr gesprochen werden muß. Die Zeremonie dauert ungefähr eine Stunde. Der Raum ist sehr spärlich möbliert und geschmückt, um eine Ablenkung zu vermeiden. Die teilnehmenden Personen sollten vor den Zeremonien keine Speisen mit starken Gerüchen wie Knoblauch, Zwiebeln, Lauch zu sich nehmen. Parfüms, stark duftende Rasierwasser und Haarsprays können ebenfalls vom eigentlichen Ko-Doh-Duft ablenken. Bei der traditionellen Zeremonie nehmen meist acht bis zehn Gäste teil, die Zeremonie leitet der Ko-Doh-Meister mit einem Gehilfen. Ein Ehrengast sitzt zur Linken des Meisters, rechts von ihm der Gehilfe. Der Meister bereitet die Räucherwaren vor. Es sind wertvolle aromatische Hölzer, die in winzigen Splittern in der Größe eines halben Reiskorns verwendet werden. In die Räucherschale, die ungefähr die Größe einer Teetasse hat, wird feingesiebte Reisstrohasche gefüllt und nach einer bestimmten Vorschrift daraus ein kleiner Vulkan mit Öffnung nach oben geformt. Dazu bedient sich der Meister eines Spatels des siebenteiligen Ko-Doh-Besteckes. In der Öffnung des Aschevulkans wird eine zylindrische glühende Kohle versenkt. Mit einer Zange wird ein kleines rechteckiges, transparentes Mica-Plättchen auf das Luftloch des Aschekegels plaziert, es berührt die Kohle jedoch nicht. Es besteht aus natürlichem, transparentem Mineralgestein. Auf das Plättchen legt man nun den Splitter des Aromaholzes, welches langsam seinen Duft aushaucht. Der Räucherbecher wird nun von Spieler zu Spieler im Uhrzeigersinn herumgereicht, wobei er jeweils vor dem Nachbarn, der Nachbarin am Boden abgestellt wird. Dabei stellt man die Räucherschale mit der rechten Hand etwa in Brusthöhe auf die linke Handinnenfläche, die rechte Hand umfaßt den Becher, so daß Zeigefinger und Daumen die Öffnung des Bechers umspannen und der Becher dabei leicht bedeckt ist. Nun wird die Räucherschale zur Nase geführt, und der Duft wird dabei vorsichtig, aber tief eingeatmet. Man *lauscht* dem Duft und merkt sich, was man *hört*. Fortgeschrittene Ko-Doh-Schüler und -Schülerinnen praktizieren dabei eine bestimmte Atemtechnik, *nana sokn*, die Technik der sieben Atemzüge. Sie können den Duft jedoch auch ohne diese Atemtechnik erleben und ihn tief in Ihre Sinne dringen lassen. Wichtig ist jedoch, daß Sie für das Ausatmen den Kopf von der Räucherschale wegdrehen. Falls Sie den Fehler begehen, in die Räucherschale auszuatmen, kann der feine Aschestaub in Gesicht und Augen wirbeln. Normalerweise wird zwei- bis dreimal der Duft tief eingesogen und danach die Schale weitergegeben. Die Teilnehmerinnen und Teilnehmer können nun die vor ihnen liegenden Stifte und das Papier benutzen und je nach Spiel Aufzeichnungen machen, die der Gehilfe einsammelt. Nach einem Umlauf wechselt der Meister das Aromaholz aus, indem er das Mica-Plättchen, auf dem das Aromaholz liegt, mit der Silberzange heraushebt. Am Ende der Zeremonie wird die Kohle mit den Metallstäbchen aus der Asche gehoben und in einer Schale mit Wasser gelöscht. Die Asche kann wieder verwendet werden.

DUFTENDE KUGELN

Vor der Einführung der Ko-Doh-Zeremonie, bei der reine Aromahölzer verwendet wurden, waren in Japan Räucherwerkmischungen im Gebrauch, die sich aus den von buddhistischen Mönchen hergestellten Mischungen, Shokoh, entwickelt hatten. Die Adligen, wie im Roman von Prinz Genji beschrieben, hatten die Kunst der Räuchermischung hoch entwickelt. Man besaß seine ganz persönliche Duftmischung, deren Zusammensetzung streng geheim war. Die verwendete Räuchermischung, mit der man Räume, Kleider, Haare usw. beduftete, entsprach dem jeweiligen Seelenzustand der oder des Noblen. Die Duftmischungen trugen wunderschöne Namen, die meist der japanischen Literatur entlehnt waren. Man verwendet diese Mischungen trocken zum Räuchern, als Räucherstäbchen, Räucherkegel oder Räucherkugeln. Für die berühmten japanischen Räucherkugeln, *Nerikoh*, die man noch heute mit besonderer Sorgfalt zubereitet, werden die vielen verschiedenen Substanzen fein gepulvert, gesiebt und mit heißem Wasser geknetet. Die Beigabe von Honig der chinesischen Wicke oder der japanischen Bergkastanie soll verhindern, daß die Räuchersubstanz schimmelt. Als Grundsubstanz zum Kneten wird zum Beispiel Pflaumenmus verwendet. Die klebrige Rinde des japanischen Tabuko-Baumes bildet auch bei Räucherstäbchen ein neutrales Bindemittel. Die fertige Substanz wird in ein Keramikgefäß gefüllt, gut verschlossen und dann in feuchter Erde vergraben, wie zur Zeit Prinz Genjis. Dort wird das Räucherwerk einem Reife- und Gärungsprozeß von manchmal bis zu drei Jahren überlassen. Eine ähnliche Methode kannte übrigens auch die europäische Alchemie, deren Wissen teilweise in der Volksheilkunde weiterlebt. Einen Rest dieser Zubereitungsart des Gärens unter der Erde findet man heute noch in den Rezepturen der Naturheilkunde, wo zum Beispiel der Erdkammernsirup, in der Erde vergraben, zu einem besonders wirkungsvollen Hustensirup heranreift (siehe mein Buch *Medizin der Erde*, Kapitel Spitzwegerich). Die wertvolle japanische Räuchersubstanz wird ausgegraben und dann von Hand zu *Nerikoh* geformt. Die Kugeln enthalten oft bis zu 20 duftende Substanzen, wovon wir hier die wichtigsten auflisten. Diese Substanzen können einzeln und in Mischungen auch als trockenes Räucherwerk verwendet werden. Lassen Sie sich von den einzelnen japanischen Räuchersubstanzen dazu inspirieren, wie die Noblen der japanischen Kaiserstadt früherer Zeiten Ihren eigenen Duft zu mischen. Entdecken Sie innere Seelen-Saiten, welche die Düfte zum Schwingen bringen können. Finden Sie einen passenden poetischen Namen für Ihre Mischung, in welchem sich seine Wirkung spiegelt.

Einfache Ko-Doh-Duftspiele

Im folgenden sind einige Spielabläufe der Ko-Doh-Zeremonie beschrieben, traditionelle wie auch moderne, die sich meiner Ansicht nach ganz besonders gut für unsere Zeit und für westliche LiebhaberInnen der edlen Düfte eignen. Auch in Japan erlebt das Ko-Doh zur Zeit eine neue Renaissance. Man liebt es jetzt, das Ko-Doh lockerer und unbefangener zu praktizieren und es der neuen Zeit anzupassen. So wird es ein entspannender Ausgleich zum stressigen, sehr leistungsorientierten japanischen Alltag. Nachdem ich meine erste Ko-Doh-Ausrüstung von einer japanischen Bekannten geschenkt bekam und von weiteren japanischen Freunden eine Einführung in die Zeremonie erhielt, zelebrierte ich diese wunderbare Dufterfahrung für mich im stillen Kämmerlein. Nach einiger Zeit, stellte ich sie Freunden vor, die begeistert mitspielten. Es ist wunderschön, zusammen am Abend, zum Beispiel nach einem gemeinsamen Essen oder einer Besprechung, die Düfte zu genießen. Sicher ist es eine Bereicherung, die man zusammen erleben kann. Sie könnte vielleicht statt gemeinsamem

Koh-Doh-Zeremonie

Alkoholgenuß praktiziert werden. Das besinnliche Wahrnehmen von Düften ist eine der besten Möglichkeiten, vom Alltag zu entspannen. Auch auf meinen Seminaren habe ich diese Zeremonie im vereinfachten Stil eingeführt und ich bekomme immer wieder bestätigt, wie bereichernd, zentrierend und ausgleichend diese kultivierte Dufterfahrung sein kann.

In der japanischen Ko-Doh-Zeremonie werden hauptsächlich Aromahölzer verwendet. Ich habe mit anderen Duftstoffen aus dem reichhaltigen Räucherschatz der Kulturen experimentiert, und einige Räucherstoffe erwiesen sich als besonders geeignet, um, wie die Aromahölzer, ein tiefes, inspirierendes Dufterlebnis zu erzeugen: Labdanum (siehe Kapitel *Kreta*) kann ganze innere Bilderbücher aufschlagen und eine Ko-Doh-Zeremonie sehr bereichern. Es muß allerdings auf Räucherkohle oder einem Räucherstövchen verbrannt werden, da es das Mica-Plättchen verklebt. Sandarak, ein Harz (siehe Kapitel *Arabien*), muß ebenfalls auf Kohle oder Stövchen verräuchert werden. Sein Duft kann eine wunderbare, feinsinnige Duftbilderwelt erschließen. Wenn Sie etwas Erfahrung in der Räucherzeremonie erlangt haben, versuchen Sie doch selbst einmal, verschiedene Düfte auszuprobieren. In jedem Duft liegen viele Welten, Geschichten und Erlebnisse verborgen. Sie warten darauf, wie der Geist aus der Flasche, befreit zu werden. Um den Duft des Räucherwerks kultiviert zu genießen, brauchen Sie für den Anfang natürlich nicht alle speziellen Ko-Doh-Utensilien. Es genügen, eine Räucherschale mit Sand, eine Pinzette, um die Kohle zu entzünden und zu plazieren, gute Räucherkohle und etwas Räucherwerk (eventuell drei japanische Räucherhölzer wie zum Beispiel zwei Adlerholz-Qualitäten und ein Sandelholz). Die edlen japanischen Aromahölzer gibt es in einem kleinen Set inzwischen auch in Deutschland zu erstehen (siehe Bezugsquellennachweis). Wenn Sie am Ko-Doh Freude und Interesse haben, können Sie sich nach und nach die passenden Utensilien besorgen.

Vorbereitung der Räucherschale

- Asche in die Räucherschale füllen.
- Räucherkohle erhitzen und durchglühen lassen.

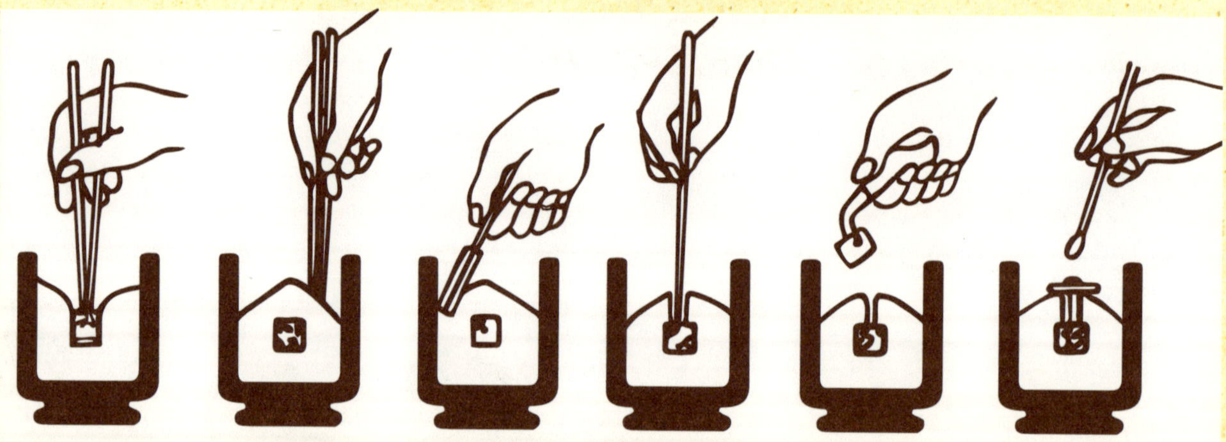

1 Räucherkohle in die Mitte der Räucherschale setzen und eindrücken.

2 Räucherkohle mit Asche bedecken.

3 Asche in Kegelform festdrücken. Rand der Räucherschale mit Federstab säubern.

4 Luftloch in der Mitte mit Metallstäbchen formen.

5 Micaplättchen auf die Spitze des Aschekegels legen.

6 Aromaholz (etwa ein halbes Reiskorn groß) plazieren.

Das Tameshi-Spiel

Traditionellerweise werden bei einer einfachen Ko-Doh-Zeremonie zuerst die Düfte herumgereicht, um sie ganz für sich zu hören und zu erkennen. Man geht dabei folgendermaßen vor: Die ersten drei Komponenten, tameshi, sollen in ihrer Reihenfolge erkannt werden. Die verschiedenen Qualitäten der einzelnen Räucherhölzer duften ähnlich, und

so erfordert diese Einführung innere Aufmerksamkeit. Von jedem der Aromahölzer werden jeweils drei kleine Stückchen in ein zusammengefaltetes Papierbriefchen verpackt. Diese neun Briefchen werden vermischt und eine Mitspielerin oder ein Mitspieler, in Japan meist der Ehrengast, darf drei ziehen. Die restlichen Briefchen werden weggelegt. Nun darf der Gast wieder bestimmen, in welcher Reihenfolge die Aromahölzer auf der Räucherschale verbrannt und herumgereicht werden sollen. So kennt selbst der Meister nicht die Folge. Der Becher wandert nun herum. Die einzelnen Briefchen werden der Reihe nach übereinandergelegt oder auf einen Spieß, der zum Ko-Doh-Besteck gehört, aufgespießt. Am Ende des Spiels öffnet der Meister oder die Meisterin die Briefchen und malt die richtige Reihenfolge für alle sichtbar auf.

Morgennebel und Herbstwind

Für Fortgeschrittene werden bei diesem Spiel zehn Sorten von Aromaholz gelauscht, unter denen sich die drei ersten Düfte (*tameshi*) und ein weiterer Gastduft befinden. Das *Genjiko-Spiel* für höchstentwickelte Ko-Doh-Teilnehmer besteht aus fünf Teilen, von denen jeder aus jeweils fünf verschiedenen Räucherstoffen zusammengesetzt ist. Beim Kumikoh-Spiel werden die Düfte der Aromahölzer mit Beschreibungen der japanischen Literatur oder einem Gedicht in Verbindung gebracht. Sie werden zum Beispiel nach Passagen aus einem Spiel wie Herbstwind, Morgennebel, Bambusfluß benannt. Oft hängt die Benennung mit dem Duft der Jahreszeiten zusammen. Beim Kumikoh-Spiel unternehmen die TeilnehmerInnen auf den Flügeln des Duftes einen Spaziergang durch die Natur in den verschiedenen Jahreszeiten. Sie reisen in ferne Länder oder können Gedichte, Stimmungen, Begebenheiten nachempfinden. Da es keine Gewinner gibt, ist jede/r Spieler/in am Ende beschenkt und vielleicht mit einigen Erfahrungen und Empfindungen bereichert.

Zwei der benannten Düfte werden zuerst vom Meister vorgestellt und jeder der Teilnehmerinnen und Teilnehmer lauscht diesem Duft, während die Räucherschale herumgereicht wird. Danach werden alle drei Düfte als Briefchen gezogen und einzeln in der Räucherschale herumgereicht. Man hört, *lauscht* und schreibt das Erlebte wieder in der richtigen Reihenfolge.

Das Spiel mit Naturschönheiten

Sankei-Koh, die *Drei schönen Landschaften*, ist ein sehr bekanntes Ko-Doh-Spiel. Es basiert auf den drei beliebtesten japanischen Ausflugszielen in der Natur. *Matsushima*, eine Inselwelt aus 260 kleinen, mit Pinien bestandenen Inseln, *Auranohashidate*, eine weiße, etwa drei Kilometer lange, schmale Sandbank, auf der sich eine Reihe von Kiefern entlangzieht, und *Itsukushima*, wo ein großes hölzernes Tor im Meer, die mit Booten zum Schrein Reisenden empfängt. Bei diesem Spiel stellen sich die Teilnehmerinnen und Teilnehmer vor, eine Bootsreise zu unternehmen und die einzelnen Sehenswürdigkeiten zu besuchen. Einer der dargereichten Düfte stellt das Boot und die Reise selbst dar. Jedem der drei Orte wird vom Meister ein Duft in Form eines Aromaholzes zugeordnet und den Gästen im Räucherbecher vorgestellt. Während der Becher kreist, *lauschen* die Anwesenden den Düften, reisen in Gedanken zu den wunderschönen Plätzen in der Natur. Die Düfte lassen Nebel aufsteigen, die Silhouetten der bizarren Kiefern auftauchen, das Plätschern des Wassers hören. . . Danach werden die Briefchen der einzelnen Düfte gemischt und gezogen. Drei Düfte machen die Runde und die Gäste halten ihre Wahrnehmungen auf einem Papier fest. Am Schluß erklärt der Meister die richtige Reihenfolge.

Dieses Spiel können Sie leicht mit anderen, den Gästen bekannten Naturschauplätzen spielen oder das Thema noch allgemeiner auf ein Naturerlebnis reduzieren, wie eine Berghütte im Schnee, Spaziergang durch das sonnenbeschienene Moor, Herbstwald nach dem Regen usw.. Wählen Sie dazu Düfte aus, die Assoziationen des jeweiligen Platzes und die gewünschte Wirkungsweise erzeugen.

Eine Reise mit Freunden

Dieses Ko-Doh-Spiel entwickelte ich für schöne Stunden mit Freunden und für den entspannenden Teil von Seminaren. Düfte wecken verborgene Bilder, Geschichten und Begebenheiten. Sie beleben unsere Phantasie und tragen uns in ferne Länder. Sie schenken uns eine wunderbare Möglichkeit, uns vom Alltag zu erholen, unsere Seele baumeln zu lassen. Die Spielleiterin oder der Spielleiter gibt das Thema vor, wie zum Beispiel der Tempel im Dschungel, die Suche nach der Quelle, der Zauberring, eine Wanderung durch den Wald.

Sie oder er bereitet drei verschiedene Düfte vor, die in gleichen Briefchen verpackt sind. Sie werden gemischt und von einem Gast gezogen. Der erste Duft wird herumgereicht, und während der Räucherbecher wandert, lassen die Anwesenden den Beginn der Geschichte, inspiriert vom Duft, um sich entstehen. Auf ein vorbereitetes, in drei gleiche Teile gefaltetes Blatt beginnt jede Person den Anfang einer Geschichte über dieses Thema aufzuschreiben. Sie sollte nicht mehr als ein Drittel des Blattes einnehmen. Dann wird das Blatt gefaltet und in einen Korb in der Mitte gelegt. Die Blätter werden gemischt, der Korb macht die Runde und jeder Gast zieht einen Zettel, öffnet und

Prinz Genji

liest. Jetzt wird ein weiterer Duft herumgereicht und man schreibt nun, inspiriert von diesem, an der Geschichte, die zuvor jemand anders begonnen hat, weiter. Auch diesmal soll nur ein Drittel des Blattes beschrieben werden. Wieder wird es gefaltet, in den Korb gelegt, gemischt und gezogen. Der dritte Duft inspiriert zum Ende der Geschichte. Nachdem alle Blätter eingesammelt, gemischt und neu gezogen werden, kann jeder Gast die Geschichte auf seinem Blatt laut vorlesen. Genießen Sie die durch Duftinspiration entstandenen Geschichten vielleicht mit einer schönen Tasse Tee und zarter Musik im Hintergrund.

Itsukushima-Schrein bei Hiroshima

Wirksame Räucherstoffe für japanische Räucherungen

Adlerholz, Agarholz

Aquillaria agallocha Roxb.

Adlerholz

Der Legende nach soll im 7. Jahrhundert n. Chr. ein großes Stück Adlerholz an die Küste der Insel Awaij geschwemmt worden sein. Wenn man etwas davon verbrannte, entströmte ihm ein wunderbarer Wohlgeruch. Prinz Shotoku ließ das Holz dem Kaiser vorführen, der sich für dessen Duft so begeisterte, daß er von nun an aromatische Hölzer aus China oder Korea einführen ließ. Bis heute spielt das Adlerholz, *Jinkoh* genannt, in Japan die wichtigste Rolle in der Koh-Do-Zeremonie. Es wird aber auch für Räucherstäbchen und Räucherkugeln, Räuchersachets usw. verwendet. Bei der Koh-Do-Zeremonie wird meist Adlerholz in seinen verschiedenen Qualitäten und Sandelholz jeweils ohne Beimischung anderer Räucherstoffe verwendet.

Bei uns im Westen ist der Duft des Adlerholzes fast ganz unbekannt, und fragt man in Japan, so ist auch dort die genaue Herkunft des Baumes meist ein Geheimnis. Folgen wir seinem Duft zum Ursprungsland, so finden wir uns wieder in den regenreichen Urwäldern Assams, Bhutans, Kambodschas, Vietnams und Indonesiens. Der Adlerbaum gehört zur Familie der *Thymelaceae.* Seine Zweige stehen vom Baum wie breite Adlerschwingen ab und geben ihm so seinen Namen. Adlerholz wird nur zum Räuchern verwendet, wenn es von Pilzen infiziert wurde. Der Baum kann von einem Pilz *(Aspergillus sp.* und *Fusarium sp.)* befallen werden, dadurch wird er zur Harzproduktion angeregt. Dieses Harz bildet den Duftstoff des Holzes. Nur solche Holzstücke werden zum Räuchern verwendet. Je harzreicher das Holz ist, um so aromatischer ist der Duft und um so schwerer wird es. Wirklich gutes Adlerholz sinkt im Wasser, worauf sich sein japanischer Name *Jinkoh*, sinkendes Holz, bezieht. Es gibt jedoch viele weitere Faktoren, die den Duft des Holzes bestimmen. Der Standort mit jeweiligem Mikroklima und die Bodenbeschaffenheit können eine Rolle spielen. Das Holz der Stämme duftet verschieden von jenem der Äste oder der Wurzel. Wenn der Baum im Alter durch Blitzschlag, Erdrutsch oder Sonstiges umkippt, zu Boden fällt und im Laufe der Zeit von Pflanzen und Blättern übermodert wird, macht er einen weiteren Fermentationsprozeß durch. Manchmal liegt ein Holzstück jahrhundertelang in der Erde oder im Wasser. Der Druck verdichtet das Harz und macht es kompakt. Diese alten, teilweise fossilen Stücke werden gesucht und meist nach Japan gebracht, wo sie als teuerste und edelste Räucherholzqualität geschätzt werden. Durch das lange Lagern in der Erde oder im Wasser vermodern die Holzteile und nur die unverweslichen aromatischen Harzteile bleiben bestehen. Adlerholz duftet balsamisch, ambraartig, holzig, waldig, tief. Die vielen verschiedenen Duftnuancen dieses einzigartigen Räucherstoffes bewußt

Adlerholzstamm

wahrzunehmen, wird in Japan als Weg der inneren Vervollkommnung durch Achtsamkeit erfahren.

Die teuersten Hölzer werden mit bis zu 100000 DM pro Kilo bezahlt. Das Holz ist im Urzustand hellgrau und nimmt durch den Pilzbefall und den Fermentationsprozeß eine dunklere Farbe an. Leider wird schon in Asien minderwertiges Holz mit Farbstoffen und verschiedenen anderen Methoden auf teures Adlerholz getrimmt. Wenn Sie einmal wirklich höchste Duftqualität dieses wertvollen und und geheimnisvollen Holzes erleben möchten, sollten Sie Adlerholzsplitter über eine traditionelle Räuchermanufaktur Japans, die auch in Deutschland vertreten ist, beziehen. Die Duftqualitäten des Adlerholzes werden in sechs Kategorien eingeteilt und mit den traditionellen Assoziationen der japanischen Gesellschaft verglichen:

Kyara

ein würdevoller, milder Duft mit einem bitteren Hauch. Er gleicht einem eleganten und anmutigen Aristokraten.

Rakoku

ein scharfer, stechender Duft, der an Sandelholz erinnert. Im allgemeinen ist er etwas bitter und erinnert an einen Krieger.

Manaka

ein heller, verführerischer Duft, wechselhaft wie die Gefühlsstimmungen einer schönen Frau.

Manabau

duftet meist süß, manchmal roh und ungehobelt wie ein Bauer. Klebrige Ölspuren auf dem Micaplättchen weisen auf einen Manabau-Duft hin.

Sumotara

ein saurer Duft zu Beginn und Ende. Man kann ihn leicht mit Kyara verwechseln, der Duft hat manchmal etwas Widerwärtiges und Ungehöriges im Hintergrund. Es heißt, er riecht wie ein Diener, der sich als Edelmann ausgibt.

Sasora

ein kühler und säuerlicher Duft. Gute Sasoraqualität kann man für Kyara halten, besonders zu Beginn, wenn man das Holz gerade erhitzt. Manchmal ist er so leicht und zart, daß man ihn kaum wahrnimmt. Er erinnert an den Duft eines Mönchs.

Adlerholz wird in winzig-kleinen Splittern auf dem kristallenen Micaplättchen verräuchert. Lauschen Sie einmal dem Duft und den Geschichten des Holzes aus geheimnisvollen Wäldern. Der Duft des Adlerholzes wirkt tief beruhigend und ausgleichend. In Japan hat man 1993 seine Wirkung wissenschaftlich untersucht und festgestellt, daß er die Schlafzeit verlängert und eine starkes Beruhigungsmittel ist. Räuchern Sie mit Adlerholz am Abend, um die Seele tief zu entspannen.

SANDELHOLZ

Santalum album L.

Dieses aromatische Holz wurde bereits im Kapitel Indien besprochen. In Japan wird eine besonders feine Qualität verwendet, die in kleinen quadratischen Plättchen, wunderschön verpackt, geliefert wird. Von diesem Sandelholz werden kleine Splitter geschnitten und auf dem Mica-Plättchen verglimmt. Bald schon legt sich ein warm-süßer Duft über den Raum, der sehr beruhigend und harmonisierend wirkt und unsere Seele und Sinne streichelt. Er eignet sich nicht nur für die Ko-Doh-Zeremonie, sondern einfach zum Genießen am Abend, allein oder zu zweit. Eine unvergleichliche Köstlichkeit, die an Fülle, Erleben und Substanz den Duft des ätherischen Sandelholzöles weit übertrifft.

STERNANIS

Illicium anisatum L.
(I. religiosum Sieb et Zucc.)

Der Sternanisbaum wächst in China und Vietnam und gehört zur Familie der Magnoliengewächse, *Illiciaceae*. Er wird in Japan als heiliger Baum verehrt. Der Baum kann eine Höhe bis zu 20 Meter erreichen. Seine gelben Blüten ähneln Narzissen und entwickeln sich zu achtzähnigen Sternen. Zum Räuchern werden die nach Anis duftenden, getrockneten Sterne im Mörser fein zerstampft. Sie verleihen einer Mischung in kleinen Mengen den warm-süßen Anisduft. Die pulverisierte duftende Rinde dieses Baumes, in Japan *Shikimi* (=Buddhabaum) genannt, wird als Räucherwerk und Körperduftpuder verwendet. Dieser Duft soll eine besonders erhabene Atmosphäre in Tempelräumen schaffen.

Japanischer Zimtbaum

Sternanisblüte

ZIMT

Cinnamomum verum Presl.
Cinnamomum Loureirii Nees
Cinnamomum cassia Blume

Die abgeschälte Rinde des Zimtbaumes, der zur Familie der Lorbeergewächse, *Lauraceae*, gehört, wird fein pulverisiert verschiedenen Räuchermischungen zugefügt. Sie verleiht diesen den typischen warm-süßen Zimtduft. In Japan wird chinesischer, ceylonesischer Zimt und auch der Duftstoff des einheimischen Lorbeerbaumes, der ebenfalls zimtähnlich riecht, verwendet. Auch der japanische Zimtbaum, *Cinnamomum camphora var. glaucescens,* produziert zimtähnliche Duftstoffe, die noch eine kampferartige Beinote haben. Wenn Sie Ihre japanische Räuchermischung herstellen, können Sie statt diesen speziellen Duftsubstanzen den einfachen Zimt, wie er in der Küche verwendet wird, als Pulver, oder besser noch die Rinde, frisch im Mörser zerstoßen, verwenden. Vom Cassia-Zimtbaum, einem immergrünen Gewächs, das im ganzen südostasiatischen Raum gedeiht, werden Zweige, Rinde, Blätter und getrocknete Blütenknospen zum Räuchern verwendet. Alles duftet süß-warm, typisch nach Zimt. Die Wirkung ist erwärmend, entspannend und beruhigend. Zimtduft allgemein öffnet das Herz und eignet sich auch für sinnliche Räuchermischungen. Zimträucherungen und Zimträucherstäbchen werden in Asien gerne verwendet, da sie neben der bereits besprochenen Wirkung auch Insekten fernhalten.

NELKE, GEWÜRZNELKE

Syzigium aromaticum (L.) Merr. et L.M. Perry

Die Gewürznelke gehört zur Familie der Myrtengewächse, *Myrtaceae,* und ist eines der bekanntesten Gewürze. Fast ausschließlich werden die getrockneten Blütenknospen verwendet, die für Räucherungen im Mörser fein gepulvert werden. Sie duften würzig-warm. Nelken verstärken den Duft einer Räuchermischung und energetisieren diese. Sie regen unsere Kreativität und Intuition an. In Asien sagt man, daß sie unsere Gedanken von Negativem befreien. Mit anderen Räucherstoffen vermischt, können Gewürznelken als Aphrodisiakum wirken. Wie Zimt gebraucht man Nelken in Asien gern für Räucherungen und Räucherstäbchen, da ihr Duft auch Insekten fernhält.

1 *Räucherbesteck*

2 *Zimt*

3 *Nachtlaub-Mischung*

4 *Moschuskörner*

5 *Adlerholz*
in 3 Qualitäten

6 *Sandelholz*

7 *Nelken*

8 *Sternanis*

9 *Kampfer*

10 *Trockenpflaume*

11 *Räucherkohle*

12 *Verpackung von*
Shoyeido-Räucherholz

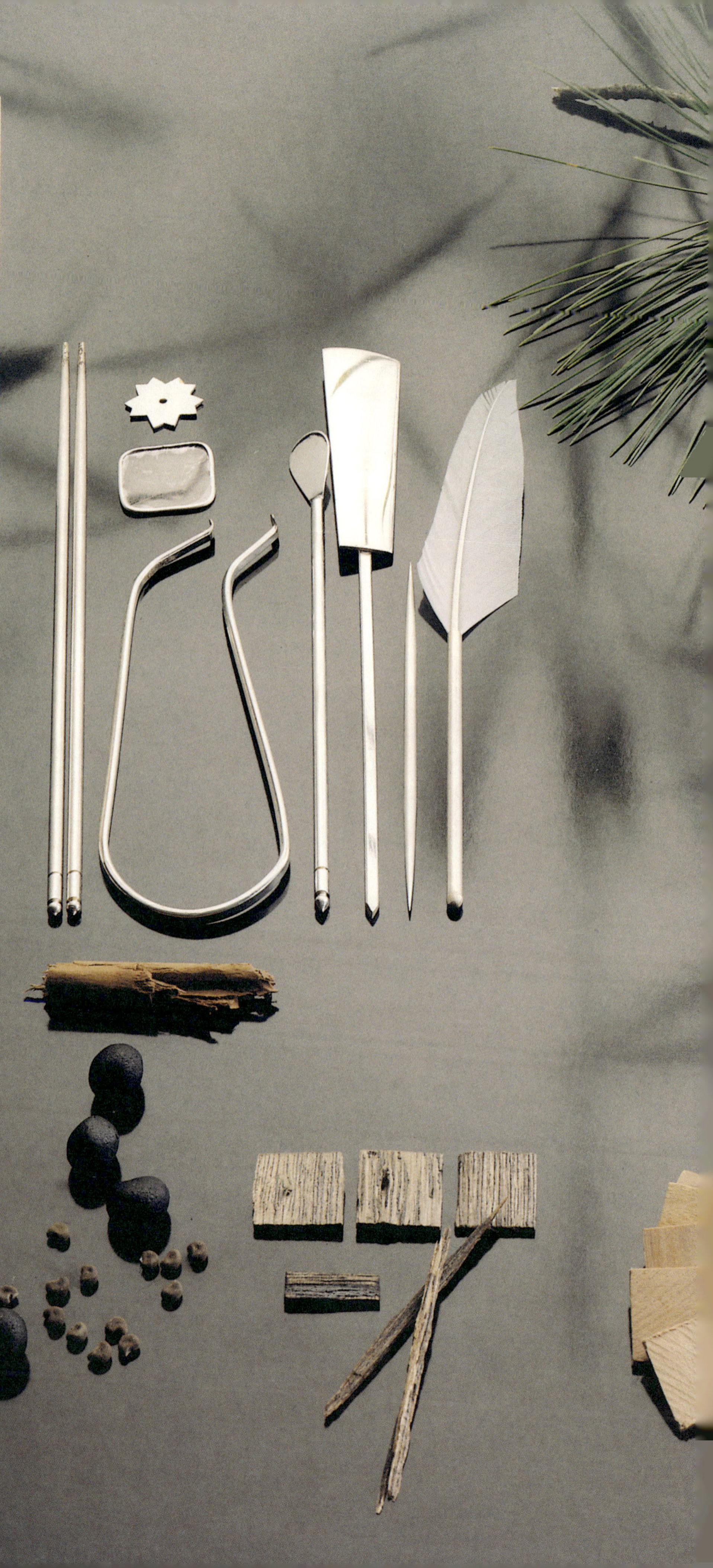

BORNEO-KAMPFER

Dryobalanops aromatica Gaertn.

Der Borneo-Kampferbaum, in Japan *hon-scho* genannt, hat im Vergleich zu anderen Kampferbäumen einen besonders milden, angenehmen Duft. Kampfer ist eine rein-weiße, kristalline Substanz und in den meisten Fällen synthetischen Ursprungs. Verlangen Sie beim Einkauf, zum Beispiel in der Apotheke, ausdrücklich natürlichen Kampfer, *Camiphorica Japonica vera Pulv D (+)*. Der Zusatz + bedeutet, daß dieser Kampfer polarisiertes Licht nach rechts dreht. Kampferbäume entwickeln sich zu stattlichen Baumriesen und wurden schon im alten China als *heilige Bäume* verehrt. Der heilige Kampferbaum beim Hachiman-Schrein im Kagoshima-Distrikt ist 1200 Jahre alt. Zu Marco Polos Zeiten wurde der Japankampfer mit Gold aufgewogen. Der Baum schwitzt natürlicherweise den Duftstoff Kampfer in Spalten aus, was durch Erhitzen des Holzes verstärkt werden. Kampfer verleiht einer Räuchermischung eine frische Note. Er wirkt klärend, erfrischend, belebend und hilft, die Konzentration zu halten, er stärkt das Bewußtsein und dämpft die Sexualität.

MOSCHUS, AMBRA, DUFTMUSCHEL

Die japanischen Räuchermischungen können drei tierische Substanzen enthalten:

Moschus, die Geschlechtsdrüse eines vom Aussterben bedrohten Moschushirsches. Der Moschushirsch ist inzwischen unter den Artenschutz gestellt worden. Trotzdem blüht der illegale Handel, über den Japan 80 Prozent der Weltproduktion an echtem Moschus bezieht. Für ein Kilo Moschus zahlen japanische Abnehmer bis zu 100000 DM. Ich finde, wir sollten auf tierische Duftstoffe verzichten, die eine vom Aussterben bedrohte Spezies von der Erde verschwinden lassen können. Moschus kann für Räucherwerke mit Moschuskörnern, *Hibiscus abelmoschus L.*, den Samen einer Hibiskusart, ersetzt werden. Sie duften süß, blumig, schwer und moschusartig.

Ambra, ein Ausscheidungsprodukt vom Pottwal (siehe Kapitel *Arabien*) und die fein zermalenen Muschelhälften der Duftmuschel, *(Potamides micropterus, Eburna japonica)*, sind weitere tierische Duftstoffe. Das getrocknete Harz dieser Muschel wird fein zermalen als Räucherstoff verwendet. In Europa wie auch in Asien war der Duftstoff dieser Meeresmuschel in früheren Zeiten sehr beliebt und galt als starkes Liebesmittel. Heute findet er nur noch in der Zubereitung japanischer Räucherwaren Verwendung. Diese tierischen Räucherstoffe habe ich hier nur zur Vervollständigung des Materials über japanische Räucherstoffe aufgeführt. Ich selbst verwende sie aus Artenschutzgründen nicht. Diese drei Duftstoffe waren aber schon in China sehr begehrte Duftstoffe, und ihr Gebrauch wurde von dort übernommen.

Weitere Duftstoffe, die in Japan verwendet werden, sind:
Myrrhe, Weihrauch, Vetiver, Benzoe, Nelken, Kiefernrinde, Hinokibaum, Ingwer, Narde, Kostus.

REZEPTE FÜR JAPANISCHE RÄUCHERUNGEN

Der Unwissenheit entfliehen

Weihrauch	2 Teile
Sandelholz	1 Teil
Adlerholz	1 Teil
Nelke	1 Teil
Zimt	1 Teil

Adlerholz kann man inzwischen auch hier im Westen in Form von kleinen Holzstückchen kaufen. Es handelt sich dabei jedoch nicht um die allerbeste Qualität, aber es eignet sich sehr gut für Mischungen.
Weihrauch-Harz, Nelken, Zimtrinde und Adlerholz einzeln im Steinmörser zu grobem Pulver zerstampfen, mischen und Sandelholzpulver dazugeben. Messerspitzenweise auf Räucherkohle oder auf Duftstövchen verräuchern. Der Duft dieser Mischung ist warm, weich und entspannt tief. Er regt zur Versenkung und inneren Einsicht an, unterstützt Meditation, begleitet Gebete und verbreitet eine Atmosphäre der stillen Andacht.

Morgen der Glückseligkeit

Der Frühling

Weihrauch	2 Teile
Kampfer	1 Teil
Nelken	1 Teil
Weißtannennadeln	1/2 Teil
Wacholderspitzen	1/2 Teil

Weihrauch, wenn möglich gute Qualität, und Nelken einzeln im Mörser zu Pulver zerstampfen. Getrocknete Weißtannennadeln und Wacholderspitzen (siehe Kapitel *Nordamerikaner, Juniperus monosperma*) zusammen fein zermörsern. Alle Zutaten gut vermischen, messerspitzenweise auf Kohle oder Stövchen verräuchern. Die Mischung duftet frisch, waldig, sie schafft eine fröhliche und heitere Atmosphäre und gibt Energie, ist geeignet zum Wecken der Lebensgeister, bei Depression und Müdigkeit, ebenso zur Anregung der Kreativität bei künstlerischem Schaffen am Morgen. Sie wirkt anregend und aufmunternd bei depressiver Stimmung.

Blaue Libelle auf dem Lotosblatt

Der Sommer

Sandelholz	6 Teile
Myrrhe	2 Teile
Zimt	1 Teil
Zimtblüten	1 Teil
Nelke	2 Teile
Lavendelblüten	1/2 Teil

Sandelholz, Myrrhe und Nelken zermörsern. Alle Zutaten zusammenmischen. Messerspitzenweise auf Kohle oder Stövchen verräuchern. Eine exquisite Mischung mit einem warmen, sonnigen, süßen, betörenden Duft, der unser Herz berührt. Für sinnliche und erotische Stunden, für die Freude am Sommer, um das Herz zu erwärmen. Eine Duftreise durch eine Sommerlandschaft und zu einem geheimen Treffen am Teichrand in der Nachmittagssonne. Ein Duft zur Begleitung von Massagen und kreativer Arbeit und zur seelischen Regeneration

Nachtlaub

Der Herbst

Labdanum	1 Teil
Styrax	1/2 Teil
Sandelholz	1/2 Teil
Weihrauch	1/2 Teil
Zimtblüte	1/2 Teil
getrocknete, weiche Pflaume (ungeschwefelt)	1/2 bis 1 Teil

Weihrauch, Zimtblüte und Sandelholz einzeln im Mörser pulverisieren und mischen. Styrax, falls im trockenen, flockigen Zustand, fein zermörsern oder als feuchte Paste zugeben, ebenso Labdanum. Alle trockenen Zutaten zusammenmischen, die feuchten dann zugeben und gut kneten oder mit dem Mörser stampfen, bis die Masse die Konsistenz von Wachs hat. Kleine Kugeln etwa in der Größe einer Erbse formen. Mindestens eine Woche in einem verschlossenen Keramikgefäß im Keller ruhen lassen. Einzeln verräuchern, dazu glühende Kohle in Vogelsand legen, mit etwas Sand bedecken, Duftkugel auflegen oder neben die Kohle legen. So verglimmt die Kugel langsam, statt schnell zu verbrennen.

Warmer, weicher, voller Herbstduft für eine Phantasiereise, zur Anregung der Kreativität, zum Erleben der Herbstenergie, zum Erleben innerer Fülle.

Erste Schneeflocken im Kiefernhain

Der Winter

Adlerholz	2 Teile
Weihrauch	2 Teile
Zimtblüte	1/2 Teil
Sandarak	1 Teil
Kampfer	1/2 Teil
Myrrhe	1 Teil

Adlerholz, Weihrauch (eine besonders gute Qualität wählen) und Zimtblüten fein zermörsern. Sandarak-Harz und Myrrhe ebenfalls einzeln zermörsern. Alle Zutaten mischen und messerspitzenweise auf Räucherkohle oder Stövchen verglimmen.

Die erlesene Mischung hat einen feinen, edlen Duft. Sie läßt die ersten Schneeflocken in einem alten Kiefernwald sanft vom Himmel segeln. Ein Duft zum Meditieren, stillen Zusammensein, Kontemplieren, Nachdenken und für das innere Gleichgewicht. Ein Trost in der Einsamkeit und Hilfe zur Problemlösung.

Atem der Seele

Sandelholz	2 Teile
Moschuskörner	1/2 Teil
Sternanis	1 Teil
Zimtblüte	1 Teil
Benzoe-Harz	1 Teil

Alle Zutaten einzeln im Mörser fein pulverisieren und dann mischen. Die Moschuskörner stammen von einer Hibiskuspflanze und dienen als Ersatz für tierischen Moschus.

Eine Mischung, die fein, zart und sinnlich schwebt. Zum tiefen Entspannen, zum Nachsinnen, als Begleitung zur Musik, beim Malen, zum sinnlichen Zusammensein um der Seele zu *lauschen.*

Wirksame Inhaltsstoffe der wichtigsten Räucherpflanzen

Adlerholz
Harz, Bitterstoffe, Sesquiterpenderivate wie α- und β- Agarofuran, Agarospirol

Alant
Inulin, Bitterstoffe, Helianthenin, ätherisches Öl mit Isoalantolacton, Polyacetylene, Sesquiterpenlactone, Alantkampfer, Triterpene

Aloe
Hydroxyanthracenderivate, Ester, Aloemodin, Chrysophantol, Chromonderivate

Asant
Gummi, Harz, ätherisches Öl mit Schwefel, Asaresinotannol, Ferulasäure, Vanillin

Beifuß
Bitterstoffe, ätherisches Öl mit Thujon, Sesquiterpene, Cineol, Campher, Linalool, Borneol, Sesquiterpenlactone, Cumarin

Benzoe
Harz, Benzylbenzoat, Benzylcinnamat, Vanillin, Hydrozimtalkohol, Benzoesäure, Coniferylbenzoat, Cinnamylbezoat
Benzoe-Siam enthält mehr Benzylbenzoat
Benzoe-Sumatra enthält mehr Benzylcinnamat

Bernstein
Harzsäure, Bernsteinsäure, ätherisches Öl, Bernsteinöl, Schwefel

Copal
Harzsäure, Resene, Bitterstoff, ätherisches Öl

Dammar
Harzsäure, Dammarresen, ätherisches Öl, Bitterstoff

Diktam
Gerbstoffe, Bitterstoffe, ätherisches Öl mit Carvacrol, Pinen, Cediol

Eisenkraut
Bitterstoffe, Schleim, Iridoidglykoside: Verbenalin und Hastatosid, Kaffeesäurederivate

Elemi
Harz, ätherisches Öl mit Limonen, α-Phellandren, Terpinole, Dipenten, Pinen, Elemol, Elemicin, Carvon, Terpineol

Fichte
Harz, Gerbstoffe, ätherisches Öl mit Monoterpenen, Camphen, Sesquiterpene, Borneol, Bornyl

Galbanum
Harz, Gummi, ätherisches Öl mit Pyrazinen, Propenyldisulfid, Cadinen, α- Pinen, Isobutyldisulfid, 15-Methyl-cyclopentadecanolid (Moschuskörper)

Galgant
Bitterstoffe, Gerbstoffe, ätherisches Öl mit Sesquiterpenkohlenwasserstoffe und -alkohole, Eugenol, Diarylheptanoide, Gingerole, Flavonoide, Sterole, Myrcen, Azulene

Hopfendrüsen
Bitterstoffe, Gerbstoffe, Harz, Humulon, Lupulon, ätherisches Öl aus Mono- und Sesquiterpenen wie Myrcen, Linalool, Caryophyllen, Farnesen, Flavonoide, Xanthohumol

Kalmus
Bitterstoffe, Akorin, Cholin, Gerbstoff, ätherisches Öl mit Phenolmethylesther, Aldehyde, Asaron, Shyobunon (Sesquiterpenketon)

Kampfer
ätherisches Öl mit Campher, Borneol, Safrol, Methylvinylketon, Methylisobutylketon, Mesityloxid, Camphen, α- und β-Pinen, Linalool, Acoron

Koriander
ätherisches Öl mit Linalool, Monoterpenkohlenwasserstoffe, Geraniol, Geranylacetat

Kostus
Bitterstoffe, ätherisches Öl mit Sesquiterpenlactone, α- und β-Jonon, Dihydro-α-Jonon, Geranylaceton, Terpene, Elemol, Costol, Selinadien, trans-Bergamotten, Curcumen

Labdanum
Harz, Gerbstoffe, ätherisches Öl mit Labdanol, Methylsodihydro-abietat, Labdan, α-Pinen, Camphen, Sabinen, Myrcen, Linalool, Terpineol, Citral, Nerol, Geraniol, Farnesol, Ledol, Lorbeer, Bitterstoff, fettes Öl, ätherisches Öl mit Cineol, Terpen, Geraniol, Eugenol

Mastix
Harz, Gerbstoffe, Bitterstoffe, äth. Öl mit α-Pinen, Linalool, Linalylacetat, Thymol, α-Cadinen, 10-Cadinol, Terpinen

Myrrhe
Bitterstoffe, Gummi, Gerbstoffe, Harz, ätherisches Öl mit a-Pinen, Dipenten, Limonen, Eugenol, Commiferin, Furoanogermacren, Zimtaldehyd, Cuminaldehyd

Myrte
Gerbstoffe, Bitterstoffe, Harz, Gallussäure, ätherisches Öl mit α-Pinen, Limonen, Camphen, Linalool, Geraniol, Nerol, Myricetin, Myricitrin

Narde
Gerbstoffe, Bitterstoffe, ätherisches Öl mit β-Gurjunen, α-Patchoulen, β-Jonon, Aristolenon, 1-Hydroxyaristolenon, 1,8-Cineol, α- und β-Pinen, Limonen, Camphen, Nardol, Valeranon

Opoponax
Harz, Bitterstoffe, Gerbstoffe, Ferulasäureesther, Oporesinotannol, ätherisches Öl mit Sesquiterpenen: α-Santalen, cis-α-Bisabol, Vanillin

Perubalsam
Cinnamein (= Benzoesäurebenzylester und Zimtsäurebenzylester), Harz, Zimtsäureester, Nerolidol, Vanillin, Ester

Sandarak
Harz, ätherisches Öl mit Sesquiterpenen, Sesquiterpenolen wie Cedrol

Sandelholz
Harz, Gerbstoffe, Alkohole, (α- Santalol und β-Santalol), Kohlenwasserstoffe (α-β-Santalen), 1-Furfurylpyrrol, Geraniol, Citronellol, α-Terpineol, Carvon, Phenole, Guajakol, Eugenol

Styrax
Harz, Gummi, ätherisches Öl mit Zimtsäure, Zimtsäureester, Harzalkohol, Phenylpropyl, Vanillin

Sumpfporst
Gerbstoffe, ätherisches Öl mit Ledumkampfer, Arbutin, Ericolin

Tolubalsam
Harz, Cinnamein, Bitterstoffe, Benzoesäure, Vanillin, Eugenol, Zimtsäure, Monosesquiterpen, Sesquiterpen, Triterpen, Benzylalkohol (Farnesol, Nerolidol), Zimtaldehyd, Cumarin, Perntannolresin

Vanille
Vanillin, Gerbstoff, Fette, Glucovanillin, Harze, Schleim, Vanillesäure, Anissäure, Enzyme

Wacholderbeeren
Gerbstoffe, Zucker, Fruchtsäuren, Fette, Pektine, Gummi, ätherisches Öl mit α-Thujen, α-Pinen, Camphen, Sabinen, Myrcen, Terpineol, Junen, α-Phellandren, Limonen, Cymol

Weihrauch
Harz, Gummi, Bitterstoffe, Basorin, Boswellinsäure, ätherisches Öl mit Monoterpenen, Diterpenen, Phenole, Sesquiterpene, α-Thujen, α-Pinen, Camphen, Sabinen, Myrcen, Limonen, Linalool, Terpinol, Nerylacetat, D-Tetrahydrocannabinol (THC)

Zedernholz
Harz, Gerbstoffe, ätherisches Öl mit Cedrol, Atlanton, Cedrylacetat, Cedrenol, Sesquiterpene, Cedrylmethylester, Acetyl-Cedren

Zimtrinde
Gerbstoffe, Schleime, ätherisches Öl mit Zimtaldehyd, Eugenol, trans- Zimtsäure, Phenylpropane, Terpene wie Limonen, α-Terpineol, Cumarin

Zypresse
Harz, Gerbstoffe, ätherisches Öl mit Terpenen: D-α-Pinen, Terpineol, Cedrol, Tannin, Camphen, Furfurol

ZUORDNUNG DER RÄUCHERPFLANZEN ZU DEN PFLANZENFAMILIEN

Deutscher Name	*Botanischer Name*	*Pflanzenfamilie*
Ackersteinsame	Lithospermum arvense L.	Boraginaceae, Borretschgewächs
Adlerholz	Aquillaria agallocha Roxb.	Thymelaeaceae, Seidelbastgewächs
Angelika	Angelica archangelica L.	Apiaceae, Doldengewächs
Alant	Inula helenium L.	Asteraceae, Korbblütengewächs
Aloe	Aloe ferox Miller	Asphodelaceae, Affodillgewächs
	Aloe barbadensis Miller	
Anis	Pimpinella anisum L.	Apiaceae, Doldengewächs
Arura	Terminalia chebula Retz.	Combretaceae, Strandmandelgewächs
	Terminalia arjuna (Roxb.) Wight u. Arn.	
	Emblica officinalis Gaertn.	
Asant	Ferula assa-foetida L.	Apiaceae, Doldengewächs
	Ferula narthex Boiss.	
	Agathis australis hort. ex Lindl	
Beifuß	Artemisia vulgaris L.	Asteraceae, Korbblütengewächs
	Artemisia tridentata Nutt.	
Benzoe Siam	Styrax tonkinensis Craib.	Styracaceae, Storaxbaumgewächs
Benzoe Sumatra	Styrax benzoin Dryand.	
Bernsteinkiefer	Pinus succinifera Schub.	Pinaceae, Kieferngewächs
Boldo	Peumus boldus Mol.	Monimiaceae
Borneo-Kampfer	Dryobalanops aromatica Gaertn.	Dipterocarpaceae, Zweiflügelfruchtgewächs
Cassia	Cinnamomum cassia Blume	Lauraceae, Lorbeergewächs
Copal	Protium copal	Fabaceae, Schmetterlingsblütengewächs
	Bureseru microphylla	
Dammar	Canarium strictum Roxb.	Dipterocarpaceae,Zweiflügelfruchtgewächs
	Canarium prostratum Schiffn.	
	Shorea wiesneri Schiffn.	
Diktam	Origanum dictamnus L.	Rutaceae, Rautengewächs
Drachenblut	Daemenorops draco Bl.	Palmae, Palmengewächs
Eichenmoos	Evernia prunastri L. Ach.	Parmeliaceae, Laubflechte
Eisenkraut	Verbena officinalis L.	Verbenaceae, Eisenkrautgewächs
Elemi	Canarium luzonicum (Miqu.) A. Gray	Burseraceae, Balsambaumgewächs
Esche	Fraxinus excelsior L.	Oleaceae, Ölbaumgewächs
Eukalyptus	Eucalyptus globulus Labill.	Myrtaceae, Myrtengewächs
	Eucalyptus citriodora Hook.	
Fichte	Picea abies (L.) Karst.	Pinaceae, Kieferngewächs
Galbanum	Ferula gummosa Boiss	Apiaceae, Doldengewächs
	Ferula rubri caulis Boiss.	
	Ferula galbaniflua Boiss. et Buhse	
	Ferula kokanika Reg. et Schmalh.	
Galgant	Alpinia officinarum Hance	Zingiberaceae, Ingwergewächs
	Alpinia galanga Willd.	
Gewürznelke	Syzigium aromaticum (L.) Merr et L.M.Perry	Myrtaceae, Myrtengewächs
Guajakholz	Bulnesia sarmienti Lorentz	Zygophyllaceae, Jochblattgewächs
Guggul	Commiphora mukul (Hook ex Stocks)	Burseraceae, Balsambaumgewächs
	Boswellia serrata Roxb.	
Heiliges Kraut	Eriodictyon californicum Benth.	Hydrophyllaceae, Wasserblattgewächs
Henna	Lawsonia inermis L.	Lythraceae, Weiderichgewächs
Holunder	Sambucus nigra L.	Caprifoliaceae, Geißblattgewächs
Hopfen	Humulus lupulus L.	Cannabaceae, Hanfgewächs
Ingwerlilie	Hedychium spicatum Buch. Ham	Zingiberaceae, Ingwergewächs
Iris	Iris germanica var. florentina Dykes	Iridaceae, Irisgewächs
	Iris cretica	
Kalmus	Acorus calamus L.	Araceae, Aronstabgewächs
Kamille	Chamomilla recutita (L.) Rauschert	Asteraceae, Korbblütengewächs
Kampfer	Cinnamomum camphora (L.) J.S. Presl	Lauraceae, Lorbeergewächs
Kardamom	Elettaria cardamomum (L.) Maton	Zingiberaceae, Ingwergewächs
Kiefer	Pinus sylvestris L.	Pinaceae, Kieferngewächs
Kaurifichte	Agathis australis hort. ex Lindl	Araucariaceae, Araukariengewächs
Kopaiabalsam	Copaifera reticulata Ducke	Fabaceae, Schmetterlingsblütengewächs
	Copaifera guyanensis Benth.	
Koriander	Coriandrum sativum L.	Apiaceae, Doldengewächs
Kostus	Sassurea lappa C.B. Clarke	Asteraceae, Korbblütengewächs
Labdanum	Cistus landanifer L.	Cistaceae, Cistrosengewächs
	Cistus creticus (L.) Heyw.	
Lärche	Larix decidua Mill.	Pinaceae, Kieferngewächs

Latschenkiefer	Pinus mugo Turra	Pinaceae, Kieferngewächs
Lavendel	Lavandula angustifolia Mill.	Lamiaceae, Lippenblütler
	Lavandula stoechas L.	
Lemongrass	Cymbopogon flexuosus W.Wats	Graminaceae, Süßgräser
	Cymbopogon citratus (DC.) Stapf	
Lorbeer	Laurus nobilis L.	Lauraceae, Lorbeerbaumgewächs
Majoran	Origanum majorana L.	Lamiaceae, Lippenblütler
Mastix	Pistacia lentiscus L.	Anacardiaceae, Sumachgewächs
Meisterwurz	Peucedanum ostruthium (L.) W.D.J. Koch	Apiaceae, Doldengewächs
Mekkabalsam	Balsamodendron gileadensis Knth.	Burseraceae, Balsambaumgewächs
	Commiphora opobalsamum (L.) Engl.	
	Balsamodendron meccaensis Gled.	
	Commiphora kataf Engl.	
Mistel	Viscum album L.	Loranthaceae, Mistelgewächs
Moschuskörner	Hibiscus abelmoschus L.	Malvaceae, Malvengewächs
	Abelmoschus moschatus Medik.	
Myrrhe	Commiphora myrrha Nees	Burseraceae, Balsambaumgewächs
	Commiphora abyssinica Engl.	
	Commiphora schimperi Berg	
Myrte	Myrtus communis L.	Myrtaceae, Myrtengewächs
Narde	Nardostachys Jatamansi (Wall) D.C.	Valerianaceae, Baldriangewächs
Nelke	Geum urbanum L.	Rosaceae, Rosengewächs
Opoponax	Commiphora Erythraea var. glabrescens	Burseraceae,Balsambaumgewächs
	Commiphora kataf Engl.	
	Opoponax chironicum Koch.	
Patchouli	Pogostemon cablin Benth.	Lamiaceae, Lippenblütler
	Pogostemon heyneanus Benth.	
Perubalsam	Myroxylon balsamum (L.) Harms var. pereirae	Fabaceae (Leguminosae)
		Schmetterlingsblütengewächs
Quitte	Cydonia oblonga Mill.	Rosaceae, Rosengewächs
Räuchersalbei	Perovskia abrotanoides Karel	Lamiaceae, Lippenblütler
Rhododendron	Rhododendron anthopogon D. Don	Ericaceae, Heidekrautgewächs
Rose	Rosa damascena Mill.	Rosaceae, Rosengewächs
	Rosa centifolia L.	
	Rosa gallica L.	
Rosmarin	Rosmarinus officinalis L.	Lamiaceae, Lippenblütler
Safran	Crocus sativus L.	Iridaceae, Irisgewächs
Salbei	Salvia officinalis L.	Lamiaceae, Lippenblütler
	Salvia repens. var. repens	
	Salvia apiana	
Sandarak	Tetraclinis articulata (Vahl)	Cupressaceae, Zypressengewächs
	Mast. (Syn. Callitris quadrivalvis)	
Sandelholz	Santalum album L.	Santalaceae, Leinblattgewächs
	Amyris balsamifera L.	Rutaceae, Rautengewächs
	Santalum rubrum	
Stechapfel	Datura stramonium L.	Solanacae, Nachtschattengewächs
Steinklee	Melilotus officinalis (L.) Pall	Fabaceae, Schmetterlingsblütengewächs
Steppenraute	Peganum harmala L.	Zygophyllaceae, Jochblattgewächs
Sternanis	Illicium anisatum L.(I. religiosum Sieb et Zucc.)	Illiciaceae, Magnoliengewächs
Styrax	Liquidambar orientalis Mill.	Hamamelidaceae, Hamamelisgewächs
	Liquidambar styraciflua L.	
Sumpfporst	Ledum palustre L.	Ericaceae, Heidekrautgewächs
Süßgras	Hierochloe odorata (L.) Wahlenb.	Poaceae, Süßgras
Tanne	Abies alba Mill.	Pinaceae, Kieferngewächs
	Abies cilicica (Ant. et Kotschy) Carr.	
	Abies balsamea (L.) Mill.	
Thuja	Thuja occidentalis L.	Cupressaceae, Zypressengewächs
Thymian	Thymus vulgaris L.	Lamiaceae, Lippenblütler
Tolubalsam	Myroxylon balsamum (L.)	Fabaceae, Schmetterlingsblütengewächs
	Harms var. balsamum	
Tonka	Dipteryx odorata Willd.	Fabacae, Schmetterlingsblütengewächs
Traumkraut	Calea zacatechichi	Asteraceae, Korbblütengewächs
Vanille	Vanilla planifolia G. Jacks.	Orchidaceae, Knabenkrautgewächs
Vetiver	Vetiveria zizanioides (L.) Nash	Poaceae (Gramineae), Süßgras
Virginiazeder	Juniperus virginiana L.	Cupressaceae, Zypressengewächs
Wacholder	Juniperus communis L.	Cupressaceae, Zypressengewächs
	Juniperus phoenicea L.	
	Juniperus oxycedrus L.	
	Juniperus drupacea Labill.	
	Juniperus monosperma Sarg.	
	Juniperus wallichiana Hook	

Wahrsagesalbei	Salvia divinorum	Lamiaceae, Lippenblütler
Waldbingelkraut	Mercurialis perennis L.	Euphorbiacae, Wolfsmilchgewächs
Waldkiefer	Pinus sylvestris L.	Pinaceae, Kieferngewächs
Weihrauch	Boswellia sacra carteri Birdw.	Burseraceae, Balsambaumgewächs
Weihrauchzeder	Calocedrus decurrens (Torr.) Florin	Cupressaceae, Zypressengewächs
Ysop	Hyssopus officinalis L.	Lamiaceae, Lippenblütler
Zeder	Cedrus libani A. Rich.	Pinaceae, Kieferngewächs
	Cedrus deodora G. Don	
	Cedrus atlantica Manet	
Zimt	Cinnamomum zeylanicum Blume	Lauraceae, Lorbeergewächs
	Cinnamomum verum Presl.	
	Cinnamomum cassia Blume	
	Cinnamomum Loureirii Nees	
Zirbelkiefer	Pinus cembra L.	Pinaceae, Kieferngewächs
Zyperngras	Cyperus rotundus L.	Cyperaceae, Riedgrasgewächs
	Cyperus longus L.	
Zypresse	Cupressus sempervirens L.	Cupressaceae, Zypressengewächs

LITERATUR

Allgemeine Literatur zum Thema

Beintkes, E., Kahlenberg W., Gahlen: Die Werke des Galens, Stuttgart 1939-1954
Bremond, Henri: Falsche und echte Mystik, Regensburg 1955
Ceram, C.W.: Götter, Gräber und Gelehrte, Hamburg 1949
Diener, Harry: Drogenkunde, Leipzig 1958
Eigler, U., Wöhrle, G.: Theophrast, De Odoribus, Stuttgart 1993
Eliade, Mircea: Mythen, Träume und Mysterien, Salzburg 1961
Faure, Paul: Magie der Düfte, München 1990
Fischbach, Hans: Untersuchungen zur therapeutischen Räucherung in primitiver und archaischer Medizin, Kiel 1981
Fischer-Rizzi, Susanne: Himmlische Düfte, München 1995
Fischer-Rizzi, Susanne: Medizin der Erde, München 1995
Fischer-Rizzi, Susanne: Blätter von Bäumen, München 1994
Frazer, James George: Der goldene Zweig. Eine Studie über Magie und Religion, Band I und II, Frankfurt 1977
Graves, Robert: The white goddess. A historical grammar of poetic myth, London 1961
Hages: Handbuch der pharmazeutischen Praxis, Berlin 1967–1977
Hoppe, A. H.: Drogenkunde, Berlin 1975
Josuttis, M., Leuner, H. (Hrsg): Religion und Droge, Stuttgart 1969
Kamper, Dietmar und Wulf, Christoph (Hrsg): Das Schwinden der Sinne, Frankfurt 1984
Karl, Josef: Phytotherapie, Puchheim 1974
La Chapelle, Dolores: Weisheit der Erde, Saarbrücken 1990
Madaus, G.: Lehrbuch der biologischen Heilmittel, Leipzig 1938
Ohloff, Günther: Irdische Düfte – Himmlische Lust, Basel 1992
Reinhardt, L.: Kulturgeschichte der Nutzpflanzen, München 1911
Rovesti, Paolo, Fischer-Rizzi, Susanne: Auf der Suche nach den verlorenen Düften, München 1995
Sandermann, W.: Naturharze, Terpentinöle, Tallöl, Berlin 1960
Schaffner, Willi: Phytopharmaka-Kompendium, Basel 1992
Schmeil, Otto, Fitschen, Jost: Flora von Deutschland, Heidelberg 1993
Sheldrake, Rupert: Das Gedächtnis der Natur, Bern/München/Wien 1990
Sigismund, R.: Die Aromata, Leipzig 1884
Stein, Werner: Kulturfahrplan, Berlin 1946
Stoddart, Michael: The scented ape, Cambridge 1990
Tschirch, A.: Die Harze und die Harzbehälter, Leipzig 1906
Weltzien, Diane von: Die Welt der Rituale, München 1994
Wichtl, Max (Hrsg.): Teedrogen, Stuttgart 1989
Wolff-Berlin, H.: Die natürlichen Harze, Stuttgart 1928
Vollmer's, Dr: Wörterbuch der Mythologie, Reprint Leipzig 1978
Zander, Robert: Handwörterbuch der Pflanzennamen, Stuttgart 1984
Zimmer, Heinrich: Abenteuer und Fahrten der Seele, Düsseldorf/Köln 1977
Zwickel, W.: Räucherkult und Räuchergeräte, Göttingen 1990

Am Feuer sitzen

Aubarbier, J.L., Binet, M., Bouchard, J.P., Guichard, G.: Wonderful Prehistory in Perigord, Ouest-France 1989
Auel, Jean: Ayla und der Clan des Bären, München 1986
Das Tal der Pferde, München 1988
Mammut-Jäger, München 1989
Augusta, Josef: Große Entdeckungen, Leipzig/Jena/Berlin 1962

Hildegard von Bingen: Naturkunde, Salzburg 1959
Brace, C. L.: The fate of the >>classic<< Neanderthals. Current Anthrop. 4, 3–19, 1963
Castaneda, Carlos: Die Lehren des Don Juan, Frankfurt 1973
Gessmann, G. W.: Die Pflanze im Zauberglauben, Den Haag
Greve, Paul: Ledum palustre L., Monographie einer alten Heilpflanze, Hamburg 1938
Halifax, Joan: Die andere Wirklichkeit der Schamanen, Bern 1981
Hancar, F.: Zum Problem der Venusstatuetten im eurasischen Jungpaläolithikum. Prähistorische Zeitschrift (Berlin) XXX–XXXI, 1939–1940
Jelinek, Jan: Encyclopédie illustrée de l'Homme Préhistorique, Prag 1973
Okladnikov, A. P.: Ancient population of Siberia and its cultures. Cambridge, Mass. 1959
Pfeiffer, L.: Die Werkzeuge des Steinzeitmenschen, Jena 1920
Rätsch, Christian: Von den Wurzeln der Kultur. Die Pflanzen der Propheten, Basel 1991
Rust, A.: Über Kulturen des Neandertalers im Nahen Osten. Neanderthal Centenary, Wenner-Gren Foundation 1958
Solecki, R. S.: Prehistory in Shanidar Valley, Northern Iraq. Science, 139, No. 1551, 1963
Ulmer Museum, (Hrsg.): Der Löwenmensch. Tier und Mensch in der Kunst der Eiszeit, Begleitpublikation zur Ausstellung, Ulm 1994
Weinert, H : Die Riesenaffenmenschen und ihre stammesgeschichtliche Bedeutung, München 1948
Weinland, D.F.: Rulaman, Berlin
Zotz, L.: Ein altsteinzeitliches Idol des Zweigeschlechterwesens. Forschungen und Fortschritte, Berlin 1949

Nordeuropa

Arends, Johannes: Volkstümlich Namen, Berlin/Heidelberg 1971
Fischer, Hermann: Mittelalterliche Pflanzenkunde, Hildesheim 1967
Geßmann, G.W.: Die Pflanzen im Zauberglauben, Den Haag/Holland
Grundy, Stephan: Rheingold, Frankfurt 1995
Kruta, Venceslas, Forman, Werner: Die Kelten, Luzern 1986
Lady Cottington, Jones, Terry (Hrsg.): Mein geheimes Elfen-Album, Hildesheim 1995
Marzell, Heinrich: Bayerische Volksbotanik, Lorenz Spindler, Nürnberg
Matthews, John: The Celtic Shaman, Shaftesbury 1991
Müller, Ferdinand (Hrsg.): Das große illustrierte Kräuterbuch, Ulm 1874
Pauli, Ludwig: Keltischer Volksglaube, München 1975
Perger, Ritter v.: Deutsche Pflanzensagen, Leipzig 1980
Ranke-Graves, Robert v.: Die weiße Göttin, Berlin 1981
Rätsch, Christian: Von den Wurzeln der Kultur, Basel 1991
Sills-Fuchs, Martha: Wiederkehr der Kelten, München 1983
Simrock Karl (Übersetzer): Götterlieder der älteren Edda, Stuttgart 1960
Spehr, Harald (Hrsg.): Alräunchens Kräuterbuch, Leipzig 1928
Untergegangene Kulturen: Die Kelten: Europas Volk der Eisenzeit, Time-Life-Books 1995
Vescoli, Michael: Keltischer Baumkreis, München 1995
Wirth, Hermann: Die Frage der Frauenberge – eine europäische Gegenwartsfrage, Marburg/Lahn 1972.
Wirth, Hermann: Um den Ursinn des Menschseins, Wien 1960
Wirth, Hermann (Übersetzer): Die Ura Linda Chronik, Leipzig 1933

Mesopotamien

Bohtz, C.H.: In den Ruinen von Warka, Leipzig 1941
Gilgamesch, Eine Erzählung aus dem alten Orient, Leipzig
Gilgamesch-Epos, Reclam Universal-Bibliothek, Stuttgart 1970
Guild, Nickolas: Tiglat, Sohn des Königs, München 1990
Haas, Volkert: Magie und Mythen im Reich der Hethiter, Hamburg 1977
Haas, Volkert: Magie und Mythen in Babylonien, Hamburg 1976
Jordans, J.: Uruk-Warka, Leipzig 1928
Kramer, S.N.: Sumerian Mythology, Philadelphia 1944
Meissner, B.: Babylonische Pflanzennamen, In: Zeitschrift für Assyriologie Bd. 6, Leipzig 1891
Nyary, Josef: Lugal, Frankfurt 1991
Schmidt, A.: Drogen und Drogenhandel im Altertum, Leipzig 1924
Schmökel, H.: Ur, Assur und Babylon, Stuttgart 1955
Soden, Wolfram v. (Hrsg.): Das Gilgamesch-Epos, Ditzingen 1986
Ungnad, A.: Religion der Babylonier und Assyrer, Jena 1921
Willecocks, W.: From the Garden of Eden to the Crossing of the Jordan, London 1919

Ägypten

Baumann, Hans: Die Welt der Pharaonen, Stuttgart 1959
Dietrich, Albert: Zum Drogenhandel im islamischen Ägypten, Heidelberg 1954
Gedge, Pauline: Die Herrin vom Nil, Hamburg 1981
Hopfner, Theodor: Plutarch über Isis und Osiris, Hildesheim 1991
Hopfner, Theodor: Griechisch-Ägyptischer Offenbarungszauber (Studien zur Palaeographie und Papyruskunde), 1921
Joachim, H. (Hrsg.): Papyros Ebers. Das älteste Buch über Heilkunde, Nachdruck Berlin 1973
Kees, Hermann: Der Götterglaube im alten Ägypten, Darmstadt 1980
Keimer, L.: Die Gartenpflanzen im alten Ägypten, München 1990
Loret, Victor: Le kyphi parfum sacré des anciens Égyptians, Paris 1887
Manniche, Lise: An Ancient Egyptian Herbal, London 1989

Paszthory, Emmerich: Salben, Schminken und Parfüme im Altertum, Mainz 1992
Schoske, Sylvia: Schönheit, Abglanz der Göttlichkeit, Kosmetik im Alten Ägypten, München 1990
Schoske, Sylvia: ANCH, Blumen für das Leben, Pflanzen im alten Ägypten, München 1992
Schott, Siegfried: Altägyptische Liebeslieder, Zürich 1952
Schultes, R.E., Hofmann, A.: Pflanzen der Götter, Bern 1980
Sinoué, Gilbert: Tochter Ägyptens, München 1995
Uxküll, Woldemar v.: Die Einweihung im alten Ägypten, Büdingen-Gettenbach 1957
Walker, John: Folk Medicine in Modern Egypt, London 1934
Wallis Buage, Sir E.A.: Egyptian Magic, London 1989
Woenig, F.: Die Pflanzen des alten Ägypten, Amsterdam 1971

Kreta
Cottrell, Leonard: The Bull of Minos, Athen 1983
Evans, Arthur J.: The palace of Minos at Knossos, London 1964
Faure, Paul: Kreta, Ditzingen 1983
Graham, J.W.: The palaces of Crete, Princeton 1962
Hood, Sinclair: The Minoans, Crete in the Bronze Age, London 1971
Matz, Friedrich: Kreta und frühes Griechenland, Baden-Baden 1974
Perikos, John: The Chios Gum Mastic, Athen 1993
Pomerance, Leon: The Phaistos Disc, Göteborg 1976
Renault, Mary: The King must die, 1958 by Longmans
Schachermeyr, Fritz: Die minoische Kultur des alten Kreta, Stuttgart 1964
Schiering, Wolfgang: Funde auf Kreta, Göttingen 1976
Willets, Ronald F.: Everyday Life in Ancient Crete, London/New York 1969
Willets, Ronald F.: The Civilization of Ancient Crete, London 1977

Griechenland
Baumann, Hellmut: Die griechische Pflanzenwelt, München 1982
Eigler, Wöhrle: Theophrast de Odoribus, Stuttgart 1993
Fritze, Hans v.: Rauchopfer bei den Griechen, Berlin 1894
Lauenstein, Diether: Die Mysterien von Eleusis, Stuttgart 1987
Lenz, Harald: Botanik der alten Griechen und Römer, Reprint Vaduz 1966
Lohmeyer Ernst: Vom göttlichen Wohlgeruch, Heidelberg 1919
Schumacher, Joseph: Die Anfänge abendländischer Medizin in der griechischen Antike, Stuttgart 1965
Surya G.W., Sindbad: Astrologie und Medizin, Bietigheim 1980

Arabien
Alafenisch, Salim: Der Weihrauchhändler, Berlin 1988
Avicenne: Poème de la Médicine, Paris 1956
Bärner, Johannes: Die Nutzhölzer der Welt, Berlin 1942
Beyer, Rolf: Die Königin von Saba, Bergisch-Gladbach 1987
Diederichs, Inge (Hrsg): Märchen aus dem Land der Königin von Saba, München 1993
Groom, Nigel: Frankinense and Myrrh, London/New York 1981
Jacob, Georg: Altarabisches Beduinenleben, Berlin 1897
Kamphoevener , Elsa Sophia v.: An Nachtfeuern der Karawan-Serail, Hamburg 1990
Konzelmann, Gerhard: Bilqis, Königin von Saba, Stuttgart 1995
Lieblein: Handel und Schiffahrt auf dem Roten Meere in alten Zeiten, Christiania 1886
Martinetz, D., Lohs, K., Janzen, J.: Weihrauch und Myrrhe, Stuttgart 1989
Mirov, N. T.: The Genus Pinus, New York
Shah, Idries: Tales of the dervishes, Frogmore, U.K. 1973
Siggel, A.: Decknamen in der arabischen alchemistischen Literatur, Berlin 1951
Sinoué, Gilbert: Avicenne ou la route d'Ispahan, 1989
Venzlaff, Helga: Der marokkanische Drogenhändler und seine Ware, Wiesbaden 1977
Ullmann, Manfred: Die Medizin im Islam, Leiden/Köln 1970

Israel
Balfour, J.H.: The plants of the bible, London 1866
Canaan, T.: Aberglaube und Volksmedizin im Lande der Bibel, Hamburg 1914
Fonck, L.: Streifzüge durch die biblische Flora, Freiburg 1900
Hepper, Nigel F.: Pflanzenwelt der Bibel, Stuttgart 1992
King, E. A.: Bible Plants for American Gardens, New York, 1975
Koltuv, B.B.: Solomon & Sheba, York Beach 1993
Martinetz D., Lohs, K., Janzen, J.: Weihrauch und Myrrhe, Stuttgart 1989
Székely, Es. Bordeaux: Die verlorenen Schriftrollen der Essener, Frankfurt 1978
Walker, Winifred: All the plants of the bible, New York 1979
Zohary, Michael: Pflanzen der Bibel, Stuttgart 1983
Zwickel, Wolfgang: Räucherkult und Räuchergeräte, Freiburg/Schweiz / Göttingen 1990

Nordamerika

Arnberger, Janish: Flowers of the Southwest Mountains, Tucson 1982
Brown, Joseph Epes: Schwarzer Hirsch: Die Heilige Pfeife: Lamuv, 1982
Densmore, Frances: How Indians use wild plants for food, medicine & crafts, New York 1974
Eaton, Evelyn: I send a voice, Illinois 1978
Eaton, Evelyn: The Shaman and the Medicine Wheel, Illinois 1982
Feild, Reshad: Der Flötenmacher, Chalice/Schweiz 1992
Harrison, Sue: Vater Himmel, Mutter Erde, München 1993
Hirschmann, Fred: Rock Art of the American Southwest, Portland/ Oregon.
Mc Quiston: The spirit of mother Earth, Vancouver 1994
Gelnhausen, Berlin, Stein: Mutter Erde–Bruder Himmel, Burckhardthaus-Laetare 1980
Nelson, Richard und Sharon: Easy field guide to common trees of New Mexico, Phoenix 1977
Petrides, George und Olivia: Western trees, New York 1992
Philips, Roger: Trees of North America, New York 1978
Rätsch, Christian: Indianische Heilkräuter, München 1994
Ross, A.C.: Wakan Tanka, Neuwied 1989
Savinelli, Alfred: Plants of Power, Taos/New Mexico 1993
Shuler Linda Lay: She who remembers, New York 1988
Stammel, Heinz J.: Die Apotheke Manitous, Reinbek 1986
Storm, Hyemeyohsts: Sieben Pfeile, Passau 1980
Sun Bear und Wabun: Das Medizinrad, eine Astrologie der Erde, München 1981
Tedlock Dennis u. Barbara (Hrsg.): Über den Rand des tiefen Canyon, München 1978

Südamerika

Cordan, Wolfgang: Popol Vuh – Das Buch des Rates, Köln 1975
Gerstenberg: Azteken, Inka, Maya, Hildesheim 1994
Hagen, Victor v.: Sonnekönigreiche, München 1962
Hargous, Sabine: Beschwörer der Seelen, Basel 1976
Lamb, F. Bruce: Der weiße Indio vom Amazonas, Bern/München 1982
Peters, Daniel: Der Inka, München 1995
Rätsch, Christian: Chactun – Die Götter der Maya, München
Schultes, Richard, E., Albert Hofmann: Pflanzen der Götter, Bern 1987
Sharon, Douglas: Magier der vier Winde, Freiburg 1980
Soustelle, Jacques: Das Leben der Azteken, Zürich 1986

Indien

Dash, Baghwan: Ayurveda for Healthy Living, New Delhi 1977
Dash, Baghwan: Fundamentals of Ayurvedic Medicine, New Delhi 1987
Dash, B., L. Kasyap: Materia Medica of Ayurveda, Delhi 1980
Dash, B., M. Junius: A Handbook of Ayurveda, Delhi 1983
Dash, Vaidya B.: Ayurvedic treatment for common diseases, Delhi 1979
Dextreit, Raymond: Comment guerir et rejeunir, Paris 1965
Donden, Yesh, Kelsan, Jhampa: The Ambosia Heart Tantra, Ithaca 1986
Garde, R. K.: Ayurveda for Health and Long Life, Bombay 1981
Härtel, H., Auboyer, J.: Indien und Südostasien, Propyläen Kunstgeschichte
Kalidasa: Sakuntala, ein indisches Schauspiel, Zürich 1987
Kalidasa: Der Kreis der Jahreszeiten, Insel Verlag 1919
Lad, Vasant: Das Ayurweda Heilbuch, Aitrang 1984
Leenhouts, P. W.: Revision of the burseraceae of the malaysian area in a wilder sense, Leiden 1959
Marg, K.S.K.: The useful plants of India, New Delhi 1992
Serrano, Miguel: The serpent of paradise, London 1974
Nadkarnis, K.M.: Indian Materia Medica, Volume I+II, Bombay 1976
Upanischaden, Reclam Univ.-Bibl. Nr. 8723

Himalaya

Clifford, Terry: Tibetan Buddhist Medicine and Psychiatry, Northhamptonshire 1994
Dalai Lama: Im Einklang mit der Welt, Bergisch Gladbach 1993
Govinda, Anagarika Lama: Die psychologische Haltung der frühbuddhistischen Philosophie, Zürich 1962
Govinda, Anagarika Lama: Grundlagen tibetischer Mystik, Weilheim 1972
Govinda, Anagarika Lama: Der Weg der weißen Wolken, Zürich 1969
Govinda, Anagarika Lama: Bilder aus Indien und Tibet, Haldenwang 1978
Lauf, Detlef: Das Erbe Tibets, Bern 1972
Mierow D, T. B. Shresta: Himalayan flowers and trees, Katmandu 1978
Rabgay, Lobsang: Tibetan Therapeutic Massage, Dharamsala 1978
Roerich, Nicholas: Leben und Werk eines russischen Meisters, Basel 1989
Tsarong, T. J.: Handbook of traditional tibetan drugs, West Bengal 1986
Tucci, Giuseppe: To Lhasa and beyond, Rom 1956
Vitiello, Luigi: Einführung in die tibetische Medizin, Shang-Shung edizioni 1983

Japan
Die Geschichte vom Prinzen Genji, Band 1 und 2, Benl, Oscar (Übersetzer), Zürich1966
Crome, Peter: Japan hinter dem Chrysanthemenvorhang, München 1990
Groissmeier, Michael: Haiku, Pfullingen 1982
Izutsu, Toshihiko und Toyo: Die Theorie des Schönen in Japan, Köln 1988
Morita, Kiyoko: The Book of Incense, Tokyo 1992
Morris, Ivan: The world of the shining Prince, New York 1979
Murasaki, Shikibu: The Tale of Genji, Great Britain, 1976
Takagi, G. Sadayuki: Human Olfaction, Tokyo 1989
Umesao-Tadao (Hrsg.): Seventy-seven keys to the civilisation of Japan, Osaka 1985

BILDNACHWEIS

Thomas Bäumel: S. 171

Eugen Diederichs Verlag: S. 123

Walter Hess: S. 118, 119, 121

Nigel Hepper: S. 138

Helga Hirschberg: S. 184, 185, 186

Hans-Jörg Magg: S. 8, 9, 17, 18, 19

Doris Schaeffer: S. 99

Ulla Mayer-Raichle: S. 4, 11, 15, 30-31, 46-47, 60-61, 80-81, 108-109, 128-129, 131, 142-143, 156-157, 164-165, 178-179, 190-191, 208-209

National Museum of Modern Art, Tokio S. 201

Anselm Spring S. 24

Alle anderen Fotos und Bildmaterialien stammen aus dem Privatbesitz von Susanne Fischer-Rizzi und Peter Ebenhoch.

Die Rechteinhaber des Bildmaterials konnten nicht in allen Fällen ermittelt werden. Für alle diesbezüglichen Hinweise danken Autorin und Verlag im voraus.

Alle Ratschläge und Rezepte in diesem Buch wurden von der Autorin sorgfältig geprüft und erprobt. Trotzdem übernehmen die Autorin und der Verlag keine Haftung für den Gebrauch der in diesem Buch beschriebenen Räuchermethoden und Rezepturen. Alle im Buch benannten Rezeptnamen für Räuchermischungen sind urheberrechtlich geschützt und dürfen nicht für kommerzielle Zwecke verwendet werden.

BEZUGSQUELLEN FÜR RÄUCHERWERK

Isis-Urania-Räucherstoffe
Wieckhorster Dorfstr. 7
29640 Schneverding
Tel: 051 93/ 526 23
Fax: 051 93/ 526 24
Große Auswahl an guten Räucherstoffen: Weihrauch, Myrrhe, Sandelholz, Mastix, Moschuskörner, Mistel, Narde, Kyphi usw.

Belladonna Magickal Arts
Lilianna K. Heitmann
Winterhuder Marktplatz 7b
22299 Hamburg
Tel: 040/ 48 37 55
Fax: 040/ 460 34 39
Große Auswahl an Räucherwaren wie Copal, weiß, gold, schwarz, weißer Indianersalbei, Wüstenbeifuß, Mastix, Galbanum, Drachenblut, Elemi, Styrax, Zubehör wie Räucherschalen, Federn, Räucherkohle usw.

Cornelia Schütt, Shoyeido
Hohenzollernring 26
22763 Hamburg
Tel: 040/ 39 76 49
Fax: 040/ 39 78 81
Japanische Räucherwaren, Adlerholz in verschiedenen Qualitäten, Sandelholz, Räucherbesteck, Räucherkohle, Räucherschalen, Ko-Doh-Zubehör, Räucherstäbchen usw.

Gärtnerei Dieter Gaißmayer
Duft- und Aromapflanzen
Jungviehweide 3
89257 Illertissen
Tel: 0 73 03/ 72 58
Fax: 0 73 03/ 4 21 81
Sehr große Auswahl an Duft- und Räucherpflanzen, wie Kalmus, Beifuß, Saftgras, Cistrose, Zyperngras, Diktam, Alant, Hopfen, Wahrsagesalbei usw.

Kräuterzauber
Auf dem Berg
27367 Horstedt
Fax: 0 42 64/ 22 30
Kräuter- und Duftpflanzen
Asant, Cistrose, Buchu, Diktam, Vetiver, Lemongras, Mariengras, Kalmus, Wahrsagesalbei (Pipiltzintzintli) usw.

Galke
Kräuter-Gewürze, Räucherharze
Potfach 11 20
37535 Gittelde
Tel: 0 53 27/ 8 68 10
Fax: 0 53 27/ 54 20
Zedernholz, Myrtenblätter, Wacholderholz, Tonkabohnen, Sternanis, Benzoe, Sandelholz, Propolis, Myrrhe, Weihrauch, Hopfendrüsen usw.

Otzberg-Kräuter
Gewürz- und Duftpflanzen aus biologischem Anbau
Neuweg 11
64853 Otzberg-Lengfeld
Tel + Fax: 0 61 62/ 7 21 53
Lemongras, Citronellagras, Mariengras, Lorbeer, Diktam, Patchouli, Vetiver, Thymian usw.

Exotische Sämereien Lothar Seik
Postfach 13 48
72003 Tübingen
Tel: 0 70 71/ 8 13 77
Samen von Räucherpflanzen wie Cassia, Ingwerlilie usw.

Syringa Versand
Postfach 11 47
78245 Hilzingen
Tel: 0 77 39/ 14 52
Fax: 0 77 39/ 6 77
Diktam, Iris, Mariengras, Koriander, Alant, Myrte, Mastix-Harz, Myrrhe, Moschuskörner, Sternanis, Kalmus, Benzoe, Zimt usw.

Mekkanische Rose
Leibnizstr. 47
10629 Berlin
Tel: 030/ 323 14 19
Weihrauch, Myrrhe, Benzoe, Mastix, Sandarak, Räucherkohle usw.

Alraun
Ethnobotanische Kräuter und Literatur zum Thema
Herbert Böttcher
Borngasse 2
65510 Idstein
Tel: 0 61 26/ 7 19 17
Fax: 0 61 26/ 5 56 69
Literatur zur Ethnobotanik, Kräuter, Samen, Präriebeifuß, Kinnick-Kinnick, Sweetgrass usw.

One World Versand
Auf der Höhe 10
21394 Südergellersen
Tel: 0 41 35/ 76 94
Fax: 0 41 35/ 77 45
Sweetgrasszöpfe, Wüstensalbei (Wüstenbeifuß), Indianische Räucherstäbe, Abalonemuscheln, Räucherkohlen usw.

7 Pfeile
Talackerstr. 18
79843 Löffingen 6
Tel: 076 54/ 70 30
Weißer Salbei, Zedernspitzen, Abalonemuschel, Süßgras, Drachenblut usw.

Keramik-Atelier
Josefine Natterer, Susanne Greiter
Altstädterstr. 3a
87527 Sonthofen
Tel: 08321/ 85 942
Die im Buch abgebildeten Räucherschalen, können hier bestellt werden.

Richters
Canada Herb Specialist
Godwood, Ontario Canada
LOC 1 AO
Tel: 001/ 905/ 640 66 77
Fax: 001/ 905/ 640- 66 41
Pflanzen, Samen von Kräutern wie Diktam, Sweetgrass, Vetiver, Yerba Santa usw.

...of the jungle
box 1801, Sebastopol
California USA 954 73
Wahrsagesalbei, Traumkraut, Traumkissen usw.

Horus-Botanicals
HCR 82 Box 29
Salem, Ark. 72576 USA
Samen von Räucherpflanzen, Moschuskörner, Wüstenbeifuß usw.

farfalla Duftladen
Seefeldstr. 18
8008 Zürich
Tel: 01/ 262 77 01
Fax: 01/ 262 25 13
Weihrauch, Myrrhe, Mastix, Copal, Opoponax, Benzoe, Sandelholz, Räucherschalen, Räucherkohlen usw.

Für die Qualität der Produkte dieser Firmen übernehmen wir keine Verantwortung. Die Liste wird ständig aktualisiert. Falls Sie diese wünschen oder an workshops zum Thema Räuchern teilnehmen wollen, senden Sie bitte einen adressierten und frankierten Umschlag an den Verlag Heinrich Hugendubel, Postfach 15 10 27, 80048 München. Ihre Fragen werden an die Autorin weitergeleitet.

Seminare, Workshops und Ausbildungen zu den Themen Räuchern, Aromatherapie, Aromapflege und Heilpflanzenkunde bietet die Autorin im Rahmen der von ihr gegründeten Schule an:
Arven
Schule für ganzheitliche Aromatherapie und Aromapflege
Susanne Fischer-Rizzi
87477 Sulzberg

DANKSAGUNG

Ganz herzlichen Dank
an alle, die mir bei der Arbeit an diesem Buch behilflich waren.

Bei der umfangreichen Materialsuche und der teilweise schwierigen, botanischen Bestimmung halfen mir mit Fachkenntnis: Dr. Klaus Brenner, Andreas Neugebauer, Dr. Uwe Renzer und Frau Rieger von der Bayerischen Botanischen Gesellschaft. Auf meiner Reise durch die Bücherberge bekam ich wertvolle Unterstützung von Karl Hollerbach, Karin Sand, Maria Gmeinder, Uwe Brenz und Dr. Andrea Liebers. Mein Sohn Silvano beteiligte sich an der Suche nach Harzen und Pflanzen und steuerte vieles für die Fotos im Buch bei. Von Andrea Pabel, Cornelia Schütt, Chifumi Tezuka, Rosette Tsu, Pfarrer Renftle, Hans Mengert und Inka Götzelmann erhielt ich wichtiges Material für entsprechende Kapitel im Buch, Dieter Simonet half mir, alles zu ordnen.

Annette Drechsel tippte mit viel Geduld und Energie mein Manuskript, Rosi Sauermann, Elisabeth Stadler-Rofler und Andrea Pabel besorgten die erste Korrektur. Helen Heißerer, meine Lektorin vom Hugendubel Verlag, lektorierte das Buch fachkundig. Vielen Dank für die angenehme Zusammenarbeit.

Auch allen, die mir für dieses Buch ihre persönlichen Fotos zur Verfügung stellten oder bei den Fotoaufnahmen dabei waren, möchte ich danken: Helga Hirschberg, Chifumi Tezuka, Monika Ostermaier, Hansjörg Magg, Sabeth Ebenhoch, Liss und Anna-Lea Stengel, Petra und Pia Dröber, Thomas Bäumel, Daniel Fürst und Doris Schaeffer. Ulla Mayer-Raichle hat mit ihren stimmungsvollen Fotos das Buch sehr bereichert. Für ihre liebevolle Unterstützung im Hintergrund danke ich Lydia Kautt, Dr. Rita Pohle, Simocho und Georg Lauer.

Vielen Dank auch an jene, die während meiner Seminare beim Räuchern dabei waren und mich mit Fragen, Ideen und Anregungen inspirierten.

Ann-u und Tokita, die für mich in der Steppe räucherten, möchte ich von ganzem Herzen danken. Ihre Unterstützung hat mich während der langen Arbeit an diesem Buch getragen und inspiriert.

IRISIANA
Eine Buchreihe herausgegeben von
Margit und Rüdiger Dahlke

Die Deutsche Bibliothek- CIP-Einheitsaufnahme
Fischer-Rizzi, Susanne:
Botschaft an den Himmel: Anwendung, Wirkung
und Geschichten von duftendem Räucherwerk/
Susanne Fischer-Rizzi Ill. Peter Ebenhoch.-
München: Hugendubel, 1996
(Irisiana)
ISBN 3-88034-896-0

Umschlaggestaltung: Zembsch' Werkstatt, München, unter
Verwendung eines Motivs von Hansjörg Magg
Produktion: Tillmann Roeder, München
Layout, Satz und Reproduktion: vierpunkt Grafik-Design GbR, Legau
Belichtung: Leeb, Memmingen
Doppelseitige Fotos: Ulla Mayer-Raichle
Druck und Bindung: Appl, Wemding
Printed in Germany
ISBN 3-88034-896-0